逆説の日本史
26・明治激闘編

日露戦争と日比谷焼打の謎

THE PARADOXICAL JAPANESE HISTORY

井沢元彦
MOTOHIKO IZAWA

小学館

逆説の日本史　26　明治激闘編　〔目次〕

第一章／廣瀬中佐と乃木大将——意図的に作られた「軍神」と「無能説」

日露戦争への道Ⅱ

決して「傲慢」とは言えない大国ロシアの対日開戦理由／大人と子供の違いがある西洋と日本の「暗号」に対する伝統／外交暗号解読の事実を「敵国」日本に漏らしたロシアの大いなる「油断」／日本の「外堀」を埋め窮地に追い込む「露館播遷」の再現／ロシア艦隊への「夜襲」「閉塞作戦」にことごとく失敗した日本海軍／ロシア軍の手で丁重に埋葬された広瀬少佐の遺体／戦前マスコミ＝新聞が軍部と作り上げた「軍神廣瀬中佐」／一般大衆を信用しないマスコミ人の歪んだエリート意識／軍人である前に「理想的な日本人」であった広瀬武夫という男／陸軍が海軍に対抗して「意図的に」作り出した「軍神橘中佐」／与謝野晶子の「反戦詩」に見える軍部が「軍神」を必要とした理由／ロシア海軍きっての名将はなぜかくも「油断」したのか？／「不沈艦」を「黄色人種」に沈められたロシアが受けた宗教的ショック／期待した戦果を挙げられなかった「名作戦」丁字戦法／乃木希典は「最後の忠臣」か？　それとも「無能な軍人」か？／「乃木以外だったら一万五千人もの戦死者は出さずに済んだ」は本当か？／「乃木無能説」の言い出しっぺは国民作家・司馬遼太郎に非ず／「戦犯追及」の情熱に混じっていた「憎悪」という負の感情／陸軍参謀本部を「バカトップ」の集まりに変えた主犯・寺内正毅／陸軍参謀本部の「悪しき精神主義」の根源は何だったのか？／『機密日露戦史』の著者が仕掛けた罠にまんまと嵌まった司馬遼太郎／「すべてが終わって我々が友人になったところを撮ってくれ」

第二章／帝国陸海軍完勝す！──〝雌雄を決した丁字戦法〟という「神話」 97

日露戦争への道Ⅲ

第三章／ポーツマスの真実――日米対立の火種を生んだまさかの「ぶち壊し」　173

徹底検証　日露戦争Ⅰ

日本と革命勢力――外と内に同時に二つの敵を抱えていたロシア帝国／「ポグロム」の一大拠点だったロシアに反感を抱いていた国際ユダヤ資本／ユダヤ陰謀論の根拠とされた捏造文書「シオン長老の議定書」／「ユダヤ金融資本の援助無しでは日露戦争に勝てなかった」という事実を知らない日本人／膨大な戦費調達を支えた最大の功労者・高橋是清日銀副総裁の数奇な人生／東京裁判にも登場した捏造文書「田中メモランダム」の無視できない影響力／アメリカとの「韓比交換論」成立が放棄させた「アジア解放路線」／本当はアメリカ軍の「元帥」では無かった「マッカーサー元帥」／日本側が「大勝利」を収めたポーツマスにおける「日露講和」／あきらかに誤った情報を国民に与え国家滅亡の危機に導いたマスコミの責任／「日比谷焼打事件」が「大日本帝国破滅への分岐点」と言える理由／頑迷な歴史学者たちの根拠無き「錯覚」そして「驕り」／ニューヨークタイムズはなぜ拠点を東京では無くソウルに移したのか／記者クラブという利権に胡坐し世界から取り残された日本マスコミ「害毒史」／事実を把握しながら国民の不安を煽り煽動した新聞ジャーナリズムの大罪／「クオリティ・ペーパー」とは真逆の道を進むようになった日本の新聞／「デタラメ新聞」に煽られた暴徒たちに否定された『國民新聞』の的確な提言／激高した民衆たちの標的となった『國民新聞』とキリスト教会／大衆を煽り「儲かる商品」になった新聞はマスコミ本来の使命を失っていった／「昭和史でもっとも愚かな声明」の背景にあった新聞により煽られた世論とは？／ルーズベルト大統領がきわめて的確に予言して

いた「日米対立」という未来／日本に巣くう「犠牲者の死を絶対に無駄にしてはならない教」／満洲から締め出す「裏切り」に「突き飛ばし」——日本人はアメリカの歴史をほとんど知らない／イギリスと異なり「きわめて丁重」で「紳士的」だったアメリカ／一九四五年の大破綻へのスタートラインとなった「桂・ハリマン協定」破棄／怨霊信仰を「リニューアル」する形で確立した「満洲教」という英霊信仰

徹底検証　日露戦争Ⅱ

第四章／軍医森林太郎の功罪——傲慢なエリートか？　それとも稀代の考証学者か？

「日露戦争における日本最大の敵はロシア軍では無く『脚気』だった」という意外な事実／外国人に「酒に酔って戦争している」と評された旅順攻略作戦の日本兵／兵士の脚気罹患問題で差がついた「和食絶対」陸軍と「洋食容認」海軍／東大医学部絶対主義者たちに「迷信」信者と嘲笑された「麦飯派」／「東大出」「陸大出」で無い人間の意見は「劣った者の見解」なのか？／明治天皇も陸軍大臣もバカにし切った「エリートバカ」たちの恐ろしさ／実験データを偽造し「小便を飲んでも脚気は治る」と嘲笑した東大医学部の奇々怪々／いまだに丸山ワクチンが認可されない理由を考える／歴史的法則から引き出された「北京オリンピックボイコット」という主張の正しさ／「演繹」から「帰納」への道を模索していた最晩年の鷗外が抱いた「良心の呵責」／「明治」「大正」という元号に強い不満を抱いていた森林太郎「三つ目の顔」とは？

／『帝諡考』に記されていた「天智暗殺説」を示唆する驚くべき記述／諡号に隠された「一千年の暗号」を解き明かした森林太郎の優れた見識／いまだに『帝諡考』を無視し続ける歴史学界の不可思議／陸軍軍医、小説家、そして考証学者と多くの顔を持った「森林太郎」の奥深さ／帝国陸軍はなぜ白米中心の兵食にこだわり「飯盒炊爨」を続けたのか？／「史上最低の歴史学者」藤原彰のデタラメの歴史を糾弾する！／「目的が正しければ間違った情報を流しても許される」という傲慢な思い込み／歴史学者藤原彰の「大東亜戦争」における「餓死者の実数」は信用できるか？／弟子は師匠の「欠点」を素直に認め「遺産」を後世に残すべき／社民党のホームページに堂々と掲載され続けた「インチキ論文」／欧米には見られない『師説』を弟子がなかなか批判しない」という悪しき「慣習」／小村寿太郎を操り「桂・ハリマン協定」を破棄させた「黒幕」とユダヤ資本の密約／フランスで学んだ松方が抱いていた「財政家としてはオレのほうが上だ」という自負

第五章／特別編「言霊という迷信」に振り回され続ける頑迷固陋な歴史学界とマスコミ　361

日本人の「宗教」として存在する「言霊」という迷信／いきなり「脅迫文」を送りつけてきた朝日新聞の卑劣なやり口／合理的な判断ができない「朝日真理教」という「言霊新聞」／「実際には飛鳥時代も首都は固定されていた」という批判はなぜ的外れなのか

装幀／石川直美
（カメガイ・デザイン・オフィス）

第一章

日露戦争への道II

廣瀬中佐と乃木大将

意図的に作られた「軍神」と「無能説」

■決して「傲慢」とは言えない大国ロシアの対日開戦理由

一九〇三年（明治《めいじ》36）の日本は日露開戦やむなしという世論が形成され、専門家である陸海軍の上層部もそのように結論づけた年であった。

しかし、一応外交当局はロシアと交渉を続けていた。開戦を避けるため日本側が絶対達成しなければいけないと思っていたことは、満洲《まんしゅう》からのロシア軍撤兵よりは朝鮮半島に手を出さないという確約を取ることであった。満韓交換論《まんかんこうかんろん》である。日本にしてみればロシアが朝鮮半島から手を引くならば、満洲をロシアが「取る」ことは認めても良いということだ。これが元老伊藤博文《げんろういとうひろぶみ》らが当初から考えていた「東洋平和」つまりロシアとの戦争を避ける道であり、日本の中にもその支持者はいた。何しろ国家予算で言えばロシアは日本の約十倍の規模を持っている。しかも、戦争というものは負けることもある。そんな大国と戦争におよんで負けたらどうなるという恐れは、やはり根強いものがあった。そして彼ら「和平派」の心の底からの思いは、「ロシアも大国なんだから、朝鮮ぐらい日本に譲ってくれればいいのに」だった。

ところが、実際はそうならなかった。むしろ、ロシアは大国であるがゆえに日本の意向など無視しても問題無い、文句があるなら武力で決着をつけよう、という考え方に傾いていくのである。そもそも旅順《りょじゅん》も日清戦争で勝利した日本が清国《しんこく》から譲り受けるはずだったのに、三国干渉《さんごくかんしょう》を主導しまんまと横取りしたのはロシアだ。ドイツとフランスが味方したにせよ、日本は一度はロシアの軍事的脅迫に屈服しているのである。ロシアはすでに日本に「勝っている」ということだ。

ここでロシアの立場に立って考えてみよう。ロシアは大帝国である。欧米列強と言われるイギリスやフランスやドイツとも引けを取らない。フランスのナポレオンが攻めてきた時は見事に撃退し、彼を没落させた。国土もちっぽけな島国である日本とは違いヨーロッパからアジアにつながる広大なもので、国土面積で比べるならロシアは日本の約四十五倍ある。しかもバイカル湖周辺で事実上分断されていたこの国土も、もうすぐシベリア鉄道で西と東が連結される。その支線である東清《とうしん》鉄道も間も無く完成し、シベリア鉄道と不凍港の旅順が直結することになる。つまり、ロシア旅順艦隊は常に物資豊富な本国のヨーロッパ側から補給を受け万全の態勢で東シナ海に展開できるのである。そうなれば、「大日本帝国」がどんなに歯ぎしりしてもロシア帝国には絶対かなわない。しかも、そうした状態があとほんの少しで実現(この年の7月、東清鉄道はシベリア鉄道と連結し、シベリア鉄道自体も日露戦争が勃発した翌1904年9月に全線開通した)するのに、近代国家としては新興国で戦争経験も少ない日本ごときの願望をかなえてやる必要など無い。

ロシアはそう考えたのである。両者の事情を考えてみれば、必ずしも傲慢《ごうまん》な思い込みとは言えないことがわかるだろう。もちろんロシアにも「和平派」はいた。アレクセイ・クロパトキン陸相やセルゲイ・ウィッテ蔵相である。ところが一九〇三年という年は、こうした人々が相次いで失脚した年でもあった。そして日本を見下し強硬に対処すべきだという、皇帝側近のアレクサンドル・ベゾブラゾフ、エヴゲーニイ・アレクセーエフ提督といった人々がロシア宮廷で主導権を握るようになった。とくにこれらの「強硬派」は、ロシア側から見て韓国との国境線を越えてすぐのところにある平安北道《へいあんほくどう》に木材の利権を持っていた。売りに出した韓国の商人から買い上げたものである。そのため、彼らはそのあたりの拠点である韓国領竜岩浦《りゅうがんぽ》にロシア軍を出兵させ、軍事基地を建設する動きを見せた。要するに日露戦争開戦前の一九〇三年夏に、ロシアの朝鮮半島への「進出」はすでに始まっていたということだ。

十月一日に陸軍の対ロシア戦の研究責任者であった参謀次長（参謀総長は皇族の名誉職なので次長が事実上のトップ）が病死すると、陸軍はなんと内務大臣の児玉源太郎《こだまげんたろう》中将を後任に据えた。形の上では「左遷」だが、もちろんそうではない。対露戦に備えて陸軍第一の戦略家とされる児玉中将を迎えたということだ。

そして七日後の十月八日、「満洲還付条約」の第三次撤兵期限がきた。ロシアが清に約束した満洲からの完全撤兵は三段階に分けて実施される予定であり、第一次撤兵だけは実行されたが、その後ロシアは約束を無視し満洲に居座り続けたのである。日本の世論はさらに激高した。こうなればもう戦う他に道は無い。愚図愚図していればロシアはどんどん強くなってしまう。

十二月には海軍も、アルゼンチンが発注してイタリアで建造されていた装甲巡洋艦二隻を横取りする形で急遽買い入れた。この二艦は後に『春日《かすが》』『日進《にっしん》』と呼ばれることになるが、もちろん聯合艦隊《れんごうかんたい》の強化が目的である。

そして運命の年一九〇四年（明治37）となった。日本はすでに開戦の意思を固めていたし、ロシアもその意図には気がついていた。朝鮮半島に自軍を派遣し満洲には居座り続けることで、日本がどういう決断を下すかはわかっていたからだ。しかし、相変わらず形の上では外交交渉が続いていた。まず日本は開戦の意図を少しでも隠したいと思っていた。なぜなら、開戦の場合それは必ず相手の不意を衝《つ》く奇襲になるからだ。悠長に「これから攻めるぞ」などという形を取る余裕は日本にはまったく無い。この点は一九四一年（昭和16）の太平洋戦争開戦時と同じで、宣戦布告と同時（実際には外交当局のミスで同時にはならなかったが）に敵を奇襲するという形がもっとも望ましいということだ。一方、ロシアはロシアで開戦が遅くなればなるほど有利である。シベリア鉄道がそれだけ完成に近づき、絶対的な優勢が確立されるからだ。だから外交交渉はだらだらと続いていたのである。

こうして見れば、どちらが戦端を切るべきか一目瞭然だろう。日本である。日本は必死に開戦準備を整え、ついに二月四日、明治天皇臨席のもとに開かれた御前《ごぜん》会議でロシアとの国交断絶を決定した。この最後通牒《さいごつうちょう》をロシア側に突きつければ宣戦布告になる。それは、同六日ペテルスブルクで日本の栗野慎一郎《くりのしんいちろう》公使によって、ベゾブラゾフが仕切っているロシア政府に対し直接手交された。

開戦直前の栗野とベゾブラゾフの間には、じつに興味深いエピソードがある。日露戦争を描いた司馬遼太郎《しばりょうたろう》の『坂の上の雲』にも取り上げられているからご存じの方も多いだろうが、次のようなものである。

ある時、栗野は突然「最近、私の名前が変わったようですな」とベゾブラゾフから声を掛けられた。その時はまったく気がつかなかったが、その後真相に気づき慄然としたというのである。それは、日本本国との暗号電報のやり取りの中で頻繁に出てくるベゾブラゾフの名を、悟られてはまずいと最近別の呼び方（暗号名）に変更したという事実があったのである。つまり、ロシア側は日本の暗号などすべて解読しているぞ、と日本側を恫喝《どうかつ》したというわけだ。『坂の上の雲』は小説だが、エピソードの多くは事実に基づく。このエピソードも歴史上の事実であり、要するに日本は「孫悟空《そんごくう》」でロシアという「お釈迦《しやか》様」の掌でいい気になっていたということなのである。

■大人と子供の違いがある西洋と日本の「暗号」に対する伝統

再びロシア側に立って考えてみよう。「日本の要求も聞いて戦争におよぶべきではない」という和平派の主張に対して、おそらくベゾブラゾフらは「自分の国の外交暗号が解読されていてもまったく気がつかないマヌケな東洋の小国に、我が大ロシア帝国が負けることなどあり得ない」と一蹴したに違いない。そして再び言うが、これは必ずしも傲慢な態度とは言えない。それにしても情けない話ではある。だがもっと重大なのは、このことが日本国家の教訓にならなかったという歴史的事実だ。この点について、文藝春秋《ぶんげいしゅんじゅう》の編集者時代に司馬遼太郎と親しかった「歴史探偵」半藤一利《はんどうかずとし》は、著書『日露戦争史I』（平凡社刊）の中で次のように慨嘆している。

まるで太平洋戦争直前の日米交渉における不手際とそっくりである。あのときもアメリカは、パープルと称する解読機を使って日本の外交暗号をほとんどすべて読みとっている。（中略）日露戦争のときもすでにそうであったとは!?　この貴重な事実をなぜ昭和の指導者は歴史の教訓としようとはしなかったのか。注意を払わなかったのか。

まさに仰せのとおりで、全面的に同意する。ただ歴史を全体的な視点から考察する『逆説の日本史』シリーズの著者としては、少し付け加えたいことがある。

一つは日本人と暗号というテーマだ。日本暗号史と言ってもいいが、これはじつに貧弱なものであった。日本の暗号ということで取りあえず思いつくのは、言葉遊びを別にすれば忍者の使った暗号だけである。日本はそもそも暗号を必要とする国家では無かった。暗号とは基本的に機密文書の内容を敵に知られないためのツールである。つまり、軍事や外交上の機密を文書化する必要がある国は暗号が発達する。

　では、どのような場合文書化する必要が生じるか？　それは軍事上の機密（命令や作戦）を現地の部隊に通達するような時だろう。司令部と現地部隊が近接していれば暗号など必要無い。担当者が直接赴き内容を伝えればいいからだ。しかし国が大きく部隊が離れた土地に遠征していれば、文書で命令を伝えざるを得ない。だが、文書は途中で敵に奪われる可能性がある。だからこそ暗号が必要になってくるのだ。こう考えてくると、歴史上初めて暗号を考案（カエサル法）し実際に使用した人物がローマの英雄で軍人でもあったユリウス・カエサル（ジュリアス・シーザー）であるという歴史的事実（異説はあるが伝説では無い）も、納得がいくだろう。大帝国ローマに比べれば、日本の戦国時代の戦争など「箱庭」の中でやっていたようなものだ。だからこそ武田信玄《たけだしんげん》は信頼できる部下の山本勘助《やまもとかんすけ》を現場に派遣し、「委細はこの男に聞いてくれ」という形で作戦命令を伝達することができた。長らく存在を否定されていた山本勘助の実在を証明した市《いち》川文書《かわもんじょ》の内容は、まさにこういうものであった。また、西南《せいなん》戦争では一部暗号が使われた。「箱庭」の戦争ながら携帯用の通信機はまだ実用化されておらず、命令や作戦は文書を携えた伝令によって伝達されたからである。しかし西郷《さいごう》軍は政府軍と違って暗号を用いなかったために、伝令がとらえられ文書が奪われた場合は作戦内容が政府軍に筒抜けになるという結果を招いた。

　要するに、紀元前から暗号使用の伝統がある（それは暗号作製と解読のいたちごっこの歴史でもある）西洋と日本では、まさに大人と子供の違いがあるということだ。それだけ大戦争をしていなかったということだから、これを民族の欠点と決めつけるのにはためらいを覚えるが、日本人が暗号下手な民族であるという自覚は持ったほうがいいのかもしれない。

そしてもう一つ。この日露戦争においては日本側の外交暗号がロシア側に筒抜けだったという事実は、別の場所では日本にきわめて有利な状況を作り出したのではないか、と私は考えている。読者はそんなことが本当にあるのかと思うかもしれないが、人間社会そして人間の織りなす歴史は複雑である。

栗野公使と同じ公使館でしばしばコンビを組む形になったのが、駐在武官明石《あかし》元《もと》二郎《じろう》陸軍大佐である。『坂の上の雲』のファンなら、彼の「大諜報」つまりロシアの反対勢力に資金援助して後方攪乱《かくらん》を行ない、ロシアが日露戦争に投入するはずの兵力をかなり減殺したことが、日露戦争の勝因の一つであることは認識しているだろう。これも多くの部分は歴史的事実に基づいている。

ここでまたロシア側の立場に立って考えてみよう。日本は外交暗号をすべて解読されているマヌケな国である。そしてヨーロッパ人の常識で考えれば、そんな国が謀略に秀でているなどということは考えられない。ヨーロッパでは紀元前のカエサルから暗号と謀略はワンセットであり、その伝統はアメリカにすら受け継がれている。

明石元二郎は福岡藩士族の子として生まれ、陸軍幼年学校、同士官学校、陸大を経てドイツに留学。帰国後は東南アジアや南洋諸島、フランスなどに派遣され、1902年（明治35）にロシア公使館勤務を命じられた（写真提供／近現代PL）

しかし単に謀略ということなら日本にも達人がいた。武田信玄も大久保利通《おおくぼとしみち》も西郷隆盛《たかもり》もそうだった。だが、世界で暗号は不得意だが謀略は得意という国は、日本以外にはおそらく無い。おわかりだろうか。だからベゾブラゾフらは「日本の謀略など警戒する必要は無い」と考えたに違いない。それゆえ、明石の謀略は考えていた以上に上手くいった可能性が高い、ということなのだ。

歴史はこれだから面白い。

■外交暗号解読の事実を「敵国」日本に漏らしたロシアの大いなる「油断」

日露戦争開戦当時の栗野慎一郎駐ロシア公使と駐在武官明石元二郎大佐の「コンビ」が歴史に与えた影響について、もう少し述べたい。じつはここは歴史を理解するのにきわめて重要な、そしてわかりやすい部分だからだ。

サラリーマン経験のある人のほうが、この事情はよくわかる。たとえばあなたは銀行員で、同じ地区のライバルの銀行支店の支店長が栗野で営業担当が明石だとしよう。先に述べたように、栗野は「マヌケ」である。自分の銀行の重要情報がこちらに筒抜けなのに、そのことに気づいてさえいない。こちらはすべてお見通しである。だとしたらあなたは、「あの栗野としばしばコンビを組んでいるという明石も切れ者であるはずがない。まあ、担当地区を食い荒らされることもあるまい」と思うはずである。それが人間というものだ。これを「油断」という。しかし「油断」するのも無理は無い。とびきり「マヌケ」な人間の「相棒」が切れ者であるはずが無いからだ。お気づきのように、これを「常識」という。

人間社会は「常識」によって動いている。たとえば「本日の夕食に何を食べるか」というささいなことでも、いちいちゼロから考えるのは面倒くさいし時間の無駄でもある。だから、「夜に脂っこいものを食べると成人病になりやすい」といった「常識」をもとに効率的にメニューを決定しているはずである。そして、そうしたこと自体も「常識」であるから、人間はいちいちそれを説明したりしない。筆まめな人なら、「今夜バターラーメンを食べるのはやめた。成人病になりたくないからな」と日記に書くかもしれない。だがこれもおわかりのように、そんな人は滅多にいない。仮に書いたとしても、「バターラーメンはやめた」ぐらいまでである。つまり、他の人も「常識」を知っているからそこまで説明する必要は無いわけだ。これを「暗黙の了解」という。これも「常識」の一つだろう。

要するに人間、社会で生きていけばこういうことを知らず知らずのうちに身につけているはずなのだが、それを忘れてしまったのか忘れさせられてしまったのか、こういうことがまったくわからない人たちがいる。もうおわかりだろう。史料絶対主義を信奉している歴史学者の先生方である（念のためだが、史料絶対主義では無い歴史学者の先生方は除く）。こういう人たちは、私の「栗野をマヌケだと判断したベゾブラゾフらロシア首脳部は、栗野とコンビを組んでいた明石も優秀な人間では無いと誤解して油断し、その結果明石の謀略が成功するという結果を招いた」という見解について、まず「そんなことを示した史料は無い。史料があるなら出してみろ」という形で否定するのである。

現代ならばいざ知らず、昔は世の中のことにすべて史料が残るという仕組みは無い。ツイートなどで市井の一個人が見解を表明できるようになったのは、つい最近のことである。当然、史料の無いところは推理で埋めていくしかないが、その推理の最大の根拠となるのは「常識」である。過去に何度も述べたことだが、これが刑事裁判ならば推理でいかに真相に近づいたと思っても、それを確定させるためには物的証拠が必要だ。そうしないと冤罪《えんざい》を生む可能性があるから、被疑者の人権を守るためにも「疑わしきは罰せず」にしなければならない。

だが、歴史探究と刑事裁判は違う。合理的な推論あるいは仮説まで物的証拠、つまり史料が無いという形で否定したら歴史の研究は成り立たない。それどころか、真相とは違うことを事実だと思い込む可能性だってある。この件で言うならば、ベゾブラゾフの「周辺史料」を精査すれば「栗野とコンビを組んでいる明石もマヌケだ」という記述が見つかるかもしれない。だが、逆の可能性だってある。「明石は意外に優秀だ」という記述が見つかるかもしれないのである。そうなると、史料絶対主義者が何を言い出すかもうおわかりだろう。「井沢の主張は根拠が無い。その証拠にベゾブラゾフは明石を評価していた」である。しかし、人間は文書や日記に必ずしも真実を書くわけでは無い（これも「常識」）。史料に引きずられる前に、他ならぬ歴史的事実と人間界の常識とを組み合わせれば合理的な推論ができる。

もし仮に、ロシア当局が明石を優秀な「スパイ」だと認識していたとしよう。ならば、戦争が始まった段階でまず明石を暗殺するという手がある。北朝鮮の昨今のやり方を見てもわかるように、明石が世界中どこにいようと暗殺は実行可能だ。

しかし、じつはこれは諜報機関のやり方としては下の下である。優秀な諜報機関なら明石を「泳がせる」だろう。つまり明石を監視し尾行し、彼がロシアの後方攪乱工作のために接触した人間や組織をすべてリストアップし、一斉検挙するのである。それがもっとも効率的なやり方だ。

だからロシア当局が本当に明石を優秀だと認識していたら、この手を使わなかったはずが無い。研究者の中には、ロシアの公安警察がそのように行動していたと主張する向きもある。しかし、歴史的事実として明石の工作は成功に終わっている。明石が殺されなかったのが、じつはその証拠なのだ。もし公安警察が明石をマークしていたのなら、まずいと判断した時点で殺害するか逮捕している。それができなかったということは、明石の工作はロシア側から見て、取るに足らないものだとロシア側が油断していたということの証拠でもあるのだ。

もちろんベゾブラゾフ自身は油断しておらず、部下たちに「明石をマークせよ」と命令したにもかかわらず下部組織が油断してその命令を忠実に守らなかったという可能性も、論理的にはあり得る。しかし、それでもロシアが明石の能力をナメて油断していたという結論は動かないし、ベゾブラゾフは油断していなかったという可能性は低いと思う。というのは、先に述べた暗号の問題があるからだ。

そもそも「敵の暗号の解読に成功した」というのは、それ自体きわめて重要な機密情報なのである。太平洋戦争開戦後にアメリカ軍は日本海軍の軍事暗号の解読に成功した。その結果、山本《やまもと》五十六《いそろく》聯合艦隊司令長官の前線視察予定を知り、待ち伏せに成功して山本長官機を撃墜した。しかし、そのままでは「暗号は解読されている」という重要なアドバンテージが日本海軍に知られてしまう。そこでアメリカ軍は、その後も撃墜地点をパトロール地域に指定した。「暗号を解読した結果のピンポイントの待ち伏せでは無く、山本長官機は不幸な偶然で敵に遭遇した」と思わせるためである。そのもくろみは成功した。結局、日本海軍は疑いを抱きながらも、終戦まで暗号を解読されたという事実を認めようとしなかった。

そういう観点から言えば、ベゾブラゾフが栗野に「最近私の名前が変わったようですな」と言ったという歴史的事実は、諜報担当者から言えば「じつにもったいない」話なのである。「敵に塩を贈る」どころではない。このまま何も伝えずにおけばマヌケな日本はさらに馬脚を現わすかもしれないのに、これでは敵に「もっと機密漏洩に注意せよ」と注意してやったようなものではないか。しかも、ただの敵ではない。これから戦争する相手なのである。

そこで読者の皆さんには、いや史料絶対主義の先生方にも、よく考えていただきたい。人間、どういう心理状態の時にそういうバカなまねをするか、をである。

「常識」で判断すればわかるだろう。相手をナメきっている時である。それは主観的な状態だが、これを客観的に見れば「油断しきっていた」ということだ。それ以外に考えようは無い。そしてここまでは「常識」に基づく推論だが、もう一つ歴史的な観点からの考察を付け加えると、先述した「暗号に不慣れな国家あるいは担当者が、謀略に長けているはずが無い」という「常識」がヨーロッパにはある。それを重ね合わせれば、ベゾブラゾフの油断がいかに大きなものであったか、さらに明確になるはずである。

■日本の「外堀」を埋め窮地に追い込む「露館播遷」の再現

史料絶対主義の先生方は、しばしば私に対して「井沢は史料を読んでいない」と批判する。確かに私は、少なくとも史料絶対主義の先生方ほどは史料を読んでいない。それは事実だ。しかし、だからと言って「史料を多く読み込んでいる人間のほうが、そうでない人間よりも歴史について正しい見解が持てる」と考えるなら、それは錯覚だと申し上げよう。むしろ、史料の片言隻句《へんげんせきく》に振り回されることによって常識を忘れ、誤った結論に陥る危険性すらある。それが史料絶対主義の大きな欠点である。しかし、せっかくのご忠告だからそれはありがたくお受けすることにしよう。「もっと史料を読め」というご忠告のことである。史料絶対主義の落とし穴に嵌《は》まらなければ、史料は歴史を分析するのに有効なツールであることは疑い無いからだ。

そして、せっかくのご忠告に対してはこちらからもお返しをせねばなるまい。たとえば、この暗号問題だ。世界には世界の暗号史があり、ロシア人であるベゾブラゾフにはそれに基づいた「常識」がある。それを踏まえなければこの問題に関して的確な論評はできないはずだ。そしてもっと大きな観点で言えば、世界の人々の「常識」の底にはそれぞれの民族が信奉する宗教がある。その宗教を知らずして歴史を論じるなどということは、本来あり得ない。そうした「大常識」を知らずして歴史の真相を追求するなど、本来は不可能なはずなのである。つまり、もっと「世界史そして宗教を研究していただきたい」というのが、私の返礼のご忠告である。

さて、日露戦争開戦当時の一九〇四年（明治37）二月に戻ろう。開戦時における対露戦略は次のようなものであった。

陸軍は韓国に部隊（第一軍）を送って韓国政府を制圧下に置き、朝鮮半島から南部満洲《まんしゅう》に通ずる輸送・補給・通信線を確保するとともに、韓国を戦争遂行のための兵站《へいたん》基地（兵力・物資の集結地）とする。海軍は、ロシア太平洋艦隊とりわけ旅順《りょじゅん》艦隊を撃滅して黄海《こうかい》の制海権を確保する。制海権が確保できれば、陸軍は遼東《りょうとう》半島に陸軍部隊の主力（第二軍）を上陸させ、その後、第一軍と第二軍が共同して北進し、南部満洲においてロシア陸軍主力と決戦を行う。

（『戦争の日本史20　世界史の中の日露戦争』山《やま》田《だ》朗《あきら》著　吉川弘文館刊）

かつてロシアは朝鮮国王高宗《こうそう》をソウルのロシア公使館に「保護」し、日本を大いにけん制したことがある（露《ろ》館《かん》播《は》遷《せん》。１８９６年）。日本が日清戦争に勝ち朝鮮国の「独立」を認めさせたことによって、朝鮮国改め大韓帝国からロシアの勢力は排除されていたが、電撃作戦でロシア側が再び露館播遷のようなことを実現すれば、日本は「外堀」を埋められ一気に窮地に立たされることになる。逆に韓国を確保できれば陸続きの満洲に容易に陸軍を展開することができる。ただそのためには、日本から兵員・物資が海を渡って滞り無く戦地に送られる必要があるが、黄海の制海権を奪われてはそれが不可能になる。ということで初期の戦略目標は前記のような形になったのである。ちなみにロシア太平洋艦隊というのは、それに所属する不凍港旅順を本拠地とする旅順艦隊が主力であったが、それ以外にもウラジオストクや大連《だいれん》を本拠

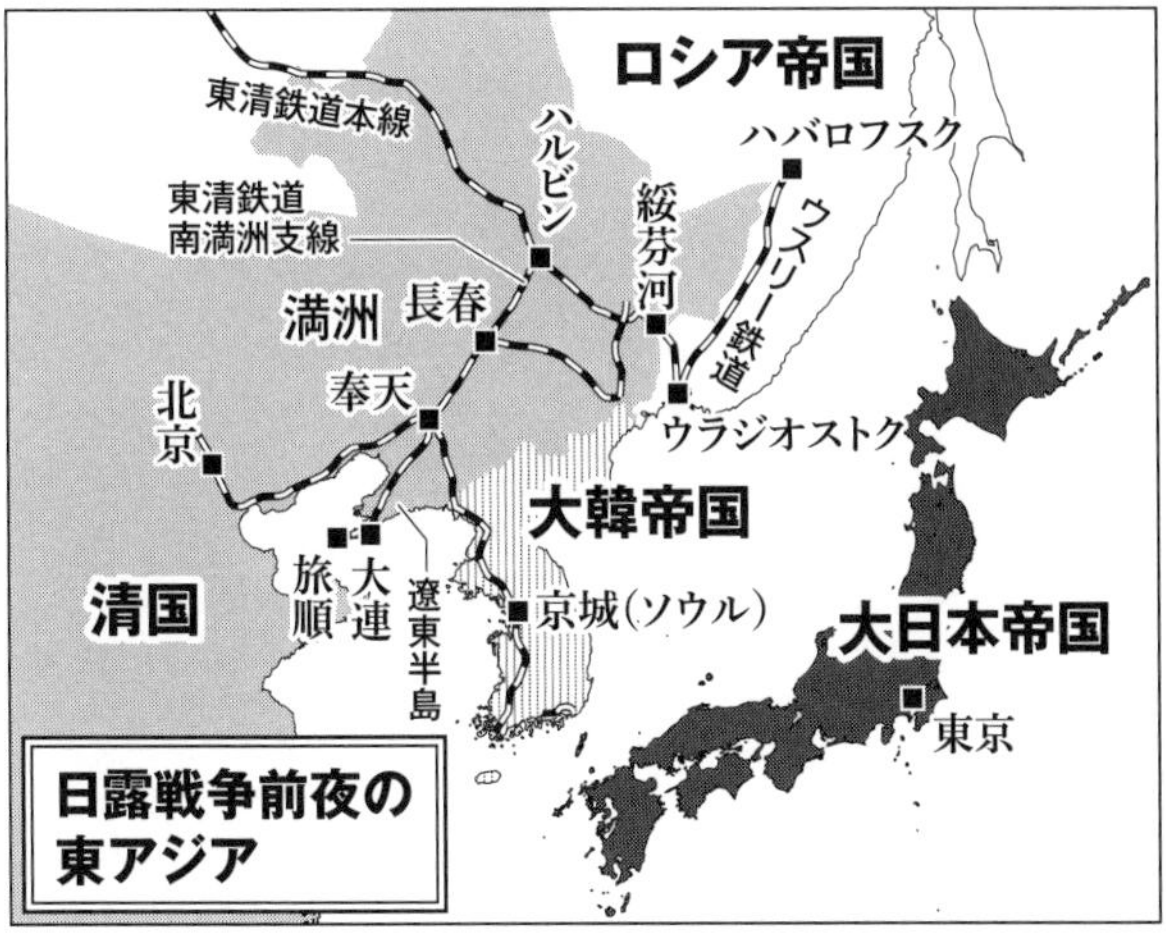

地とする小艦隊があったので、それらを総称して太平洋艦隊と呼んだのである。またウラジオストクは当初不凍港では無かったのだが、ロシア海軍はここに港への出入りを容易にする砕氷船を配備したため、日露戦争の直前には冬の間でも活用できる実質的な不凍港になっていた。ただ、冬の間まったく凍らない旅順に比べれば軍港としての条件は悪く、数隻の巡洋艦を配備できたに過ぎなかった。

「本丸」はやはり旅順艦隊であり、これを排除できなければロシア領西側のバルト海に配備されているバルチック艦隊が地球を半周して旅順艦隊と合流するから、日本の聯合艦隊は一対二の劣勢で戦わなければならなくなるのである。

■ロシア艦隊への「夜襲」「閉塞作戦」にことごとく失敗した日本海軍

日露戦争は一九〇四年（明治37）二月に始まった。双方が宣戦布告をしたのは二月十日のことだが、この時代には必ず宣戦布告をした後に戦闘行為に入るというルールはまだ確立されておらず、すでに二月六日に、朝鮮国を拠点として占領するための陸軍の臨時派遣隊が仁川《インチョン》に上陸していた。そして八日には海軍が聯合艦隊を出動させ旅順港内に籠もっていたロシア艦隊（ロシア太平洋艦隊の主力である旅順艦隊）を夜襲した。この時代はまだレーダーが無かったので、夜の闇に乗じて旅順湾内に突入することも不可能では無かった。しかし、湾の入り口には戦艦を沈められるほどの重砲が配備されている。敵に発見されれば撃沈される危険もある。そこで聯合艦隊司令長官東郷平八郎《とうごうへいはちろう》は、戦艦では無く小回りの利く駆逐艦を十隻湾内に突入させて停泊している旅順艦隊に魚雷攻撃を仕掛け、敵が慌てふためいている間に素早く脱出する、という作戦を考えた。

この作戦は単純に敵艦隊に打撃を与えるだけでは無い。怒った敵が駆逐艦を追撃して湾外に出たら、聯合艦隊の主力が迎撃するという手筈もできていた。要するに、あわよくば旅順艦隊をおびき出そうとしたのである。

だが、この作戦は失敗に終わった。まず、味方の駆逐艦同士が衝突事故を起こしてしまった。現在なら考えられない事故だが、レーダーの無い昔はそれぞれの艦艇が識別灯を点けて夜間の衝突を回避した。あの坂本龍馬《さかもとりようま》の『いろは丸』が紀州《きしゆう》藩の『明光丸《めいこうまる》』と夜間衝突した時も、龍馬は「明光丸は灯火を点けていなかった」と主張し補償問題を有利に運んでいる（『逆説の日本史 第21巻 幕末年代史編Ⅳ』参照）。しかし、これから奇襲攻撃を掛けようという艦艇が識別灯を点けるわけにはいかない。敵砲台の有力な目標になってしまうからだ。それゆえ日本の駆逐艦は闇の中、一切の灯りを消して突入を試みたのだろう。

この後、艦艇による夜襲（夜戦）は日本海軍のお家芸となり太平洋戦争でもアメリカ海軍を散々悩ませたのだが、ある時点で状況は逆転しアメリカ海軍のほうが夜戦を得意とするようになった。理由はおわかりだろう。アメリカ海軍がレーダーを大量装備したからである。ちなみに、レーダーが無いとはどういうことなのか。今は民間の大型ヨットや漁船にも当たり前のように装備されているから、わからなくなっているようだ。少し解説しよう。

夜襲というのは戦国時代でも同じことだが、まず注意すべきは月齢《げつれい》である。平たく言えば、満月では無く新月(月がまったく出ていない)の日が一番理想的だということである。織田信長《おだのぶなが》を倒すために明智光秀《あけちみつひで》が出撃した日が旧暦の六月一日で新月の日であり、逆に西郷隆盛が僧月照《げつしよう》とともに錦江湾《きんこうわん》に入水《じゆすい》した日が旧暦十一月十六日のほぼ満月の日であった。旧暦と月齢は一致する。

もし西郷が入水したのが十六日で無く一日だったら、平野国臣《ひらのくにおみ》も西郷を引き揚げられなかったかもしれない。満月というサーチライトが湾内を全面的に照らしていたから、何とか西郷を発見することができたのである。新月の闇夜ではそうはいかない。新暦を採用したことで月齢と暦がずれてしまったのでいちいち確認する必要はあるが、ここで日本海軍の常識が一つわかっていただけたかと思う。「満月の夜に夜襲を仕掛けるバカはいない」ということだ。調べてみると、この旅順港閉塞作戦も満月の日を外して実施されている。もちろん太陽に「日の出」「日の入り」があるように月にも「月の出」「月の入り」がある。これを精密にチェックすれば、攻撃できる時間は広がる。

しかし、問題はどうしても戦略の都合上攻撃を急がねばならない時である。満月が半月になるのにはほぼ一週間、新月になるには二週間掛かる。そんなに長い間待っていられない時はどうするのか？　じつは、満月の夜でも攻撃できる場合がある。それはどんな時か。簡単なクイズなのだが、その答えを述べる前に日清戦争の時に同じような状況で作られた次の歌を見ていただきたい。

『如何《いか》に狂風《きょうふう》』

佐戦児作詞　田中穂積作曲

一.

如何に狂風吹きまくも

如何に怒涛は逆まくも
たとえ敵艦多くとも
何恐れんや義勇の士
大和魂充ち満つる
我等の眼中難事なし

二．
維新以降《このかた》訓練の
技倆《ぎりょう》試さん時ぞ来ぬ
我が帝国の艦隊は
栄辱《えいじょく》生死の波分けて
渤海《ぼっかい》湾内乗り入れて
撃ち滅ぼさん敵の艦《ふね》
（以下略）

日清戦争で清国の北洋《ほくよう》艦隊を撃滅するため水雷艇が渤海湾に突入し敵の拠点威海衛《いかいえい》を夜襲した時の状況を歌ったもので、作詞者の「佐戦児」はこの戦いに参加した軍人のペンネームのようだ。彼がこの詞を読売新聞に投稿し、読売が田中穂積に作曲を依頼した。田中も軍楽畑の海軍軍人だが、楽曲『美しき天然』の作曲者としても有名だ。おそらく、日本人が一度は聞いたことがあるメロディーではないだろうか。それはともかく、この歌詞を見ていただきたい。ポイントは悪天候にも屈せず攻撃を敢行した、ということである。もうおわかりだろう。たとえ月齢が満月でも、嵐になるほどの悪天候なら月の明かりに照らされることを心配しなくてもいい。むしろ、そういう時こそ夜襲のチャンスなのである。民間の船ならわざわざ嵐の日に出港したりはしないが、海軍ならそういうこともある。それこそ望むところだと、この歌は述べているわけだ。

私は、軍歌というものは本来は軍隊内で軍人のためだけに作られたものを指し、民間が軍に「協賛」するために作ったものは軍事歌謡と呼ぶべきだと思っているが、この『如何に狂風』はどちらにすべきか？　間に読売新聞が入っているのだが、作詞作曲はともに海軍軍人であるから私は軍歌と考えていいと思っている。実際、この歌はその後広く海軍部内で愛唱されたという。日清戦争の時の『雪の進軍』のように、現場の兵士の実感が正確に盛り込まれているからだろう。

また敵艦隊を攻撃するために事前に湾内に突入するという戦法は、太平洋戦争でも使われている。誰もが知っていると言ってもいい真珠湾《しんじゅわん》攻撃の際、航空機による攻撃以外に特殊潜航艇が湾内に突入しアメリカ海軍の戦艦を攻撃し一定の戦果を挙げたのだが、このことは多くの人々が忘れてしまっている。真珠湾攻撃が行なわれたのは現地時間の早朝で現地は快晴だった。それでも湾内突入が可能だったのは、海上には姿を現わさない潜航艇という日清日露のころには実用化されていなかった艦艇が開発されたからである。

■ロシア軍の手で丁重に埋葬された広瀬少佐の遺体

話を日露戦争に戻そう。事故を起こしながらも駆逐艦隊は何とか湾内に突入し敵艦に向けて魚雷を発射したのだが、命中はしたもののほとんど「急所」を外してしまった。つまり、ロシア側には大した被害は無かった。そのこともあったのか、旅順艦隊は日本の駆逐艦隊を追撃しては来なかった。あくまで湾内にとどまり力を温存してバルチック艦隊の到着を待つ、という作戦に出たのである。

そこで日本海軍は方針を転換した。日本にとって一番困るのは旅順艦隊とバルチック艦隊が合流し、聯合艦隊の倍の規模を持つ大艦隊になることである。ならば旅順艦隊が旅順湾を出られないようにしてしまえば、日本海軍の戦略目的は達成されることになる。つまり、旅順湾の出口のところに何隻もの船を人工的に沈め、艦艇の航行を不能にしてしまえという作戦である。旅順港閉塞作戦と呼ばれた。具体的な手段としては、民間商船を数隻旅順港の出口まで運んで投錨し、爆弾を仕掛けて点火し沈没させて素早く脱出するというものである。

二月二十日、旅順港閉塞作戦（第1次）が実施された。閉塞用に集められた五隻の民間商船と駆逐艦、水雷艇が現地に向かった。水雷艇は戦艦などと比べればはるかに小さいボートのような艦艇だが魚雷を複数装備しており、攻撃力は高く小回りも利く。『如何に狂風』の作者もこの水雷艇に搭乗していたようだ。ただ今回の駆逐艦や水雷艇の随行の目的は直接攻撃では無く、閉塞用の船からカッター（ボート）で脱出した兵士を素早く収容して帰還させることであった。敵の集中砲火をかいくぐって兵士を収容するには、小回りの利く船のほうがいい。

しかし、この第一次閉塞作戦はまたまた失敗に終わった。ロシア側は日本の夜襲を警戒して湾口を見下ろす砲台に探照灯（サーチライト）を増設し、目標を捕捉しやすくして集中砲火を浴びせたからである。辛うじて二隻を予定の地点で爆破し沈没させることができたが、その程度では艦艇を航行不能にはできない。
そこで海軍は、第二次閉塞作戦を実施することにした。今度は四隻の民間商船を現地で沈めることになった。この四隻のうちの『福井丸《ふくいまる》』（排水量4000トン）の指揮を執っていたのが、広瀬武夫《ひろせたけお》少佐だった。この人は、戦前の教育を受けた日本人ならば知らない人はいない、と言ってもいいぐらいの有名人だった。「軍神廣瀬中佐」としてだ。次の歌は文部省唱歌である。

『廣瀬中佐』

一.
轟く砲音《つつおと》　飛来る弾丸《だんがん》
荒波洗ふ　デッキの上に
闇を貫く　中佐の叫び
「杉野は何処《いずこ》　杉野は居ずや」

二.
船内隈なく　尋ぬる三度《みたび》
呼べど答へず　さがせど見へず
船は次第に　波間に沈み
敵弾いよいよ　あたりに繁《しげ》し

三．
今はとボートに　移れる中佐
飛来る弾丸《たま》に　忽《たちま》ち失《う》せて
旅順港外　恨みぞ深き
軍神廣瀬と　その名残れど

文部省唱歌は作詞者作曲者があきらかにされていないが、この作品は文部省唱歌の中では屈指の名曲と言っていいだろう。筆者の大先輩にも、酔うと必ずこの曲を歌う人がいる。メロディーは勇壮闊達《ゆうそうかったつ》で広瀬の死という悲劇を歌ったはずのものなのだが、不思議と元気の出てくる歌である。歌詞の中で「杉野は居ずや」と言っているのは日本語としておかしい、「杉野はあらずや」と言うべきだ、とか、この時点では広瀬は中佐では無く少佐（死後1階級特進）だったから「中佐の叫び」はおかしい、という批判もあるが、そのあたりは瑕瑾《かきん》と言うべきだろう。

ところで、杉野というのは広瀬の部下の杉野孫七《まごしち》上等兵曹（こちらも死後兵曹長に特進）のことで、閉塞目標地点までたどり着いた福井丸の船倉に仕掛けられた爆弾を点火に行った。ロシア軍の砲台からは砲弾が雨あられと打ち込まれてくる。脱出するためにカッターに部下を乗せ、広瀬は甲板で杉野を待ったがいつまでたっても戻ってこない。そこで広瀬は身の危険を顧みず三回にわたって船内をくまなく捜し回った。しかし、どうしても見つからない（結局、杉野は今に至るまで行方不明である）。そのため、やむなくカッターに移ろうとした時に敵砲弾の直撃を浴び吹き飛ばされた。じつはこの時、日本海軍も広瀬の肉体は四散したと考えていたのだが、実際には遺体は海に飛ばされただけで形は残っていた。ロシア軍はこれを収容し丁重に埋葬した。ロシア駐在武官を務めたこともある広瀬はロシアに多くの友人を持ち、優秀な軍人として尊敬されていたのである。

残念ながら広瀬たちの奮闘もむなしく、第二次閉塞作戦も失敗した。敵の集中砲火が凄まじく、また旅順湾口には機雷も仕掛けられていた。仕掛ける側はどこにあるかわかっているから損害は受けないが、攻める側は違う。砲弾と機雷のダブルパンチで、閉塞用の船は目標地点に到達するまでにやられてしまったのである。日本海軍は閉塞船の数を増やして第三次閉塞作戦も実施したが、結局目標を達成することはできなかった。

ところで、広瀬はなぜ軍神になったのだろうか？軍事的評価で言えば広瀬は目標をまったく達成できなかった。それが冷厳な事実だ。また、広瀬があくまで杉野救出にこだわり他の部下の生命を危険に晒《さら》したことに批判的な目を向ける軍人もいた。おそらく他の国、欧米や中国・朝鮮あたりでは広瀬は軍神にしてもらえなかっただろう。この後の戦いでバルチック艦隊を文字どおり全滅させるという奇跡的な殊勲を挙げた東郷

広瀬武夫は1889年（明治22）海軍兵学校卒。97年（明治30）、ロシアに留学し、その後同国駐在武官となった。1902年（明治35）に帰国し戦艦『朝日』水雷長となるが、日露開戦後に行なわれた第2回旅順港閉塞作戦で戦死。死後中佐に特進した（写真提供／国立国会図書館）

平八郎なら、どこの国でも「軍人の鑑《かがみ》」ということになるし、実際そうなっている。つまり日本の軍神というのは、単純に「殊勲甲の軍人」が選ばれるわけでは無いのだ。

■戦前マスコミ＝新聞が軍部と作り上げた「軍神廣瀬中佐」

軍神。ぐんしん。訓読みでは「いくさがみ」である。文字どおり日本の神道における武を司る神のことで、あの「国譲り」に反対した大国主命（オオクニヌシノミコト）の息子の建御名方神（タケミナカタノカミ）を降参させた武甕槌命（タケミカズチノミコト）、経津主命（フツヌシノミコト）などが代表だろう。や神功皇后《じんぐう》、また仏教の武神である摩利支天《まりしてん》や毘沙門天《びしゃもんてん》も信仰の対象となった。とくに仏教と習合した八幡大神《はちまんだいじん》（八幡大菩薩）は源氏の氏神であり、軍神として広く崇拝されてきた。

しかし明治以降、この言葉はまったく新しい意味を持つ。「軍神廣瀬武夫」、つまり旅順港第二次閉塞作戦で戦死した広瀬武夫海軍少佐（死後中佐に特進）からである。軍神とはこの後戦死した軍人の中で、とくに亀鑑《きかん》（模範）とされ神格化された人物を指すようになる。

戦前の陸海軍はその設立当初から軍神を創造して国民の戦意を煽《あお》ってきた、と信じ込んでいる向きもあるが、じつはそれは大きな誤解で日清戦争において軍人の亀鑑とされた「死んでも喇叭《ラッパ》を離」さなかった木口小平《きぐちこへい》も、修身（道徳）の教科書には記載されたが軍神と呼ばれたことは一度も無かった。むしろ、国のために戦って名誉の戦死を遂げた人間はすべて靖国《やすくに》神社に祀られ「神」となるので、ことさらに特定の人物を軍神として持ち上げることは無かったのである。ならば、軍は広瀬の戦死から方針を変えて新しい軍神制度を設けたのか？

どうやらそれも正確に言えば違うようなのである。なぜなら、広瀬の没後に編纂された評伝『七生報国《しちしょうほうこく》廣瀬中佐』には、次のようにあるという。

「此《こ》の尊号は人々が集つて評議して贈つたので無く、所謂《いわゆる》天の声則《すなわ》ち天の命であるから、永久に伝へらるゝものであらう」という。

（『軍神　近代日本が生んだ「英雄」たちの軌跡』山室建徳著　中央公論新社刊）

では「軍神廣瀬中佐」は、いかにして誕生したのか？

『東京朝日新聞』は、砲弾を浴びる船を手前に置き、水平線上に桜の花に囲まれた肖像が浮かぶ挿し絵とともに、「軍神廣瀬中佐」という見出しの記事を、〈東郷聯合艦隊司令〉長官報告と同じ日の紙面に早くも載せている。そこには、永田《ながた》聯合艦隊副官から大本営幕僚財部《たからべ》・森《もり》両参謀に宛てた電報が紹介されている。「廣瀬中佐の平素幷《ならび》に開戦以来の行為は、実に軍人の亀鑑とすべき事実を以て充たされ、一兵一卒に至る迄歎賞《たんしよう》措《お》かず(中略)或人叫んで軍神と唱ふ、是れ敢《あえ》て過言にあらざるべきことゝ信ず（中略）模範軍人として後世に貽《のこ》さるゝの手段を予《あらかじ》め講じ置かれんことを希望す」というのが、その大要である。

（引用前掲書　〈　〉内は引用者）

「同じ日」とは一九〇四年（明治37）三月三十日の紙面のことだが、事情はおわかりだろう。

確かに「軍神」という言葉の言い出しっぺは海軍部内であったが、それを朝日新聞などのマスコミが大々的に取り上げ後押しをしたことによって「軍神廣瀬中佐」は誕生したということだ。先に取り上げた軍歌『如何《いか》に狂風《きょうふう》』も海軍と読売新聞との「合作」だったが、これが当時の日本のマスコミ、といってもテレビはおろかラジオも無い時代なので、マスコミ＝新聞（速報性の部分は朝刊夕刊以外の「号外」が担当していた）だが、そのマスコミも含めた日本いや大日本帝国の「かたち」だった。

今さら言うまでも無いことである「はず」なのだが、民主主義国家におけるマスコミの使命とは「事実を正確に報道し、主権者である国民が的確な判断ができるように材料を提供する」ことにある。これが北朝鮮のような独裁者のいる国だと、事実をねじ曲げ独裁政権に有利な形に加工した情報しか報道しない。

では、民主主義国家であるはずの日本はどうか？　「我々は『モリカケ問題』でも『桜を見る会問題』でもきちんと最高権力を追及している」などとおっしゃる向きもあるようだが、たとえば北朝鮮については「他国を攻撃できる核ミサイルの実験」を「平和目的の人工衛星の打ち上げ」だなどと事実をねじ曲げ、国民の的確な判断を妨げていたのが戦後の朝日新聞を代表とする日本のマスコミであった。

もし外国人がこの話を聞けば、「そうしたマスコミは北朝鮮の情報工作に加担している、あるいは弱みを握られたか買収でもされているのか」と考えるだろう。そうした「報道」をすれば得をするのは北朝鮮だから、そう考えるのが世界的には常識的な反応である。しかし、日本の場合はどうやらそうでは無い。もちろん北朝鮮のスパイも絶対にいないとは断言できないが、大方の

「親北的マスコミ」はそのような（結果的には事実をねじ曲げた）報道をするのが正しいと信じていたようなのである。それも共産主義に対する絶対的な信仰というよりは、とにかく自分の国を批判することが「善」であるという、きわめて異常な思い込みによってである。

だから、ダブルスタンダードにもなる。日本では女性の権利を守れと声高に主張し一歩も譲らない（そのこと自体は正しいが）のに、これが韓国や中国の話だと勝手に忖度《そんたく》して事実を報道しない。たとえば二〇〇四年、韓国で密陽《ミリャン》女子中学生集団性暴行事件というのが起こった。韓国人なら誰でも知っている事件と言って過言では無い。しかもこれは、良心的な韓国人が「だから我が国は『性犯罪者の天国だ』などと言われるんだ」と嘆いた事件なのである。規模も悪質さも日本の性犯罪事件とは比べものにならないほどのもので、きわめつけは犯人たち（複数）が様々な手段を講じて、一人も刑事罰を受けなかったということだろう。ところがこの事件、私の記憶では日本のマスコミできちんと報道したところはほとんど無かった。さすがにネットには載っているので、こうした問題に関心のある方はぜひ「密陽女子中学生集団性暴行事件」で検索していただきたい。日本のマスコミのダブルスタンダードぶりがよくわかるだろう。

■一般大衆を信用しないマスコミ人の歪んだエリート意識

戦後はこのように「とにかく日本が悪い」という形に誘導するのがほとんどのマスコミの方向性であった。こう言えばおわかりだろう。戦前はちょうどその逆で、「とにかく日本が正しい」という方向に誘導するのがマスコミの「使命」であった。戦前の日本も天皇という絶対者は存在したが、それでも複数政党制で選挙によって首班を選ぶという民主主義国家であったはずだ。当然マスコミの使命は「国民の判断に供する正確な事実の提供」であるはずなのだが、残念ながら日本は戦前も戦後もそうした本来のマスコミが完全な形で成立したことは一度も無い。とにかく「日本は正しい」あるいは「日本が悪い」という絶対的な前提のもとに忖度して情報を提供する、言ってみれば「教導機関」になってしまっている。これは「良心的」ということとは関係無い。いや正確に言えば、「良心的」であればあるほど、そうした誤った目的のために努力するというとんでもないことになってしまうのが日本のマスコミの最大の問題なのである。

詳しくは第三章で述べるが、この時点では日本のマスコミ、すなわち新聞はほとんどが戦争遂行に賛成していた。反対していたのは『萬朝報《よろずちょうほう》』と袂《たもと》を分かった非戦派の記者たちが作った『平民新聞《へいみん》』だけである。では、平民新聞が民主主義社会における公平なマスコミとして評価できるかというと、私はできない。要するに彼らは「帝国主義は悪だ。だから、その道を行く日本も悪だ」という思い込みで一般大衆を教導しようとしていたからだ。つまり、右と左の違いはあれ「大衆を教導する」という点では同じ穴のムジナなのである。

どうしてこうなってしまったのか？　明治維新によって日本は初めて大衆社会が生まれ、「長屋の八さん熊さん」たちも政治に参加できるようになった。この時代まだ普通選挙法（といっても男子だけだが）は確立していないが、あきらかに日本はその方向に向かっていた。しかし一般社会の教養のレベルはまだまだ低く、とくに政治論や国際情勢には疎いものがあった。これは幕府の鎖国政策の影響もある。「鎖国」など無かったという意見も最近はあるが、少なくとも江戸時代は一般庶民が海外情報から遮断されていたのは事実である。それが明治になって欧米諸国と交際あるいは敵対する中で、国民の社会教養のレベルを上げる必要は確かにあった。

本来それは国の役割だが、義務教育だけではとても足りない。そこで足りない部分を初期には川上音二郎《かわかみおとじろう》の政治演劇や演歌や講談などが補い、初等教育が普及して国民の多くが文字を読めるようになると新聞が補うようになった。現代だったら学校を出て就職した後もカルチャーセンターに通って国際情勢を学ぶなどということができるが、昔はそんなものは無い。新聞しか無かった。一方、新聞記者にも正岡子規《まさおかしき》のような文人エリートがいたことでもわかるように、その教養は一般大衆よりははるかに上だった。だからこそ教導がマスコミの使命になってしまったのだろう。

しかし当初はそうでも、一般大衆の教養のレベルが上がった段階で、「教導」という使命は終わるはずなのだが、なぜそうならないのだろうか？

一つはマスコミ人の歪んだエリート意識があるだろう。これは戦前の軍人たちにも戦後の霞《かすみ》が関《せき》の官僚たちにも見られるものだが、要するに一般大衆を信用していないということだ。「愚かな」大衆は放っておいたらとんでもない方向に行ってしまう。「賢い」我々が導くしかない、という思い込みである。これは戦前なら「陸軍のやっていることはすべて正しいのに不満を唱える連中がいる。いっそのこと政党など解散させて軍部翼賛の組織にしてしまえ」ということになるし、戦後なら「北朝鮮は労働者の天国だ。あの実験はどうやら核ミサイルの実験らしいが、そんな事実を報道すると愚かな大衆は『悪』の自民党政権を支持するようになるかもしれない。だから、取りあえずは北朝鮮の主張するとおり平和目的の人工衛星だと認めておくか」ということになる。真実の報道とは正反対である大本営発表（本当のことを言うと大衆は混乱する）と同じで、根本にあるのは一般大衆への侮蔑であり、侮蔑するのは自分たちが特別に優れた存在だと思い込んでいるからである。だから「歪んだ」という形容詞を使った。

そして日本の場合もう一つやっかいなのは、これに言霊《コトダマ》という日本民族固有の信仰がからんでいくということだ。これまで何度も繰り返したことだが、言霊信仰の根本は「言えば（書けば）起こる」ということだから「起こって欲しくないことは言うな、書くな」ということになる。私だって隣国である北朝鮮が平和な国家であってくれればどんなにいいかと思う。しかしその個人的願望と事実は、まったく別のものである。だから「北朝鮮は隣国もアメリカも破壊できる核ミサイルを開発している国家」だと記事にするのが正しい報道である。しかし日本の「言霊」マスコミは、むしろ個人的願望のほうに迎合して「北朝鮮は平和国家です」などと書く。

これが戦前からずっと続いている問題だということは、もうおわかりだろう。マスコミはその使命を果たすため、負けそうな戦争なら「この戦争は負ける。だからやるべきではない」と書くべきなのだが、そういう方向にはいかなかったことはご存じのとおりである。だからこそ言霊という要素を無視して歴史を論じるなどというのは、まったく無意味な行動なのである。

では、これが広瀬の場合はどういうことになるだろう。まずは新聞発行時では広瀬中佐でも戦死時点では少佐だったのだから、その点を正確に書かねばならない。だが、それよりも何よりも広瀬の行動が軍人として的確だったのか評論せねばならない。先に述べたように軍事的見地に立てば、あの状況の中で一人の兵（これも兵曹長では無く杉野上等兵曹）の救出にこだわり他の兵士および広瀬自身の生命を危険に晒した行為が的確であったかどうかは、大いに疑問である。現に早く見切りをつけていれば広瀬自身の命も奪われることは無かっただろう。しかし、日本ではそうした見方はまったく歓迎されない。

■軍人である前に「理想的な日本人」であった広瀬武夫という男

戦前、つまり一九四五年（昭和《しょうわ》20）以前には「軍神廣瀬中佐」の巨大な銅像があった（次ページ写真参照）。海軍省の将校らが発起人となって東京市神田須田町《かんだすだちょう》の万世橋《まんせいばし》駅前に建立されることになり、日露戦争後の一九一〇年（明治43）に除幕式が行なわれた。台座には広瀬のキャッチフレーズとも言うべき「忠勇義烈」の文字がレリーフされていた。聯合艦隊司令長官であった東郷平八郎大将の揮毫《きごう》である。また、この銅像の最大の特徴は広瀬だけで無く、広瀬が救出しようとした杉野が一緒に銅像化されていることだろう。この銅像の除幕式には杉野の遺児も招待されていたが、後にその兄と弟はともに海軍軍人となり大佐にまで昇進したという。

『東京の銅像を歩く』（木下直之監修　祥伝社刊）によれば、この銅像は大正《たいしょう》時代になって交通が盛んになると一時邪魔者扱いされた。市電や車が行き交う場所では交通の障害になるというのである。ここは重要なところで、以前にも述べたように日露戦争以降日本の軍国主義化が常に進んでいたというのは誤解である。大正デモクラシーという、現在と同じ軍事を白眼視する風潮の強い時代が、明治と大正の間に紛れも無く存在したのだ。しかし、満洲事変以降日本が再び戦乱の時代に突入すると再び脚光を浴び、毎年命日には記念祭が行なわれるようになった。敗戦後はGHQ（連合国軍最高司令官総司令部）の意向で「忠霊塔、忠魂碑等の撤去審査委員会」なるものが東京市に設置され、この銅像が真っ先に撤去対象に指定され金属回収業者に引き取られていった。じつは、私は戦中の金属供出令によって失われたと思っていたのだが、どうやら違うようだ。GHQの意向とは、具体的には次のようなものである。

一九四六（昭和二十一）十一月一日に内務省・文部省両次官名で出された通牒「公葬等について」が、銅像の取り扱いに直接関わるものであった。／すなわち戦没者、軍国主義者、極端な国家主義者のために銅像を新たに建設することが禁じられ、すでに存在するものに対する撤去のガイドラインが示されたからだ。学校とその構内または公共用地にあるものはすべて撤去、公共建築とその構内にあるものは、「明白に軍国主義的又は極端なる国家主義的思想の宣伝鼓吹を目的とするもの」に限って撤去とされた。

（引用前掲書）

この本も指摘していることだが、「東京の三大銅像」とされる楠木正成《くすのきまさしげ》、大村益次郎《おおむらますじろう》、西郷隆盛の銅像は撤去を免れた。楠木正成はまさに忠君愛国教育の象徴であり、靖国神社内に銅像がある大村益次郎は日本陸軍の創設者と考えられている。西郷隆盛は西南戦争の主役だから撤去対象から外れるにしても、楠木と大村はなぜ無事だったのかよくわからない。幕末の東征大総督、明治になってから参謀総長を務めた有栖川宮熾仁《ありすがわのみやたるひと》親王

旧万世橋駅前に建てられた広瀬と杉野の銅像は、1910年（明治43）5月29日に二人の遺族らを招いて除幕式が行なわれた。この時出席していた杉野の長男・修一、次男・健次は後にともに海軍に入り、修一は戦艦『長門』艦長を務めている（写真提供／毎日新聞社）

の銅像も、参謀本部前から現在の地（有栖川宮記念公園）に移動することで破壊を免れた。この間の事情を推測するに、これらの銅像は歴史的記念物であるという意義を強調し関係者が存続を図ったのだろう。しかし、広瀬の銅像はこれらに比べて新し過ぎた。そして国民への影響も大きいと評価され、言わばスケープゴートの形で撤去されたのではないか。逆に言えば広瀬はそれだけ「有名人」だったということだ。

先に述べたように、広瀬が関わった旅順港閉塞作戦は失敗に終わったし、その結果広瀬は厳しく言えば何の手柄も立てていないのである。しかし、広瀬が死ぬと直ちに「軍神」として称賛すべきだという世論が巻き起こり、早い段階で銅像が建設され文部省唱歌の題材にも選ばれたのはなぜか。これも重要なことなのでもう一度繰り返すが、日本以外の国、これは欧米だけで無く中国・朝鮮も含めてのことだが、大きな武勲（功績）を立てなければ「軍人の亀鑑」にはなれないのである。

もっとも、近代以前の中国では必ずしも国を救った「軍人」だけが「神」になっているわけでは無い。たとえば、『三国志《さんごくし》』で有名な武将関羽《かんう》は神として東アジア各地の関帝廟《かんていびょう》に祀られている。彼は「帝」であったことは無いし、主君である劉備《りゅうび》を最終的に勝者に押し上げたわけでも無い。しかし、まさに主君には忠を尽くし民を慈しんだ理想の軍人として神格化された。また、南《なん》宋《そう》に忠を尽くした岳飛《がくひ》も中国杭州《こうしゅう》の岳王廟《がくおうびょう》に祀られている。彼も生前「王」だったことは無い。関羽、岳飛の両者に共通するのは、きわめて優秀な軍人であったが最終的にはその志を遂げられず非業の最期を遂げたことである。ここが広瀬と共通している。おわかりだろう、怨霊《おんりょう》信仰である。怨霊信仰はもともと中国にもあった。「志を遂げられず非業の最期を遂げた」人間は、丁重に慰霊しなければいけない、そうしないと怨霊となってこの世にあらゆる災厄をもたらす。ただ中国では「怪力乱神《かいりよくらんしん》を語らず」つまりそうしたものを迷信とする儒教の影響がとくに社会の支配層に強かったので、怨霊信仰は宗教の主流とはならなかった。関帝廟、岳王廟は、中国の民間信仰である道教《どうきよう》や仏教の影響を受けた、あくまで傍流である。

しかし、日本ではもともとそうした土壌のあったところに中国の影響もあり、怨霊信仰が「日本教」の中核を占めるようになった。だからこそ、怨霊の発生原因である怨念を発生させないために和を重んじる。怨霊が出たということは病気で言えば発病してしまったということであり、そもそも発病しないために原因である怨念を発生しないように努めることが重要で、それが「和を保つ」ということである。

広瀬はこの点、軍人である前に理想的な日本人であった、軍人として優秀であると同時に教養もあり、嘉納治五郎《かのうじごろう》に一目置かれるほどの柔道の達人でもあった。軍人と言えば杓子定規な人間を想像するが、広瀬はまさに九州男児で誰にでも好かれる性格だった（ロシア人の恋人がいたという話は後に有名になった）。また部下に優しく友人には謙虚で、広瀬の悪口を言う人間はいなかった。東郷平八郎も部下としての広瀬を高く評価していた。

■陸軍が海軍に対抗して「意図的に」作り出した「軍神橘中佐」

広瀬が軍神として祀り上げられたのは、確かに日本民族が心の底に抱いている怨霊信仰が根本にあるのは間違い無いが、もちろんそれだけでは無い。明治という新しい時代、帝国海軍という組織には広瀬を軍神としなければならない事情があった。では、それはいったいどのようなものか？

それを考えるヒントとして、海軍に強いライバル意識を持っていた陸軍が祀り上げたもう一人の軍神「橘《たちばな》中佐」のことを紹介しておきたい。広瀬と橘はともに日露戦争で戦死し、階級もともに少佐（死後中佐に特進）であった。ここで注意すべきは、橘だけだったら彼は決して軍神にならなかっただろう、と言えることだ。彼も大きな手柄を立てたわけでは無い。もし海軍が「軍神廣瀬中佐」を大々的に喧伝《けんでん》しなければ、橘は数多い陸軍戦死者の一人に過ぎなかったかもしれない。広瀬はある意味で「自然発生的」な軍神であった。確かに軍人を軍神にするのは人間の意図的な工作である。しかし、それはあくまで広瀬の戦死後のことで、広瀬か他の海軍軍人が戦死を遂げたら軍神にするということが、予定されていたわけではない。「自然発生的」というのはそういう意味だ。

しかし「軍神橘中佐」は違う。海軍の広瀬に対抗し、あちらが広瀬ならこちらは橘だ、と陸軍が意図的に持ち出した存在なのである。つまり「戦死者という候補」は他にもいた。その中でなぜ橘周太が選ばれたのか、それを探っていけばおのずから当時の「軍神の条件」が見えてくるはずだ。まず彼の経歴を見よう。

橘周太　たちばなしゅうた　1865－1904（慶応1－明治37）

「軍神廣瀬中佐」として神社に祀られた海軍の広瀬同様、陸軍の橘周太少佐（写真。戦死後中佐に特進）も郷里の長崎・雲仙市に「橘神社」が建立され、「軍神」として祀られた（写真提供／毎日新聞社）

日露戦争の軍神とされた陸軍軍人。肥前国生れ。1887年陸軍士官学校卒業、91－95年東宮武官として皇太子に奉仕、1902－04年名古屋地方幼年学校長として謹直な人格を慕われた。日露戦争に第2軍管理部長として出征、職務上田山花袋ら多くの従軍記者が接してその人格に傾倒し、歩兵第34連隊大隊長として遼陽会戦に戦死すると、軍神橘中佐としてその名が広められた。

（『世界大百科事典』平凡社刊　項目執筆者大江志乃夫）

広瀬は一八六八年（慶応4）生まれだから三つ年上ということになるが、橘の事績も尋常《じんじよう》小学校唱歌になった。これはあまりにも長いので、一部だけ抜粋して紹介する。

『橘中佐』
鍵谷徳三郎《かぎやとくさぶろう》作詞　安田俊高《やすだとしたか》作曲

一．
遼陽城頭《りようようじようとう》　夜は闌《た》けて
有明月《ありあけづき》の　影すごく
霧立ちこむる　高梁《こうりよう》の
中なる塹壕《ざんごう》　声絶えて

目醒《めざ》め勝《が》ちなる　敵兵の
胆《きも》驚かす　秋の風

四．
「敵の陣地の中堅ぞ
まず首山堡《しゅざんぽ》を乗っ取れ」と
三十日の　夜深く
前進命令　忽《たちま》ちに
下る三十四聯隊
橘大隊一線に

十．
折しも喉《のど》を　打ちぬかれ
倒れし少尉　川村を
隊長躬《みずか》ら　提《ひっさ》げて
壕の小蔭に　繃帯《ほうたい》し
再び向う　修羅《しゅら》の道
ああ神なるか　鬼なるか
（以下略）

メロディーは闊達だが歌詞が難解な部分もあり、文部省唱歌『廣瀬中佐』ほどポピュラーでは無いが、それでも戦中派の人々なら誰もが知っている有名な歌ではあった。

遼陽は中国東北部の遼寧《りょうねい》省の都市で、ハルビンに次ぐ南満洲の大都市であると同時に、旅順とハルビンを結ぶ東清鉄道の通過駅で交通の要衝でもあった。

旅順艦隊が港内にとどまってバルチック艦隊を待つ作戦に出たことは日本海軍にとっては頭痛の種だったが、逆に陸軍の輸送部隊にとっては日本海や南シナ海を安全に航行できるということにもなる。そこで、開戦すると日本陸軍は朝鮮半島仁川に上陸し、朝鮮半島を拠点として確保するとともに、来たるべきロシア陸軍との決戦に備えた。その最初の戦いは平地が広く展開している遼陽付近になる可能性が高かった。この間、海軍は何とか旅順艦隊を封じ込めようとして閉塞作戦を三次にわたって決行したがことごとく失敗し、後は陸軍が陸側から旅順要塞を攻撃し陥落させ、そこから重砲で湾内の旅順艦隊を砲撃するしか対抗手段が無くなった。そのためには、一刻も早く陸軍が旅順要塞を攻略できるように敵の兵力を撃破しておかねばならない。それに、当時シベリア鉄道が完成寸前だったということを忘れてはいけない。シベリア鉄道は東清鉄道を経て旅順までつながっているのである。つまりロシアがこの鉄道を利用して兵力を増強する体制を整える前に、日本は満洲の遼陽や奉天《ほうてん》などの拠点を確保しておかねばならない。そこで日本は、陸軍の全兵力を第一軍から第五軍に分け、それぞれ攻略に当たらせた。軍というのは、通常は陸軍、海軍などの総称だが、この場合の「軍」というのは何個かの師団によって構成された軍団のことである。ちなみに旅順要塞を攻撃する第三軍の司令官が、乃木希典《のぎまれすけ》陸軍大将だった。

一応制海権を確保した形になった日本軍は、第一軍以下各軍が相次いで半島および大陸に上陸し、第一、第二、第四軍は遼陽を包囲した。

しかし、ロシア軍もここで日本軍に一気に大打撃を与えようと約十六万人の兵士を動員した。日本軍は約十三万人である。こうして日露戦争最大の激戦の一つ、遼陽会戦が始まった。

一九〇四年（明治37）八月二十四日のことである。そして同月三十日、ロシア側よりはるかに多い二万数千人の戦死者を出しながら戦況を有利に進めていた陸軍は、最大の拠点である首山堡《しゅざんぽ》の攻撃を命じた。これは「首山にある堡塁《ほうるい》」の意味で、堡塁とはトーチカとも言い、歩兵部隊が敵部隊に対抗するための拠点とする、周りをコンクリートで固めた小規模な要塞である。攻撃は前方に開けられた銃眼から行ない敵を寄せ付けない。手榴弾ぐらいではびくともしないから、攻撃側は手こずることになる。そこで、八月に歩兵第三十四連隊第一大隊長になったばかりの橘少佐も攻撃に参加することになった。そして名誉の戦死を遂げた。彼の命日は八月三十一日である。

ここでもう一度、『橘中佐』の歌詞を見ていただきたい。彼は何を褒《ほ》められているのか？　勇猛果敢に闘ったことはもちろんだが、重要なのは「川村少尉」を見捨てなかった、というところだ。そこが広瀬中佐と同じなのである。

■与謝野晶子の「反戦詩」に見える軍部が「軍神」を必要とした理由

要するに、海軍の「軍神廣瀬中佐」も陸軍の「軍神橘中佐」も、勇敢な軍人であるだけで無く人間としても素晴らしく、ここが肝心だがきわめて部下思いであった。じつはこの「部下思い」、軍隊のルールから言うとかなり問題もある行為なのである。それは同じく日露戦争の最中に作られた軍事歌謡（軍隊の外で作られた軍事に関する歌）で、後に軍歌（軍隊内で兵士たちが歌った歌）に「昇格」した次の作品に顕著に出ている。

『戰友《せんゆう》』
真下飛泉《ましもひせん》作詞　三善和気《みよしかずおき》作曲

一．
ここはお國《くに》を何百里《なんびやくり》
離れてとほき滿洲《まんしゆー》の
赤い夕日《ゆーひ》にてらされて
友《とも》は野末《のずゑ》の石《いし》の下《した》

二．
思へばかなし昨日《きのー》まで
眞先《まつさき》かけて突進《とつしん》し
敵《てき》を散々《さんざん》懲《こ》らしたる
勇士《ゆーし》はここに眠《ねむ》れるか

三．

あゝ戰《たゝか》ひの最中《さいちゅー》に
鄰《となり》にをつた此友《このとも》の
俄《にわ》かにハタと倒れしを
我はおもはず驅《か》け寄《よ》つて
四．
軍律《ぐんりつ》きびしい中なれど
これが見捨てて置《お》かれうか
「しつかりせよ」と抱《だ》き起《おこ》し
假繃帶《かりほーたい》も彈丸《たま》の中
（以下略）

さて、問題は四番である。現代風に訳せば「軍隊のルールじゃいけないことだったんだけれど、戦友を見捨てるわけにはいかないので、しっかりしろと抱き起こして弾丸の雨が降る中、包帯を巻いて応急手当てをした」ということになるが、何がいけないのかと言えば「手当てをした」ということである。歩兵は戦うのが任務である。戦友が敵弾を受けてバタバタ倒れたとしても、「眞先かけて突進し」敵を攻撃するのが仕事だ。手当てをするのは衛生兵（看護兵）という専門家の仕事なのである。そのことを念頭に置いて、もう一度前に紹介した尋常小学校唱歌『橘中佐』の十番の歌詞を見ていただきたい。

十.
折しも喉を　打ちぬかれ
倒れし少尉　川村を
隊長躬ら　提げて
壕の小蔭に　繃帯し
再び向う　修羅の道
ああ神なるか　鬼なるか

橘はこの部隊の指揮官である。だから、部下がやれば「軍律違反」になるところもある程度は許される。それに時と場合にはよるが、負傷した味方の兵を安全なところ、たとえばすぐ近くの味方の塹壕《ざんごう》まで運ぶくらいは、戦場の緊急非常の措置として認められていたようだ。しかし、「包帯を巻く」のはあくまで衛生兵の仕事である。普通の兵士は包帯など携行していない。だから手近にあった手拭《てぬぐ》い等で「假繃帯」ということになったのだろうが、この『橘中佐』の十番はともかく、『戰友』の四番は後に軍部によって問題視された。そこで「軍律きびしい中なれど」の部分が「硝煙《しょうえん》渦巻く中なれど」などの歌詞に改められた。ここがじつは肝心なところで、実際にこの兵士の行為は軍法に違反しているが、戦友を救うという行為自体を別の歌詞に置き換えることは、軍部も求めなかった。その理由を知るために、今度は次の反戦詩を見ていただきたい。これも長いので一部のみ紹介する。

君死にたまふこと勿れ

（旅順口《りよじゆんこう》包圍軍の中に在る弟を歎きて）

與謝野晶子《よさのあきこ》

あゝをとうとよ君を泣く
君死にたまふことなかれ
末に生れし君なれば
親のなさけはまさりしも
親は刃《やいば》をにぎらせて
人を殺せとをしへしや
人を殺して死ねよとて
二十四までをそだてしや

堺《さかひ》の街のあきびとの
舊家《きうか》をほこるあるじにて
親の名を繼ぐ君なれば
君死にたまふことなかれ
旅順の城はほろぶとも

ほろびずとても何事か
君知るべきやあきびとの
家のおきてに無かりけり

君死にたまふことなかれ
すめらみことは戰ひに
おほみづからは出でまさね
かたみに人の血を流し
獣《けもの》の道に死ねよとは
死ぬるを人のほまれとは
大みこゝろの深ければ
もとよりいかで思《おぼ》されむ
（以下略）

日露戦争最大の激戦となる旅順攻防戦に参加することになった（実際には別の戦いに臨んでいたという説もある）実の弟の鳳籌三郎《ほうちゆうざぶろう》の出征を嘆いて詠んだ詩で、反戦詩の傑作として名高い作品だ。確かにこの時代、日露戦争に勝たねば日本は滅びるという世論が形成される中、「天皇は自ら戦場に出られることは無いのに、国民だけに獣の道を歩めとはおっしゃいませんよね」などという言葉は大変な勇気を必要としただろう。実際、各方面から激しく非難された。

その勇気には敬意を表するが、歴史的な分析はまた別の判断である。

日本は一九四五年(昭和20)の惨憺たる敗戦の結果、平和を絶対的な価値として希求する国家になった。そのこと自体は大変結構なのだが、私がこの『逆説の日本史』シリーズでたびたび強調しているように、その結果日本人はあらゆる戦争をすべて絶対悪として否定したり、逆に反戦運動を絶対善として称揚するようになった。人間のやることなのだから「絶対善」も無ければ「絶対悪」も無い。それがわからない人間には、まさに人間の歴史である日本史も世界史も理解できない。

■ロシア海軍きっての名将はなぜかくも「油断」したのか?

取りあえず、この『君死にたまふこと勿れ』を批判するのでは無く、内容を分析してみよう。それも歴史的観点からである。この詩で、どんな時代にも通用する戦争批判はまさに天皇を批判した部分だろう。「最高権力者であるあなたは戦場に出ないじゃないですか」というところで、これは豊臣秀吉《とよとみひでよし》の戦争に対しても、ベトナム戦争に対しても通用する普遍的な批判だ。以前紹介した(『逆説の日本史　第25巻　明治風雲編』参照)添田唖蟬坊《そえだあぜんぼう》の「反戦演歌」も、この流れを汲むものである。

では、この明治中期という時代区分の中での分析はどうなるかと言うと、注目していただきたいのは第二段落の部分である。ここでは何を言っているのか。「弟は商人の家に生まれました。その跡継ぎです。商人には国家がどうなろうと関係はありません。ただただ家を継ぎ商売を続けていくことが肝心なのです」

おわかりだろう。儒教の士農工商《しのうこうしょう》、つまり人間には身分があって、国家のことを考えるのは「士」

の仕事であり我々商人は関係無い、という清国や朝鮮国をダメにした古い古い思想なのである。ここの部分がもっと人類の普遍的な価値に基づいたもの、たとえばそもそも人命は尊いしロシア人であれ日本人であれ命の重さには変わりは無い、などという考えによって書かれていたら、私はこの詩に全面的な拍手を送っただろうが、この部分はいただけない。

これも何度か述べたことだが、この時代の先進国つまり欧米列強がなぜ強いかと言えば、国民国家になっているからだ。では国民国家たとえばフランス共和国と革命以前のフランス王国とはどこが違うのかと言えば、共和国では貴族や平民といった身分の差は無く、すべての国民が平等である。そして平等であるがゆえに、戦争には市民の一人として（取りあえず男性だけだが）参加する義務がある。この兵役の義務と納税の義務を国民が果たすというのが、当時の国民国家の成立要件であった。そして、その義務を果たしてこそ参政権も得られる。「商人の子は商人でいい。戦争は別の人がやって」という態度は、この時代の近代化にまったくそぐわない反動的な考え方なのである。第一そういう考え方、つまり儒教を貫けば「商人の息子に学問などいらない」ということになるし、「女のための教育機関も必要無い」ということになってしまう。

歴史には発展段階がある。何百年かの後に人類は国家同士の戦争を撲滅できるかもしれない。しかし、残念ながら今はそういう段階に無いし、逆に明治のころ日本が国民国家への脱皮を失敗していたら、ひょっとしたら我々は今ごろロシア語をしゃべっていたかもしれないのである。

いずれにせよ、この詩が貴重な歴史的史料であることは間違い無い。明治以降、日本人は官民一丸となって、こうした儒教に基づく因習的考え方を撲滅するために努力してきた。だからこそ、日本には女子大もいくつか誕生した。しかし、この時点つまり明治に入って三十七年も経過した一九〇四年に至っても、まだそうした考え方が残っていて国民の兵役への全面的な支持を妨げていたことが、この詩によってわかる。確かにこの詩を非難した人も大勢いたが、共感した人も少なからずいた。ということは、国民国家の軍隊を作ろうとしているとくに軍関係者にとっては非常に問題だったということである。

どうしたらいいいか？　一般市民からの徴兵をやめるわけにはいかない。それは絶対に譲ることのできないところだ。しかし、そうして徴兵されてきた人間を決して軍部は「使い捨て」いるわけでは無い。兵士の命はきわめて大事に思っているし実際そのように取り扱っている、ということを大々的に国民に知らしめる必要があったということだ。もうおわかりだろう。だからこそ「たった一人の部下の命を救うため、軍法を逸脱したと非難されても仕方が無い行動に出、そのために落命した現場の指揮官」という「軍神」が必要だったのである。

ちなみに、『戰友』の作詞者真下飛泉（本名瀧吉）は、私の調べた限りでは従軍経験は無い。四十八歳という若さで死んでいるから、たぶん健康上の問題があったのだろう。ただしこの『戰友』という「軍歌」で語られているエピソードについては、実際の戦闘に参加した知人から聞いたものらしい。ちなみに、この歌はあまりにも厭戦《えんせん》的で士気を落とすとして、昭和に入ると軍隊内では歌わせないという動きもあったという。このことから、真下はもともと「反戦歌」としてこれを作ったのだという意見もある。ただし彼は教員として小学校教育に従事し、その場では児童向けに『出征』という題の国のために戦う兵士を讃える歌も作っているので、にわかに断定はできない。ちなみに、歌人としての真下は与謝野鉄幹《てっかん》の弟子である。鉄幹は妻の晶子とは違って、当初から「軍隊応援団」的存在であったことは言うまでも無い。

さて、日露戦争の経過に戻ろう。広瀬少佐が戦死し失敗に終わった旅順港第二次閉塞作戦は、開戦からほぼ一か月後の一九〇四年（明治37）三月二十七日のことで、その後五月二日に実行された第三次閉塞作戦も失敗に終わったのだが、じつはこの第二次と第三次の閉塞作戦の間に日本海軍にとってはきわめて幸運と言うべきアクシデントがあった。

旅順港に籠もってバルチック艦隊の到着を待って合流するという旅順艦隊の作戦が、変更されたのである。最高司令官の交代があった。新しく太平洋艦隊司令長官として着任したステパン・マカロフ中将は、積極的に外海に打って出て日本の海上補給路を断とうとしたのだ。ところが、マカロフ司令官の搭乗した旗艦ペトロパブロフスクが、旅順港を出たところで前夜日本海軍によって敷設されていた機雷に触れ、一瞬にして爆沈してしまったのである。提督は約七百名の乗組員とともに海の藻屑となった。

陸上の戦闘で言えば、「突撃！」と命じた指揮官が真っ先に敵弾に当たり戦死したに等しい。これで仰天した旅順艦隊は、再び湾内にとどまる作戦に戻らざるを得なかった。そこで、結局失敗に終わったが第三次閉塞作戦も実行することができたのである。

マカロフはロシア海軍きっての戦略家で部下からの人望も厚く、名将として尊敬されていた。日本海軍の東郷平八郎や秋山真之《あきやまさねゆき》もその著作を読んでいたという。皮肉なことに彼は機雷の専門家だった。「死者に鞭打つ」気は毛頭無いが、やはりこの死はマカロフの油断と言うべきだろう。日本海軍が機雷を敷設することは当然想定しなければならなかったし、想定していればみすみす爆沈させられることも無かったろう。日本海軍は、なぜ執拗《しつよう》に閉塞作戦を実行したのか。機雷を敷設するだけでは旅順港を完全に封鎖することはできないからだ。機雷は手間は掛かるが、撤去することもできる。それゆえ、いきなり戦艦が機雷の敷設の可能性のある海域に出るということは、それ自体非常識なのである。

そして、どんな時に人間は非常識をやるかと言えば、疲れて判断能力を失っている時か余程油断していた時だろう。やる気満々で赴任してきたばかりのマカロフが疲労していたということは考えられない。となると、「日本の暗号などすべて解読しているぞ」と栗野慎一郎公使を嘲笑したベゾブラゾフと同じで、完全に油断しきっていたのだろう。繰り返すが、この時点で有色人種の国家が欧米列強に勝った例は一つも無いのである。

■「不沈艦」を「黄色人種」に沈められたロシアが受けた宗教的ショック

ロシア太平洋艦隊のステパン・マカロフ司令官が、搭乗した旗艦『ペトロパブロフスク』の触雷・爆沈によって戦死したことは、日本軍の士気を大いに高め世界を驚愕させた。

全然関係無いと思われるかもしれないが、団塊の世代は覚えているだろう。昔「ＰＰＭ《ピーピーエム》」というフォークグループがあった。中年以下の人はｐｐｍというと「parts per million」つまり百万分の一の濃度を示す単位、たとえば一酸化炭素が１ｐｐｍある、といった形でしかイメージが浮かばないだろうが、略称ＰＰＭつまりピーター・ポール＆マリーは、団塊の世代にとってはおそらく誰一人知らぬ人の無い有名なグループだろう。では、ここで質問。あなたはこれがキリスト教徒つまり欧米人にとっては「ペテロとパウロとマリア」に聞こえることに気がついてましたか？　失礼な言い方になるかもしれないが、私の経験ではあまり気がついている人はいない。

それどころか、私は大学で若い人に教えているのだが、彼らに「ラテン語のペテロ（あるいはペトロ）は英語で言うならピーター。ドイツ語ならペーター。フランス語ならピエール。イタリア語ならピエトロ。ロシア語ではピョートルだよ」とか、「あのアメリカ人マシュー君の名前は、新約聖書マタイ伝のマタイと同じだよ」と言っても、きょとんとした顔をしている子のほうが多い。このあたりも、日本の歴史教育における宗教無視がもたらした弊害だろう。

ペテロは言うまでも無くイエス・キリストの一番弟子でカトリックの初代法王とされる人であり、パウロは初期キリスト教の布教にもっとも功績のあった人物であり、マリアは聖母マリアだ。そしてペトロパブロフスクはロシア語でペトロパブル、つまり「ペテロとパウロ」の「町（市）」である。そして実際にこの町は当時のロシアの首都サンクトペテルブルク（英語で言えばセントピーターーズバーグ）にあり、そこにはロシア最強の要塞ペトロパブロフスク要塞と、ロマノフ王朝のピョートル一世からの歴代皇帝が埋葬されている

戦艦『ペトロパブロフスク』（写真提供／Getty Images）は、太平洋艦隊に配属するためウラジオストクのドックに入渠可能な常備排水量1万1354トンで建造。前後に30.5cm40口径連装砲の主砲2基、舷側に15.2cm45口径単・連装砲の副砲12門を配置し、最大16.5ノットで航行できた。同型艦に『セヴァストポリ』『ポルタヴァ』があり、ともに黄海海戦に参加した

ロシア正教会のペトロパブロフスク大聖堂もある。

要するに日本風に言えば、戦艦ペトロパブロフスクは「戦艦ヤマトタケル」とも言うべき存在であり、もうおわかりだろうが、そういう名前をつけるということはロシア側にこの戦艦は絶対撃沈されない「不沈艦」だという自信があったということなのだ。しかも、それを指揮していたのは愚人では無く、当時のロシア海軍の最高の名将マカロフ中将なのである。

もう一つ注意しなければいけないのは、ロシア側は皇帝ニコライ2世以下「黄禍論《おうかろん》」の熱心な信奉者であったということだ。黄禍論とは繰り返すまでも無く、非キリスト教徒の黄色人種にヨーロッパのキリスト教徒がやられてしまうという話である。

要するに、名将マカロフが指揮するキリスト教の聖人の名を冠した戦艦ペトロパブロフスクが日本海軍に沈められてしまったことは、単純な敗北よりもはるかに強い「宗教的ショック」をロシアのみならずヨーロッパ各国に与えたということで、宗教無視の日本歴史学界がこういうことをまったく見逃していることを申し上げたかったのである。

ちなみに、後に日本海軍航空隊は栄光あるイギリス海軍の象徴的戦艦『プリンス・オブ・ウェールズ』を撃沈するが、そのことは当時の世界に「大英帝国の没落の始まり」と取られたことも、これでおわかりになるだろう。大英帝国で一番偉いのが「クイーン・エリザベス」で、それに次ぐのが皇太子つまりプリンス・オブ・ウェールズである。当時クイーン・エリザベスという戦艦は無かった。そして日本海軍、いや大日本帝国海軍が大英帝国艦隊に対抗するために建造した世界最大の巨艦が、日本そのものを象徴する名前を持つ戦艦『大和《やまと》』である。そして戦艦大和は大日本帝国に殉じる形でこの世から消えた。それぐらい戦艦の名前というのは当時を生きた人々にとってはきわめて象徴的な意味を持っていたのだ。

この時、すでに日本は同盟国イギリスの暗黙のバックアップを受けて戦時公債の募集に成功していたが、経済人は戦争中は何かと迷う。どちらに投資すべきか、どちらと商売をすべきかということだが、そういう動向にも戦艦ペトロパブロフスクの爆沈は大きな影響を与えていた。イギリスを代表する通信社ロイターと、日刊紙タイムズが戦況を逐一速報していたことも忘れてはいけない。これは人類の歴史上初のことだった。もちろんロイターもタイムズも事実を歪曲するような報道はしなかったが、解説や社説など主観的要素が入る部分ではあきらかに「日本応援団」だった。やはり日英同盟の効果は少なからずあったのである。

すでに述べたように、マカロフの死そしてペトロパブロフスクの爆沈は、あきらかにロシア側の油断によるものだった。「黄禍論などというトンデモ主張を述べる連中がいるが、そんなバカなことがあるものか。フン族が脅威だった中世とは違って産業革命以降、黄色人種が白人に勝った例が一度でもあるか？　一度も無いではないか」ということである。日本は確かに黄色人種国家の中でいち早く西洋近代化を実現し日清戦争にも勝っているが、これは黄色人種同士の戦いであり白人に勝ったわけではない。

あなたが、何らかのスポーツチームの監督だったとしよう。たとえば草野球のチームの監督で、相手は近年野球を始めたばかりの国のチームであり一度も対外試合に勝ったことも無いところだとしよう。こういう状況で、あなたは油断しないと断言できるだろうか？　仮に相手チームは自国内では「10対0」で他のチームに勝っているという情報があったとしても、日本の野球には伝統がある、野球新興国のチームに負けるはずが無い、と思うのが普通ではないだろうか。それが人類の常識だ。マカロフだけで無く皇帝以下ベゾブラゾフのような政治家や軍人まで、あきらかにそう思っていたのである。

■期待した戦果を挙げられなかった「名作戦」丁字戦法

ベゾブラゾフの油断についてはあくまで推測で具体的に証明する史料や行動は無いが、マカロフについては証明できる。というのはその後、旅順港内に停泊していた旅順艦隊（正確にはロシア太平洋艦隊の主力である旅順艦隊）は旅順港から、冬以外は凍結しないため修理や補給に十二分に活用できるウラジオストク港に本拠を移そうとした。旅順港は満洲にあり日本陸軍がすでに展開しているため、後背地の旅順要塞が万一日本に奪われれば、そこから重砲での攻撃に晒されることになる。しかしロシア領にあるウラジオストク港なら、その心配が無い。だから何度か脱出を試みたのだが、その時マカロフの後任者はまず掃海艇を先頭に立て駆逐艦にそれを護衛させ、その後に艦隊が続くという形を取っている。ここで肝心なのは、旅順艦隊は掃海艇を保持していたということである。掃海艇単独では防御能力が無い（だから駆逐艦が護衛する）から、たとえばウラジオストクから呼び寄せたなどということはあり得ないし、掃海艇を数隻新規に造船するなどということも不可能である。では掃海艇とは何かと言えば、その主たる任務は海中に仕掛けられた機雷を除去することにある。掃海艇があるなら、まずそれを先に立てて出港するのが戦場の常識である。しかしマカロフのやったことは、陸上で言うならせっかく地雷探知機を持った工兵部隊がいるのに、いきなり地雷が仕掛けられている可能性のある草原に歩兵部隊を突入させたようなものだ。おわかりのように「敵軍に地雷を仕掛ける能力は無い」などと油断していない限りは、そんなバカなことをする指揮官はいない。それをやったということは、そう考えていたということなのである。

しかし、さすがに同じ手には二度引っかからない。それどころか、その後の三次にわたる旅順港閉塞作戦の失敗の後、作戦にあたっていた聯合艦隊の戦艦のうち『初瀬《はつせ》』『八島《やしま》』の二隻が今度はロシア海軍の仕掛けた機雷に接触し爆沈した。戦艦の数ではロシア海軍に劣る日本海軍にとっては大打撃である。しかも、旅順艦隊と同じく太平洋艦隊に所属するウラジオストク艦隊は戦艦が無く装甲巡洋艦を中心とした四隻ほどの小艦隊だったが、その身軽さを生かし、まさに神出鬼没で日本の輸送船を撃沈し続け、陸軍の移動を妨害し続けた。それどころか、七月に入ると日本海側から津軽《つがる》海峡を越えて太平洋に入り、なんと東京湾まで進出して日本の補給態勢を崩そうとした。

このころは衛星からの監視カメラはおろかレーダーも無く、艦隊の行動を捉えることはきわめて困難だった。監視所を多数設けるなど人間の目に頼るしか無かったのである。ただし、第二次世界大戦のころとは違って戦艦の航行を発見する有力な目印はあった。日本海軍を象徴する軍歌とも言える、『軍艦行進曲（軍艦マーチ）』の二番の歌詞をご存じだろうか。〈石炭《いはき》の煙《けぶり》は大洋《わたつみ》の龍《たつ》かとばかり靡《なび》くなり〉である。この時代、燃料はまだ重油では無くて石炭である。エンジンが蒸気機関だからだ。大きな戦艦であればあるほど、煙突が複数本あり石炭を大量に燃やす。高速で移動すればするほど排煙はまるで海面をのたうつ龍のように「靡く」。これが一番目視しやすい。もっとも天気晴朗で見通しがいいことが条件だが。ちなみに石炭の中では無煙炭が最上のものであった。炭化度の進んだ石炭のことで、燃焼ロスが少ないため燃料効率も良く、煙があまり出ない。戦艦が高速で動けるし発見もされにくいということだ。ただ非常に高価なものであった。

とにかく、ロシア海軍は何とか旅順艦隊をウラジオストクに入れ、ウラジオストク艦隊と合流させようとしていた。そうなればいくら日本陸軍が旅順要塞を攻略しようと、まったく無意味になる。

一九〇四年（明治37）六月二十三日、旅順艦隊は全艦艇を出撃させウラジオストクに向かった。日本は油断無く艦船を繰り出し哨戒《しょうかい》（偵察および監視）を行なっていたので、待機していた聯合艦隊は旅順艦隊のウラジオストク行きを阻止すると同時に少しでも敵艦を沈めようと、新しく考案された丁字《ていじ》戦法を試みた。これは後に日本海海戦でバルチック艦隊を撃滅した「名作戦」なのだが、この時は失敗した。簡単に言えば、この作戦は敵前で広く横に展開し逃げ道を塞《ふさ》ぐというものなのだが、敵の動きが予想と逆で取り逃がしてしまったのだ。しかし予想が外れたのも無理は無い。あくまでウラジオストクを目指していると思っていた旅順艦隊が、なんと反転して旅順に戻ってしまったのだ。ロイターやタイムズはさっそく、「ロシア海軍戦意喪失」などと大々的に報道した。

その後、八月に入って、ロシア皇帝ニコライ2世は旅順艦隊にウラジオストク回航を直接命令した。異例のことだが、ひょっとしたらマスコミの論調に怒ったのかもしれない。

そこで八月十日早朝、またしても旅順艦隊は出港した。

聯合艦隊司令長官東郷平八郎は前回の失敗に鑑《かんが》み、旅順港への帰還を防ぐ形で丁字戦法を使ったが、今度は逆に直線的にウラジオストクを目指す形になったロシア艦隊に、一度は振り切られてしまった。しかし、艦船の速度は聯合艦隊のほうが速い。何とか振り切ろうとするロシア艦隊と黄海で追いついた聯合艦隊は、砲撃戦に突入した。黄海海戦である。言うまでも無く日清戦争の黄海海戦とはまったく別物で、あの時は日本の相手は清国の北洋艦隊で、その旗艦『定遠《ていえん》』が「まだ沈まずや」と問うた『勇敢なる水兵』のエピソードがあった海戦である。

この黄海海戦でも丁字戦法は試されたのだが、艦船が思うように動かず期待していた戦果を挙げられなかった。東郷が搭乗していた聯合艦隊旗艦『三笠《みかさ》』の砲弾が旅順艦隊旗艦『ツェサレーヴィチ』の艦橋（司令塔）付近に命中し、旅順艦隊司令官ヴィリゲリム・ヴィトゲフト少将を戦死させるという戦果を挙げたものの、敵艦を砲撃によって撃沈することはできなかった。ただ指揮官を失い、艦もコントロールを失ったツェサレーヴィチは味方の中に突っ込む形になり、艦隊は大混乱をきたしてバラバラに行動することになった。ちなみに「ツェサレーヴィチ」とは、ロシアにおける「プリンス・オブ・ウェールズ」、つまり皇太子の称号である。

だが結局、旅順艦隊の主力は旅順港に帰投したため、日本海軍はまたしても旅順艦隊撃滅という目的を果たすことはできなかったのである。

■乃木希典は「最後の忠臣」か？　それとも「無能な軍人」か？

黄海海戦で日本は旅順艦隊の主要艦を一隻も沈めることができなかったが、旅順艦隊の当面の目的であるウラジオストクへの移動は完全に阻止したわけだから、「辛勝」とは言える。だが旅順艦隊は再び旅順港で「穴ごもり」に入り戦力を温存したから、バルチック艦隊と合体し聯合艦隊を圧倒するというロシア側の基本戦略を崩すことはできなかった。

もっとも日本にとってこの戦いは決して無駄では無く、二つの大きなメリットがあった。

日本が制海権を完全に確保し、海を越えて満洲に兵力を送り込むルートを確立することが日本勝利の最大の条件である。逆にこのルートが絶たれてしまえば、すでに大陸に展開した陸軍へ補給することすらできなくなる。それに対してロシア帝国は、シベリア鉄道を使って陸路で兵力を送り込むことができるのである。

だから、日本海軍はロシア海軍に完全に勝利しなければいけなかった。太平洋艦隊（旅順艦隊とウラジオストク艦隊）もバルチック艦隊も、全部撃滅しなければいけないのである。その戦法として考えられたのが、参謀秋山真之少佐の考えた丁字戦法だった。古来の日本水軍の戦法をヒントにしたと言われるこの作戦は、世界のどの海軍の戦法にも無いユニークなもので、当然実戦で試されたことは一度も無かった。ところが、聯合艦隊は旅順艦隊の行動を阻止する戦いの中で、この戦法を実際に試すことができたのである。これが第一のメリットだ。先に述べたように、実際にやってみると丁字戦法は二度とも失敗に終わった。しかし、この失敗の経験を生かし猛訓練で修正を施すことができたのである。

第二のメリットは、小規模ながらその身軽さを活かし日本の制海権獲得を妨害し続けてきたウラジオストク艦隊を、ひと足先に撃滅できたことだ。ウラジオストク艦隊の装甲巡洋艦は逃げ足が速く、洋上で捕捉することはきわめて難しい。ところが、旅順艦隊のウラジオストクへの移動を援護しようと、のこのこ出てきてくれた。そこを聯合艦隊の、こちらも装甲巡洋艦を主体とした第二艦隊が上手く迎撃することができたのである。黄海海戦の四日後、八月十四日の蔚山《ウルサン》沖海戦でのことだ。

この海戦において日本海軍は、初めて敵の主要艦である装甲巡洋艦『リューリック』を洋上における艦砲射撃で撃沈することに成功した。また、旗艦の装甲巡洋艦『ロシア』、装甲巡洋艦『グロムボイ』に大打撃を与え、この両艦は何とかウラジオストク港に逃げ込んだが戦闘不能になった。ウラジオストク艦隊の主力は四隻の巡洋艦だが先に『ボガトィーリ』が事故で戦闘不能になっており、ここにおいて艦隊は事実上壊滅した。そのため日本はバルチック艦隊がやって来るまでは、完全な制海権を確保することができた。

しかし、バルチック艦隊がやって来て旅順艦隊と合流すれば状況はあっという間に逆転する。かと言って旅順湾内は防備が固く攻め込むこともできないし、閉塞作戦も三度にわたって実行したが結局は失敗した。もはや海軍としてやれることは一つも無い。陸軍が旅順港を守っている旅順要塞を陥落させ、そこから旅順艦隊を砲撃するという手段しか残されていないのである。逆に旅順要塞さえ落としてしまえば旅順艦隊はどこにも逃げ場が無いから、まさに袋のネズミとして料理できる。与謝野晶子は「旅順の城はほろぶとも　ほろびずとても何事か」と詠んだが、まさに旅順要塞を陥落させられるかどうかが、日露戦争の帰趨《きすう》を決定し日本の運命を左右する重大な案件になってしまった。

この状況の中で旅順要塞攻撃軍「第三軍」の司令官に任じられたのが、乃木希典であった。

陸軍は満洲軍総司令部によって統括され、総司令官は元帥・大将の大山巌《おおやまいわお》であり、総参謀長は大将児玉源太郎である。これを四つの「軍」に分け、それぞれ数個の師団あるいは旅団が属していた。

たとえば歩兵の場合約五十人が集まると小隊になり、それが四個集まると中隊、中隊が四個集まると大隊、大隊三個で聯隊になる。隊長一人（聯隊なら大佐）で何もかも指揮をするわけにはいかないから、それを補佐する士官を主体とした要員が各隊に複数名配備される。これが「指揮班」「本部」などと呼ばれる。映画『八甲田山《はっこうださん》』では「大隊本部」と呼ばれていた。

そして聯隊が二個集まると旅団になる。兵士は歩兵だけでは無いので兵科の違いによって、歩兵旅団、騎兵旅団、砲兵旅団などと呼ばれる。旅団における兵士の数は兵科によって違うが、約二千人から五千人になる。そうした複数の旅団を統合し様々の戦闘に対応できるようにしたのが師団であり、国によっては複数の師団を統合したものを軍団と呼び、複数の軍団を統合したものを軍（方面軍）と呼ぶが、日本は軍団は置かず師団の統合したものを軍と呼んだ。

この日露戦争においては、結局四個の軍が構成された。たとえば、第一軍は総司令官黒木為楨《くろきためもと》大将。三個師団で構成され歩兵聯隊、騎兵聯隊、野戦砲兵聯隊、工兵大隊などが含まれていたが、肝心の補給を担当する輜重兵《しちょうへい》はその他大勢の扱いで大隊構成すらされていなかった。日清戦争以来の日本軍の問題点であり、これは将来重大な結果を招くことになる。一方、乃木希典は戦争直前まで中将だったが開戦とほぼ同時に大将に昇進し、第三軍を任されることになった。もちろん任務は旅順を攻略することである。

■「乃木以外だったら一万五千人もの戦死者は出さずに済んだ」は本当か？

乃木希典、この人物ほど毀誉褒貶《きよほうへん》の嵐に晒された人物は珍しいかもしれない。戦前は真の意味で国際的に通用する「軍神」であると同時に、教育者、人格者としても評価され、「最後の忠臣」などとも評価された。明治天皇に殉死《じゅんし》したからである。まずはその略歴を見よう。

陸軍大将。嘉永（かえい）2年11月11日、長州藩士族乃木希次（まれつぐ）の三男として江戸藩邸に生まれる。萩（はぎ）（山口県萩市）の明倫館（めいりんかん）に学び、報国隊に属し、戊辰戦争（ぼしんせんそう）では東北を転戦。維新後、フランス式軍事教育を受け、1871年（明治4）陸軍少佐となる。西南戦争では歩兵一四連隊長として出陣、植木の戦いで西郷軍に軍旗を奪われ、自決を決意したが思いとどまった。1886年11月ドイツ留学、翌1887年6月帰国（中略）。日露戦争には第三軍司令官となり、大将に昇進、旅順（りょじゅん）を苦戦のすえに攻略。凱旋（がいせん）後、軍事参議官、1907年（明治40）には学習院長を兼任、伯爵を授けられる。1912年9月13日、明治天皇の大喪儀（たいそうぎ）当日妻静子と自刃した。軍人としては戦略、機略に乏しかったが、古武士的精神主義者として、その後の日本軍隊に影響を与えた。

（『日本大百科全書（ニッポニカ）』小学館刊　項目執筆者由井正臣）

乃木に対する最大の批判と言えばこの最後のくだり、つまり軍人としては無能だったが、その精神主義は後の日本軍に多大の影響を与えた、という部分だろう。こうした批判を日本人の心の中に定着させたのは、国民作家司馬遼太郎である。司馬は、人間に対して温かい目で見るということをモットーにした作家であった。たとえ歴史上の悪人や、あるいは愚者であり敗者であっても、死刑囚を弁護する弁護士のようにその人間に代わってその主張を述べる。だからこそ彼は国民文学の書き手となり、多くの読者を魅了した。しかし、乃木に対する態度は弁護士というよりは検察官に近い。

乃木希典は軍事技術者としてほとんど無能にちかかったとはいえ、詩人としては第一級の才能にめぐまれていた。

（『殉死』文藝春秋刊）

司馬の「乃木観」をもっとも直截に表現した文章としてよく引用されるくだりだが、もちろんこれは褒めているわけではない。「詩人としては」褒めているようにも聞こえるかもしれないが、司馬の乃木に関する全著作を読めば、この「詩人としての第一級の才能」が、軍人としての無能を助長していたと司馬が考えていたことがわかる。

ここのところがわかりにくいかもしれないが、たとえば中国宋王朝の徽宗《きそう》皇帝は紛れも無く人類有数の芸術家（画家）ではある（その作品は日本の国宝にもなっている）のだが、そういう才能の持ち主であったがゆえに政治家としてはきわめて無能だったという評価がある。「絵の上手な皇帝」なら良かったが、「画家が片手間に皇帝をやっている」のは困る。当人にとっても愉快なことでは無いし、それよりも何よりも国家と民衆が大いに迷惑する。つまり、司馬のこの文章はそれと同じようなニュアンスなのである。この点は後ほど詳しく触れよう。

まず、この旅順要塞攻防戦はどのように進行したか、できるだけ客観的に紹介しよう。

バルチック艦隊を回航させるというロシア側の動きが明らかになってきたため、同艦隊到着以前の旅順占領が求められるようになり、大本営は五月二十九日、このための第三軍の編成を決定。同軍は三個師団の兵力をもって、八月二十一日より二十四日にかけて第一次総攻撃を行なったが、ロシア軍陣地が予想以上に堅固であることが判明した。そこで内地より大口径要塞砲を移動させたうえで、第二次総攻撃（十月三十日―三十一日）を実施したが、再び失敗。この間に大本営および満洲軍総司令部では、正面要塞を迂回して背後の二〇三高地を占領し、ここからロシア艦隊を砲撃・撃破するという案が重視されるようになり、正面攻撃に固執した第三軍も、十一月二十六日に始められた第三次総攻撃が進捗しなかったため、二〇三高地に目標を転換し、激戦の末、十二月五日これを占領。ロシア艦隊への砲撃を開始。以後、正面要塞の攻略も進み、三十八年一月一日ロシア軍は降伏を申し入れ、翌二日旅順開城規約が調印された。この作戦に日本軍は後方部隊を含めて十三万人を投入、死傷者は五万九千余名にのぼった。

（『国史大辞典』吉川弘文館刊　項目執筆者古屋哲夫）

では、二〇三高地とはどんなところかと言えば、旅順湾を見下ろせる標高二〇三メートルの高地、つまり小高い丘である。旅順要塞の外側にあるこの高地に大砲を据え付ければ、湾内にいる旅順艦隊を砲撃し破壊できる。つまり、要塞を陥落させなくても艦隊撃滅という目的は果たせる。そこで総司令部は、あくまで正面からの総攻撃で要塞を陥落させることにこだわっている乃木の方針を変換させた、ということなのである。

司馬遼太郎の、そして乃木を軍人としては無能な存在であると批判する人々の主張をまとめれば、次のようになるだろう。

一．第一次攻撃が失敗し多大の犠牲者を出したのは、乃木が軍人として不勉強で要塞の攻め方をよく知らなかったからである。

二．第二次攻撃が失敗したのも、乃木の最新の軍事知識不足、軍人としての常識を無視した布陣、用兵にある。

三．第三次攻撃が成功したのは、自分の作戦に固執する乃木に代わって司令部が攻撃目標を二〇三高地に変更し、現地に飛んだ児玉源太郎が指揮を執ったからである。

そして、乃木批判者は次のように言う。「指揮官が乃木以外の人物だったら、約一万五千人もの戦死者を出さずに済んだ」、と。

これに対して最近の軍事史の専門家は、これはいずれも誤解か根拠の無い決めつけであるとする。たとえば、歴史・軍事評論家の別宮暖朗《べつみやだんろう》は自著の『旅順攻防戦の真実　乃木司令部は無能ではなかった』（PHP研究所刊）で、司馬が乃木を題材にした前出の小説『殉死』の中で、フランスのボーバンという戦術家が近代要塞を攻める方法を書いており軍人なら当然読むべきであった（乃木は不勉強である）と批判していることについて、ボーバンの戦術論は「日露戦争を遡《さかのぼ》ること二百年前（引用前掲書）」のものであり、それを読んでいなくても問題無いし、そもそも司馬のボーバンの戦術に対する理解も根本からおかしい、と強く批判している。このあたりはあまりにも専門知識にかかわるので前掲書を読んでいただくしかないのだが、乃木批判派への批判は他の軍事専門家からも出ている。

■「乃木無能説」の言い出しっぺは国民作家・司馬遼太郎に非ず

乃木希典大将の旅順攻略に対する三つの批判、つまり「乃木軍人無能説」は、それが日本人の常識となることに最大の貢献をした国民作家司馬遼太郎の言い出したことでは無い。

乃木は戦前は「神様」だった。ただの軍神では無い、別に戦死したわけでは無いからだ。しかし明治天皇の忠実な「郎党」であり、天皇の崩御とともに軍人の中で唯一殉死した「最後の忠臣」でもあった。また、軍人の鑑と評されるような品行方正な人物でもあった。だから軍人としての乃木が「無能」であったということは、世間一般でも陸軍の内部でも言い出しにくいことではあった。「神への批判」になるからだ。しかし、じつは陸軍参謀本部は乃木の作戦への最大の批判者であり、「乃木は軍人としては無能だった」ということを部外秘として教育の材料にしていた。つまり、無能説の言い出しっぺは陸軍参謀本部なのである。

それは当然、戦前つまり昭和二十年以前は秘密として固く守られていた。しかし惨憺たる敗戦によって大日本帝国が崩壊すると、陸軍批判というタブーが無くなりその流れの中で戦前は極秘文書だった『機密日露戦史』が公刊される。谷寿夫《たにひさお》という陸軍軍人が著者で、彼は陸軍大学校の教官も務めたエリートであり、日中戦争で中国の南京《なんきん》攻略戦を指揮し、いわゆる「南京大虐殺」の戦犯として処刑されている。

この書物が「無能説」論者の最大の根拠であり、司馬遼太郎もその愛読者と考えられる。プロの軍人そして陸大教官だった人間も「無能説」の支持者であり、それは参謀本部の統一見解でもあったのだ。だから司馬も次のように書いた。

第一線の実情がわからなかった最大の理由は、軍司令部がぜったいに砲弾のとどかない後方にあったからであった。（中略）この時期の満州軍総司令部の参謀たちの一致した意見では、「第一回（総攻撃＝引用者註）で奪れていたのだ」ということであり、それだけに乃木軍司令部への風あたりがつよかったのである。

（『坂の上の雲　第四部あとがき』文藝春秋刊）

まず、第三軍の現地司令部が「ぜったいに砲弾のとどかない後方」というのは事実誤認である可能性が高い。と言うのは、地図で確認すると司令部は要塞と直線距離で約三キロの地点にあり、山の上で見晴らしもいい。それに、一刻も早く旅順要塞を落とさなければ旅順艦隊とバルチック艦隊が合流してしまうという焦《あせ》りのもとに、正攻法では無く強襲戦法で攻めよと指示を出したのは参謀本部であり、乃木では無い。確かに、この旅順要塞攻防戦で最終的に約一万五千人の戦死者が出たことは事実であり、明治維新以降最大の戦死者を出した戦いでもあったが、世界レベルで言えば決して多いとは言えない。これから十数年後のことになるが、一九一六年、第一次世界大戦でフランスのヴェルダン要塞をドイツ軍が攻撃した攻防戦では、ドイツ軍は約十万人の戦死者を出しながら攻略には失敗した。非情な言い方だが、わずか一万五千人の犠牲によって、しかも攻略に成功したのだから、乃木は軍人としてはむしろ優秀だと言えないことも無い。父や夫や兄弟を失った遺族にとってはとんでもない話だが、軍事的にはそう評価しても間違いでは無い。また、当初から二〇三高地に目標を定めれば話は簡単だったのに、正面突破に固執し児玉源太郎の介入に遭《あ》ってようやく態度を改めた、というのも事実と異なる。当時の記録を見ると、満洲軍総司令部の示唆もあったが二〇三高地に目標変更したのは乃木であって、児玉はその後に現地に到着している。

しかし、陸軍はなぜ身内の英雄である乃木を貶《おとし》める必要があったのか。ここはなかなか難しいところだが、陸軍の事情と様々な識者の見解を総合して考えると、要するに陸軍参謀本部は旅順要塞など一日で落ちるから正攻法など必要無い、と判断したミスを隠すために事実をねじ曲げたということだ。陸軍参謀本部は絶対に過ちを犯さない。過ちを犯すとしたら現場の指揮官だ、軍神乃木もその例外では無い、と主張したかったということだ。

司馬作品の愛読者なら、彼がこうした陸軍の体質の徹底的な批判者であったことは、よくご存じだろう。典型的なのは、参謀本部がソビエトに事実上の戦争を仕掛け、兵器の不備などによって大敗北を喫したにもかかわらず、それを現場の指揮官のせいにして自分たちはまったく責任を取らなかった「ノモンハン事件」である。これも昭和史に残る陸軍参謀本部の大悪事と言っていいだろう。それなのに乃木に対する批判はこうした態度と矛盾していないか？　それを鋭く指摘したのが次の発言である。

> 「司馬史観」の興味深いところは、自らの体験から昭和陸軍（とくにエリート参謀たち）を憎むという基本スタンスでありながら、大正から敗戦までのどの時点でも国民から悪人だとは思われていなかった乃木大将をボロクソにおとしめると同時に、他方で才子・児玉源太郎を持ち上げてやまない『殉死』や『坂の上の雲』の切り口、これがそっくり、昭和の陸大「クラン」

内部の特異きわまる教条の受け売りであった、という大矛盾です。

先に紹介した『旅順攻防戦の真実　乃木司令部は無能ではなかった』において、著者の別宮暖朗と対談している軍学者兵頭《ひょうどう》二《に》十《そ》八《はち》の発言である。まさにそのとおりという他は無い。

■「戦犯追及」の情熱に混じっていた「憎悪」という負の感情

言うまでも無く、日露戦争の経過をたどり内容を分析するというのが本章のテーマではあるのだが、ここで本題を離れこの問題を分析したい。それはつまり、「練達の作家である司馬遼太郎ともあろうものが、なぜこのような大矛盾を犯したのか？」ということである。この『逆説の日本史』シリーズでも常々述べていることだが、私は「司馬史観」に共感する部分が多々あり、また歴史家としての司馬遼太郎も深く尊敬している。そして、私が「バカトップ問題」と呼んでいる、日本ではエリート中のエリートとして育成されたはずの人間が中学生でもやらないミスを犯すという「大矛盾」についても、それに気がついたのはまさに司馬の陸軍参謀本部に対する分析がきっかけである。

にもかかわらず、なぜ「司馬史観」の根幹にかかわる部分で、司馬はこんなミスを犯したのか。考えれば考えるほど不思議ではないか？　そしてこの謎を追究することは、歴史を研究する者にとって大きな意味があることもわかっていただけるだろう。人はいつこのような過ちを犯すのか、ということだ。

まず注目すべきは、兵頭発言にある「自らの体験から昭和陸軍（とくにエリート参謀たち）を憎むという基本スタンス」だろう。何が問題かと言えば、「憎む」というところだ。憎しみというのは人間のもっとも激しい感情であり、それであるがゆえに冷静な客観的な判断を狂わす最大の原因でもあるからだ。まずその憎しみの内容を見てみよう。司馬は終戦直前に召集された戦車兵であった。その時の体験をつづったのが、次の一文である。司馬は初年兵のころ教官に戦車の砲塔がいかに素晴らしいものか教えられた。

教官に、「ヤスリで削ってみろ」といわれ、砲塔を削ってみたが、カラカラとすべって毛ほどの傷もつかなかった。それが、終戦直前に生産された新品の車の砲塔を削ると、ぼろぼろと削れた。

（『歴史の世界から』「戦車と文明」中央公論新社刊）

司馬はこの後、「ぞっとした」とも書いている。それはそうだろう、もう少し戦争が長引けば、彼はこの「終戦直前に生産された新品の戦車」で出撃するよう、訓練を受けていたのだから。もしそうなれば、ノモンハン事件の時の戦車のように敵弾によって「装甲」は一発で貫かれ、司馬は中で蒸し焼きになったに違い無い。ノモンハン事件に出撃しそのように死んだ戦車兵の話は決して他人事では無かった。しかも、そのような事態に現場の兵を追い込んだのは、中央でのうのうと胡坐《あぐら》をかいている陸軍参謀本部の参謀どもであり、彼らは自分たちがもっとも優秀で誤りは一切犯さないと思い込んでいるから、失敗すればすべて現場に責任を押しつける。司馬はノモンハン事件の生き残りの戦車隊の連隊長を取材したが、その人物は、参謀たちをしばしば「悪魔！」

と呼んで絶句したという（『この国のかたち　一』「〝統帥権〟の無限性」文藝春秋社刊）。司馬も、この言葉にまさに同感だったに違い無い。そうでなければわざわざ書き残さないだろう。

そして司馬は、歴史の探究者としてそもそも帝国陸軍はなぜこのような組織になってしまったのかを、追及しようとしたのだろう。歴史家としての義務であり、二度と同じ悲劇を繰り返させないためにも絶対に必要な仕事である。ただし、問題はその「戦犯追及」の熱情の中に「憎悪」が混じっていたことである。すでに述べたように、これはどうしても冷静で客観的な判断を狂わせる。じつは、他ならぬ司馬がその危険性について歴史上の実例について言及している。前にも紹介したが、同じ『この国のかたち』シリーズにある「無題」というエッセイである。

これは昭和前期の戦争がもっとも盛んな時期に少年期を迎えた人々が、国家の常軌を逸した忠君愛国教育のために人生を狂わされ、天皇に対する見方がきわめて歪んでしまったということを指摘した文章である。その根幹部分は次のようなものだ。

その時代の中学生にとって、「天皇」とは、畏敬以上に恐怖の名称だったろう。それは少年をして竹ヤリで敵兵を殺させ、少年もまた死ぬという存在だったのである。

（『この国のかたち　二』文藝春秋刊）

要するに、この年代（いわゆる昭和ヒトケタ前後）の人々が天皇という存在に対して冷静で客観的な評価ができないのは、彼らをして天皇に対する憎悪を抱かせるような教育があったからだ、と述べている。つまり、遠回しにこういう人たちの天皇に対する評価や論考は極端過ぎてあまりに価値が無いと主張している、と私は考えている。それはまったくおっしゃるとおりだし、だからこそ反対に「天皇」についての司馬史観は学ぶべきところが多いと私は考えているのだが、では司馬自身には昭和ヒトケタにとっての「天皇」や「竹ヤリ」は無かったのか？

こう言えばおわかりだろう。「陸軍参謀本部」や「戦車」が、司馬にとっては「天皇」であり「竹ヤリ」だったのだ。「敵に竹ヤリで突撃せよ」は、「天皇のために死ね」ということだった。同じように「この戦車で戦え」は、「陸軍参謀本部のために死ね」ということだった。まさに憎悪と憤激の対象である。

そこで、司馬はそもそも陸軍参謀本部がなぜ独善的で硬直化した組織になってしまったのかを考えたはずである。極端な形式主義もある。ノモンハンが典型的だが、戦車の数にはこだわるが質にはまったくこだわらない。常に同じ戦車として考える。しかし、実際には日本の戦車の砲弾はソビエト戦車の装甲を貫けないが、ソビエト戦車にはそれができる。だから負けるのはわかりきったことのはずなのに、この中学生でもわかるはずのことが陸大を優秀な成績で卒業したエリートの参謀どもにはわからない。形式主義とはそういうことだ。それが生まれるには、

終戦間際に生産・配備された3式中戦車（＝チヌ。写真提供／ユニフォトプレス）は、それまで陸軍の主力であった97式中戦車（＝チハ）の車体に強力な75mm砲（97式は57mm砲）を搭載し、前面装甲も97式の25mmから50mmに強化した新型戦車であった。だが、戦車兵だった司馬遼太郎が砲塔の縁にヤスリを当てたところ、削り傷ができるシロモノであったという

そのきっかけとなった事件か人物がいるはずである。そして司馬はまずその「戦犯」の一人を見つけた。乃木希典では無い。寺内正毅《てらうちまさたけ》という男である。

寺内正毅　てらうちまさたけ　1852～1919
元帥・陸軍大将、政治家。（中略）日清（にっしん）戦争時には軍輸通信長官、戦後は教育総監、参謀次長を歴任、1902年（明治35）第一次桂太郎（かつらたろう）内閣の陸相となり、第一次西園寺公望（さいおんじきんもち）、第二次桂内閣に留任。1906年には陸軍大将、翌1907年子爵を授けられた。1910年には陸相のまま韓国統監を兼任、同年韓国併合を行って初代朝鮮総督となり、武断政治をもって朝鮮統治を行った。（中略）桂太郎に次ぐ長州軍閥の巨頭として軍政に力を発揮したが、その性格はきちょうめんで、重箱の隅をつつくような細かいところがあり、官僚タイプの軍人であった。長男の寿一（ひさいち）も元帥・陸軍大将。
（『日本大百科全書（ニッポニカ）』小学館刊より一部抜粋　項目執筆者由井正臣）

「重箱の隅をつつくような細かいところ」、そこが問題なのである。

■陸軍参謀本部を「バカトップ」の集まりに変えた主犯・寺内正毅

国民作家司馬遼太郎は、関西人である。

関西人は関東者や九州男児のように直截に物は言わない。たとえば、先に紹介した「天皇」とは「少年をして竹ヤリで敵兵を殺させ、少年もまた死ぬという存在だったのである」と喝破したエッセイのタイトルも、「無題」であった。関東育ちの私などは、「昭和ヒトケタ周辺世代の天皇に対する憎悪と偏見」（ちょっとタイトルとしては長すぎるが）などとはっきり言ってくれ、と文句をつけたいところだ。そして、その司馬が乃木希典と並んでもっとも嫌った、いや正確に言おう、憎悪の対象だった陸軍軍人は、寺内正毅だろう。

そのことが明確に記されているのが、この日露戦争をテーマに「無能な」乃木希典と有能な海軍軍人たち（山本権兵衛《やまもとごんのひょうえ》、東郷平八郎、秋山真之）を対比させて描いた小説『坂の上の雲』の「第三部あとがき」である。本当は全文引用したいところだが、まさかそうもいかないので、とりあえず内容を紹介する（以下、〈 〉内は原文からの引用）。

通常は小説の「あとがき」と言えば、この場合なら第三部の内容か登場人物、あるいは取材事情などに触れるところだろう。ところが、これはきわめて異例で第三部にはまったく登場しない人物、寺内正毅のことが終始一貫語られているのである。

まずは薩摩《さつま》人山本権兵衛を長とする海軍はきわめて能力主義であったが、長州人に牛耳《ぎゅうじ》られていた陸軍はそうではなかった、という前置きから始まる。山本権兵衛は一八五二年（嘉永《かえい》５）生まれ。海軍の草創期に軍人となり、日露開戦時は海軍大臣としてロシアへの対抗策をあらゆる面で実行していた。当時、引退を待つばかりだった東郷平八郎を聯合艦隊司令長官に抜擢したのも山本だ。明治天皇が意外な人事に驚いてその理由を聞くと、「東郷は運のいい男ですから」と答えたエピソードは有名である。

寺内については、先に紹介した百科事典にも採用されていた、「重箱の隅をつつくような」男だと同じ長州の児玉源太郎も言っていたというエピソードを紹介した後、さらに念を押すように寺内は〈偏執的なほどの規律好き〉だったと述べる。たとえば、士官学校の生徒隊長だったころ学校に近い場所に住み、勤務が終わってからも双眼鏡で生徒が規律違反をしていないか監視していたし、妻の襖《ふすま》の開け方もじっと観察し少しでも間違うと〈客の前でも大声で叱った〉という実例を挙げた後、きわめつきに大臣になった後、何かの用事で陸軍士官学校を訪問した時のことを語る。ここは原文を引用しよう。

校門に「陸軍士官学校」と陽刻された金文字の看板が青さびて光沢を失っているのを発見した。重大な発見であった。かれはすぐに校長の某中将をよびつけ、大いに叱った。その叱責の論理は規律主義者が好んで用いる形式論理で、「この文字はおそれ多くも有栖川宮一品親王殿下《ありすがわのみやいっぽんしんのうでんか》のお手に成るものである」からはじまる。「しかるをなんぞや、この手入れを怠り、このように錆《さび》を生ぜしめ、ほとんど文字を識別しかねるまでに放置しているとは。まことに不敬の至りである。さらにひるがえって思えば本校は日本帝国の士官教育を代表すべき唯一の学校であるにもかかわらず、その扁額《へんがく》に錆を生ぜしめるとは、ひとり士官学校の不面目ならず、わが帝国陸軍の恥辱であり、帝国陸軍の恥辱であるということは、わが大日本帝国の国辱である」と、説諭した。この愚にもつかぬ形式論理はその後の帝国陸軍に遺伝相続され、帝国陸軍にあっては伍長にいたるまでこの種の論理を駆使して兵を叱責し、みずからの権威をうちたてる風習ができた。

先述のように司馬は終戦直前は戦車兵であり、もう少し戦争が長引けば兵器とはとても言えない戦車もどきに乗せられ確実に死ぬ運命にあった。まともな戦車に乗せられるならまだしも、なぜこんな欠陥兵器で犬死にさせられなければならないのか？　当然司馬はその怒りを、そもそもこのような体制を築いたもの、つまり日本を破滅に導いた組織あるいは人間に対し激しい憎悪を抱いた。そして愛する日本のためにも、二度とこのような事が起こらぬよう、真の意味での「戦犯」を追及していかねばならない、それがジャーナリストとして、そして歴史作家としての使命である、と考えたに違いない。

その戦犯こそ、陸軍参謀本部であると考えたのだろう。その認識は正しい。ろくな準備もせずに英米との開戦に踏み切ったのも直接的には陸軍参謀本部出身の東條英機《とうじょうひでき》首相であったし、ノモンハン事件でまさに戦車もどきで現場の将兵を戦わせ犬死にさせておきながら現場の兵士にすべて責任を押しつけ、自分たちは腹も切らずに涼しい顔をしていたのも、陸軍参謀本部の面々である。参謀というのは軍師であり、戦いを勝利に導くのが仕事だ。大日本帝国を敗北させたということは、どんな美辞麗句を連ねようと陸軍参謀本部は最低の組織だったということである。

確かに勝敗は時の運という側面もあるが、日本陸軍が師匠と仰いだドイツ参謀本部には、ノモンハン事件のように「戦車である以上、ソビエトの戦車も日本の戦車も同じ」などというバカな考え方をする参謀は一人もいなかった。つまり、日本のどこかの時代で誰かが、陸軍参謀本部をバカの集まりにしてしまう原因を作ったことになる。

その主犯こそ寺内正毅であった、というのが司馬遼太郎の結論だろう。この結論についても私は全面的に支持したい。参謀本部のバカさ加減、それはドイツはおろかアメリカや中国の参謀にも無い部分だが、その本質は「戦車は戦車である以上、敵も味方も同じ」という本来なら中学生でも間違いだとわかる形式主義である。ならばその形式主義を日本陸軍に定着させた人物こそ、陸軍参謀本部をバカトップの集まりにしてしまった主犯だろう。寺内正毅に間違い無い。

そしてその共犯は、実戦経験のまったく無い寺内を軍政畑の幹部に抜擢した、陸軍の最高首脳の山県有朋《やまがたありとも》だろう。寺内は西南戦争で負傷して以来、現場で実戦部隊を指揮した経験が無かった。そういう人間を、同じ長州人だからと言って軍政とくに教育畑に専念させれば大きな歪《ひず》みができるということが、山県にはわかっていなかったのである。

以前、司馬遼太郎と同じく参謀本部に振り回された山本七平《やまもとしちへい》が書き残した、陸軍の現場の兵士の参謀たち（正確には大本営）に対する酷評を覚えておられるだろうか（『逆説の日本史　第23巻　明治揺籃編』参照）。少し穏やかに書き直すと、「あそこはバカか頭のおかしい連中の集まりではないか」というものだ。現場の感覚と陸軍中枢つまり参謀本部の感覚はまるで遊離しており、その異常さは現場の一兵卒にでも容易に理解できるものだったのである。

■陸軍参謀本部の「悪しき精神主義」の根源は何だったのか？

さて、ここまでは司馬遼太郎の見解に全面的に賛同してきた。じつは、陸軍参謀本部がこんなきわめて異常な集団になってしまったもう一つの重大要因として、司馬は『統帥綱領《とうすいこうりょう》（参考）』という文書の存在を挙げている。この指摘についても私は全面的に賛成なのだが、この文書が生まれたのは時期的にはもう少し後なので、いずれ取り上げることにしたい。ここでは、司馬がそういう指摘をしていたということを記憶にとどめていただきたい。

さて、問題はこれからだ。乃木希典の軍人としての評価である。繰り返すが寺内正毅に対する司馬の評価については異論は無い。しかし問題は、司馬が乃木も寺内と同類だと考えたことである。

なぜそう考えたのか？　ここも原文を引用しよう。

乃木とのちがいは、乃木は極端な精神主義で、寺内は偏執的なほどの規律好きという点にあり、いずれもリゴリズムという点ではかわりはない。あるいは長州人のいくつかの性格の型にこの種の系列があるのであろう。たれかの言葉に、精神主義と規律主義は無能者にとっての絶好の隠《かく》れ蓑《みの》である、ということがあるそうだが、寺内と乃木についてこの言葉で評し去ってしまうのは多少酷であろう。

（『坂の上の雲　第三部あとがき』文藝春秋刊）

リゴリズムとは厳格に道徳などを守る主義のことだが、それはともかく「評し去ってしまうのは多少酷」（完全にそうとは言い切れない、そう言い切ってしまうのはちょっと酷い）と言いながら、この「あとがき」を、そして『坂の上の雲』や『殉死』などの作品を読んでみると、実際にはそう言い切っていると私は思う。この辺がやっぱり司馬は物事をはっきり言わない関西人なのかもしれないが、要するに精神主義の乃木、規律主義の寺内はともに無能者だということだ。

では精神主義とは何か？　簡単に言ってしまえば、竹ヤリで近代装備の軍隊に勝てるという思想なのだが、これも実例を見せたほうがいいだろう。実例とは軍歌である。

『敵《てき》は幾万《いくまん》』
山田美妙斎《やまだびみょうさい》作詞　小山作之助《こやまさくのすけ》作曲

一.
敵は幾万ありとても
すべて烏合《うごう》の勢《せい》なるぞ
烏合の勢にあらずとも
味方に正しき道理あり
邪はそれ正に勝ちがたく
直《ちょく》は曲《きょく》にぞ勝栗《かちぐり》の
堅き心の一徹は
石に矢の立つためしあり
石に立つ矢のためしあり
などて恐るる事やある
などて猶予《たゆた》う事やある
(以下略)

直は曲にぞ勝栗の、というところがわかりにくいかと思うが、曲がったものは真っ直ぐなものにはかなわないということで、シャレというか掛詞《かけことば》と言ってもいいだろう。要するに、かつて武将（前漢《ぜんかん》の李広《りこう》）が敵に向かって放った矢が石に刺さるという故事もあった。このような勇猛な心で敵に立ち向かえば必ず勝つ、ということを言いたいのである。この軍歌は明治にできたのだが、昭和に入って満洲事変以降陸軍は英米との戦いに向かうにあたって、この歌を大いに賞揚した。ということは昭和ヒトケタ生まれの少年たちが、教育の一環としての軍事教練の中で、石に矢が立つなんて本当にあったんですか、などと言えばビンタの嵐に遭っただろうし、召集された若者が軍人に同じことを言えば死ぬほど痛い目に遭わされたということなのである。少年はその背後に天皇の影を見ただろうし、若者はその背後に陸軍の影を見た。そして、そんなバカなことを強要し大口を叩いていた連中が、戦争に負けた途端責任逃れを始めた。当然、憎悪はこうしたバカな精神主義を生み出したものへと向かう。何度も述べたが、昭和ヒトケタはその根源を天皇だと考えた。それは偏見であり、実際の根源は陸軍それも参謀本部だと指摘したのが司馬遼太郎である。そこまでは問題無かったが、その悪しき精神主義の根源を乃木希典だとしたのはどうか？

乃木がリゴリストというか精神主義者であったことは事実である。有名なのはドイツ留学以後、乃木は寝る時にも軍服を着用するという「乃木式」の実践者であったことだろう。こんなことをした軍人は後にも先にも乃木しかいないし、明治天皇に殉死したのもそうだ。しかし、軍事指揮官としての乃木は決して竹ヤリで敵に勝てると信じた悪しき精神主義者では無かったと思う。先に紹介した別宮暖朗の指摘どおり、旅順攻囲戦で乃木が取った戦術は理にかなったものであるし、攻略目標を二〇三高地に変更したのも乃木である。しかも肝心要のことだが、乃木は見事に旅順要塞を陥落させ二〇三高地を確保し、旅順艦隊の撃滅に成功しているのである。悪しき精神主義者だったら、日本がアメリカに勝てなかったように、旅順要塞を陥落させることはできなかったはずである。つまり、陸軍参謀本部の悪しき精神主義の根源は乃木では無いということだ。

では、歴史に対してきわめて優秀な批評の眼を持っていた司馬遼太郎ともあろうものが、なぜこんな間違いを犯したのか。司馬ほどの優秀な頭脳が間違いを犯すのは、何か特別な理由があるはずだ。そこでヒントになるのが、おそらくは司馬の乃木軍人無能説のネタ本とみられる『機密日露戦史』である。この本の著者は、先に述べたとおり陸軍参謀本部の出身である。優秀な頭脳を騙《だま》すには、やはり優秀な頭脳の持ち主でなければ不可能だ。

■『機密日露戦史』の著者が仕掛けた罠にまんまと嵌まった司馬遼太郎

問題は、憎悪という激しい感情は人間の責任追及意欲を高める反面、感情であるがゆえに冷静で客観的な分析を狂わせるという危険性があることだ。たとえて言えば、ミステリードラマで肉親を殺され怒り狂った被害者が犯人追及の過程で、本来なら証拠にはならない事実を絶対的な証拠と思い込み、無実の人を犯人と思い込むようなものである。

司馬が嵌まったのは、まさにこの「落とし穴」ではなかったか。

司馬自身だけで無くすべての日本人を、そして日本という国を破滅に導こうとし、あるいは導いてしまった最大の責任は陸軍参謀本部の軍人たち、私の言葉で言えば「バカトップ」たちにある。その分析は正しい。そしてその原因を作ったのが、不合理の極致ともいえる精神主義と形式主義だ。この形式主義については、山本七平も「員数主義」として指摘していた。

そして陸軍が、最終的には陸軍参謀本部がそのような悪しき体質に陥った原因を探っていくと、寺内正毅という一人の軍人が浮かび上がった。その分析も正しいが、最大の問題はここで寺内正毅と乃木希典を同じ精神主義者として同類にしてしまったことである。

軍隊は勝たなければ意味が無い。極端な形式主義(員数主義)や精神主義では絶対に勝てない。それは事実である。陸軍参謀本部がそのような集団であったことも歴史的事実である。そこで戦後、司馬遼太郎が必死になって陸軍参謀本部をそのような集団にしてしまった原因、つまり「真の戦犯」を追及していたところ、かつては秘密文書であった『機密日露戦史』が公刊され、そこには陸軍の関係者の「証言」として「乃木は軍人としては無能だった」と書かれていた。「やはりそうか」と司馬は思ったのだろう。「軍人としてはまったく無能だった乃木は明治天皇に殉死した忠臣であったため、陸軍によってその事実が隠蔽され、結果精神主義がはびこるようになってしまった。真実は、乃木こそ寺内と並んで最大の悪しき精神主義者であり、陸軍参謀本部がバカトップ集団になってしまった最大の原因、すなわち『戦犯』である」と思い込んでしまったのだろう。「無実の人を犯人と思い込」んでしまったということだ。

改めて思い起こすべきことは、『機密日露戦史』は他ならぬ陸軍参謀本部の参謀によって書かれた内部向けの教育資料であるということだ。戦後まで生き残った参謀が反省を込めて陸軍の問題点を指摘した文書では無い、ということである。

ここで、バカトップたちの思考回路を述べておこう。彼らは、中学生でもわかる間違いを間違いだと認識できない。にもかかわらず自分たちを、もっとも優秀な頭脳を持つ人間だと思い込んでいる。だから、外部からの批判には一切耳を傾けない。ノモンハンの実例は何度も述べたが、たとえば優秀な経歴を重ねてきた朝日新聞某社長もその一人だったことは、以前紹介したとおりだ(『逆説の日本史　第23巻　明治揺籃編』参照)。

そういう人間が戦史を研究すると、どういう態度を取るか？　わかりやすく言えば、「今川義元《いまがわよしもと》はバカだ」などという感想を抱く。説明しよう。大名今川義元は、織田信長の奇襲を受けて負けるはずのない戦いに負けた。あまりにも有名な桶狭間《おけはざま》の合戦（1560年）である。この戦いを分析すると、義元が敗れた最大の原因はやはり油断であろう。奇襲を想定し物見《ものみ》（偵察隊）を相当数出しておけば、あの敗北はあり得なかった。もちろん、義元がそんな油断をした背景には「信長はうつけ者（バカ）」という情報が流れていたことなど、様々な先入観があっただろう。

ここでバカトップの顕著な特徴を思い出していただきたい。「自分ほど優秀な者はいない。自分は絶対間違いを犯さない」という傲慢な思い込みである。そういう人間が桶狭間の合戦を分析して抱く感想は、「オレならこんなミスは絶対しない。今川義元はバカだ」である。しかし、我々は後世の人間としてまるで「神」のようにすべての情報を把握している。織田信長が若いころからきわめて優秀な人物であった、というのもそれだ。義元はどうやらそういう情報を入手していなかったようなのだから、そのぶんは「割り引き」して考えなければいけない。しかし、もうお気づきだろうが「自分は絶対に間違いを犯さない」という人間は、結局自分を「神」同然に思い込んでいるから、そうした「割り引き」を最初からする気が無いのである。

■「すべてが終わって我々が友人になったところを撮ってくれ」

ここで、改めてそんな陸軍参謀本部の参謀が旅順攻防戦を分析したらいったいどうなるか、考えていただきたいのだ。陸軍参謀本部とは「自分たちは絶対間違いを犯さない」と思い込んでいる傲慢なバカトップの集団である。一方、旅順攻防戦の指揮官乃木希典は陸軍軍人ではあるが、陸軍参謀本部出身では無い。となると、こういう連中がどんな分析結果を出すか、もうおわかりだろう。「乃木は無能だ。我々陸軍参謀本部が最初から直接指導していれば、もっと早く旅順要塞は攻略できたし、一万五千人も戦死させることは無かっただろう」である。

もう一度繰り返すが、『機密日露戦史』は戦前の陸軍参謀本部に所属していた参謀が仲間内の教育資料として、部外秘として書いたものなのである。その意図は当然こうだろう。

「参謀諸君、我々は優秀で決して間違いを犯さない。参謀本部出身では無い乃木大将は世間では名将ということになっているが、とんでもない。あの作戦は愚劣で我々が直接指導していれば旅順要塞などあっという間に落とせた。現に我ら陸軍参謀本部の大先輩である児玉源太郎大将が現地に駆けつけて指導したら、乃木では何日かかっても落とせなかった旅順要塞が一日で落ちたではないか」

さらに、こう付け加えただろう。

「ただし、世間一般では乃木大将は名将だということになっておる。一応、神様にもなっているから、このことは外では言うな。絶対秘密だぞ」

共通の秘密があったほうが団結心が高まる、というのは事実である。しかし、こういうことをやると、たとえば乃木大将に心酔している一般の軍人や政治家や民衆を陸軍参謀本部の連中は「バカどもなんにも知らんな」と見下すことになるし、その参謀本部の推進した日独伊三国同盟締結批判に対しても、「素人のくせに口を出すな」と思い込むようになる。そして、「我々が直接指導すれば支那《しな》（中国）などあっという間に攻略できるし、英米をまとめて相手にしても負けるはずがない」となり、最終的には「民衆どもに敗北の情報を知らせるのはまずい。あいつらバカだからな」という形で大本営発表にもつながる。こういう集団が国を滅ぼすのである。

司馬は、こういうことはすべて認識していた。にもかかわらず、この『機密日露戦史』の著者の参謀が仕掛けた「罠《わな》」には、まんまと引っかかってしまった（と思われる）。残念なことだ。なぜ、引っかかったのか。理由はすでに述べた。まさに歴史家として「他山の石」にしなければいけない重要事例であろう。

乃木はこの旅順攻略戦で兵員一万五千人を失ったが、その中には乃木の長男、次男も含まれている。子供はこの二人しかいなかった。長男乃木勝典《かつすけ》少尉（死後特進して中尉）も、次男乃木保《やす》典《すけ》少尉も日露戦争で戦死した。とくに次男については、軍首脳部が息子二人とも失ってはあまりに気の毒だと安全な部隊に転属させようとしたのを、乃木が断わってわざわざ危険な最前線に配属させた。だから戦死したのである。この時乃木は、「他の戦死者の遺族に少しは申し訳が立った」と言ったという。もちろん戦前はこれは美談だったのだが、司馬はこのあたりも気に入らなかったようだ。なぜなら、長男はもともと軍人などになりたくなく相当抵抗したのだが、乃木によって無理やり軍人にさせられたからである。

しかし一九四五年（昭和20）八月、日ソ中立条約を破ってソビエト軍が侵攻してきた時、それまで「満洲は日本の生命線。絶対に死守せよ」と言いながら、家族を連れて真っ先に逃げ、多くの日本人を置き去りにした（中国残留孤児問題もこれが原因）陸軍参謀本部の面々に比べたら、はるかにマシではないか。

またこの明治三十八年、とうとうロシア軍が守り切れずに降伏してきた時、乃木は決定的な勝利の記念である降伏文書の調印の場面を各国の従軍記者に撮影させず、「すべてが終わって、我々が友人になったところを撮ってくれ」と言った。それが今に残る「水師営《すいしえい》の会見」の写真（次ページ参照）である。このことには世界が感動したし、日本では唱歌も作られた。これも長いので一部だけ紹介する。

『水師營《すゐしえい》の會見《くわいけん》』
佐々木信綱《ささきのぶつな》作詞　岡野貞一《おかのていいち》作曲　文部省唱歌

一．
旅順開城約成《りよじゆんかいじやうやくな》りて
敵《てき》の將軍《しやうぐん》ステッセル
乃木大將《のぎたいしやう》と會見《くわいけん》の
所《ところ》はいづこ　水師營《すゐしえい》。
（中略）

四．
昨日《きのふ》の敵《てき》は　今日《けふ》の友《とも》
語《かた》る言葉《ことば》も　うちとけて
我《われ》はたゝへつ　かの防備《ばうび》。
かれは稱《たた》へつ　我《わ》が武勇《ぶゆう》。

（中略）

七．
兩將《りやうしやう》晝食《ひるげ》共《とも》にして
なほも盡《つ》きせぬ物語《ものがたり》。
『我《われ》に愛《あい》する良馬《りやうば》あり。
今日《けふ》の記念《きねん》に獻《けん》ずべし。』

乃木が敵将アナトリイ・ステッセル中将と降伏文書調印のために合流した水師営とは、普通名詞で「水師（海軍）」の駐屯基地を意味する。つまり清国各地にあったもので、二人が会談したのはこの後、旅順要塞から約五キロ離れた場所のことである。そこにあった民家を当時日本軍が接収していた。また、ステッセルから贈られた軍馬はステッセルの「ス」を取って「寿号（ス号）」と名付けられ、乃木の愛馬になったという。

この水師営の会見は一九〇五年（明治38）一月五日のことだが、旅順要塞の、正確に言えば旅順要塞周辺の最重要拠点である二〇三高地が日本軍の手に落ちたのは、前年の

中央列左から2人目が日本軍第三軍司令官乃木希典大将。その向かって右隣がロシア軍旅順要塞司令官アナトリイ・ステッセル中将。降伏したロシア側も全員、勲章を付けた軍装を着用し帯剣している
（写真提供／近現代PL）

十二月五日午後一時のことである。占領部隊から「ここから旅順湾内がすべて見下ろせる」という確認の連絡があり、直ちに重砲二十八サンチ砲を運び込んだ第三軍は、湾内に停泊している旅順艦隊の艦艇に次々に砲撃を加えた。ロシア海軍では旅順艦隊はもう逃げられないと覚悟を決め、海軍軍人にとって最大の屈辱である鹵獲《ろかく》（敵に艦艇を乗っ取られること）を防ぐため、各艦の船底にあるキングストン弁つまり自沈用の栓を抜いて旅順湾内に沈めた。いずれにせよ旅順艦隊は撃滅されたのである。

乃木は攻撃前に二〇三高地に登り、これを爾霊山《にれいさん》（爾《なんじ》の霊の山という意味に、二〈に〉〇〈れい〉三〈さん〉という発音が掛けてある）と名付け、戦死した兵士を追悼する漢詩を詠じた。

爾霊山険豈難攀
男子功名期克艱
鉄血覆山山形改
万人斉仰爾霊山

〈読み下し文〉
にれいさんはけんなれども　あによじがたからんや
だんしこうみょう　こっかんをきす
てっけつやまをおおいて　さんけいあらたまる
ばんじんひとしくあおぐ　にれいさん

〈大意〉

爾霊山（二〇三高地）は険しいが、登れないことがあろうか。
男子たるもの、功名を立てたいなら困難に打ち勝つ心が肝要だ。
そして、わが将兵の鉄血が山を覆い、山容が変わってしまった。
誰もがこの山を、命を捧げた多くの将兵の霊の山と仰ぐだろう。

専門家によれば、この詩は漢詩のルールを外れているそうだ。「爾霊山」を二回繰り返すところがそうで、確かに本場の漢詩にはそのような例は無い、少なくとも私は知らない。しかし「日本的漢文」の作品と考えれば、やはり名作と評価していいだろう。

司馬はそこが気に入らなかったのかもしれない。「軍人としては無能なくせに詩は上手なんて」ということだ。そして司馬にそう思わせた陸軍参謀本部は、「乃木大将は詩は上手かもしれんが、軍略家としての才能は我々のほうがはるかに上だ」と思い込んでいたのであろう。まったく困った連中である。

第二章

日露戦争への道III

帝国陸海軍完勝す！

〝雌雄を決した丁字戦法〟という「神話」

■傲慢で独善的――陸軍参謀本部と中国共産党の驚くほどの相似点

最近の中国にも困ったものである。

そもそもこの新型コロナウイルス禍は中国の武漢《ぶかん》市から始まり、良心的な現地の医師が早く手を打たねばと訴えていたのに、それを封殺し初動体制が遅れた。そして事態が容易ならぬものだと知ると今度は現地の市民の人権を無視して徹底的に封じ込め、ようやく抑制成果が上がるとそれは中国共産党そして習近平《しゅうきんぺい》主席の功績であると内外に宣伝し、功績を称える本まで緊急出版した。また、現職の報道官がとんでもないことを言い出した。

「感染症は米軍が武漢に持ち込んだかも」中国報道官が投稿

中国外務省の趙立堅報道官は12日夜、ツイッターで感染が拡大している新型コロナウイルスについて「アメリカで初めての感染はいつ発生し、何人が感染したのだろうか？　この感染症は、アメリカ軍が武漢に持ち込んだものかもしれない。アメリカは透明性をもって、データを公開しなければならない。説明が不足している」などと書き込みました。

中国外務省の13日の記者会見で、このコメントの意図について問われた耿爽報道官は「ウイルスの発生源については、国際社会の中でも異なった見解がある。科学的で専門的な意見を聞く必要がある」と述べるにとどめ、趙報道官のツイートが中国政府としての公式見解かどうかの確認は避けました。

（ＮＨＫ　ＮＥＷＳ　ＷＥＢ　２０２０年3月13日　19時56分配信記事より一部抜粋）

きわめて卑怯な責任逃れである。中国政府の現職の報道官が、何の根拠も示さず「ウイルスはアメリカ軍が持ち込んだ」という「情報」を発信する。とにかくそういうことをすれば、残念なことだが信じる人間も出てくる。そして公式の場でそれが中国政府の見解かと問われると、言を左右にして明確にしない。もし今後それがまったくのデマであることが証明されれば、おそらく中国共産党は「趙報道官の妄言」だったとしてトカゲのしっぽ切りをするつもりだろう。再び言うが、きわめて卑怯なやり方である。

この中国当局の対応の遅れがパンデミック（世界的大流行）を招いた。すると今度は自分たちの責任を棚に上げて、またまたとんでもないことを言い出した。

中国共産党系国際紙が欧米諸国の新型コロナへの対応批判

中国共産党系の国際紙「環球時報」は14日、欧米諸国の新型コロナウイルスへの対応が遅く、「反省すべきだ」とする社説を掲載しました。

中国共産党の機関紙「人民日報」系の国際紙「環球時報」は社説で、欧米諸国は新型コロナウイルスへの対応が遅く、後手に回ったため「感染拡大の予防措置をとることができなかった」と指摘しました。また、「政府が過度に民衆の利益を配慮し、強い指導的役割を果たすことができなかった」「反省すべきだ」と欧米諸国の対応を批判しました。

さらに、中国が「情報を隠蔽し世界的な対応が遅れた」と非難するアメリカについても、「国際社会にマイナスの影響を与えている」と反発しています。

（TBS NEWS電子版 2020年3月14日21時14分配信記事より一部抜粋）

本書は『逆説の日本史』であって国際ニュースでは無い。それなのになぜこの話題を取り上げたのかと言えば、慧眼な読者はおわかりだろう。今の中国共産党とかつての陸軍参謀本部は、きわめて良く似た組織だからである。傲慢《ごうまん》で独善的なエリートが自分の責任を棚に上げて他人のせいにするというところでは、まったく同一と言ってもいい。そして歴史的に言えば、こういう「症状」は組織としては「末期」と言ってもいい。空威張りするのは自信が無いからである。いずれこの組織、つまり中国共産党は必ず崩壊するだろう。これは言うまでも無いことかもしれないが、歴史家としてはっきり予言しておく。ただし中国という国は昔もそうだが、民族全体のコンセンサスが固まるまできわめて時間がかかる。近代において、日本人がこれまでの体制をすべて変えなければいけないと悟ったのはやはりペリーの来航（1853年）であり、それから明治維新（1868年）まで十六年かかった。日本という国は「言霊《コトダマ》国家」であるため、何か大事件が起こるまでは口を酸っぱくしてその危機を説いても物事は前に進まないが、いざ起こった後の対応は早い。もし幕末に日本人が朱子学《しゅしがく》という「悪しき中国思想」に毒されていなかったら、黒船から西洋近代化まで十六年もかからなかっただろう。

しかし中国はまるで逆だ。朱子学の本場でもあり、人口も国家の規模も日本よりはるかに大きい中国にとって「ペリーショック」にあたるのは、アヘン戦争（1840〜42年）だっただろうが、その敗戦から辛亥革命《しんがい》（1911年）で一応の近代化がなされるまで約七十年もかかっている。体が大きいと薬が効くまで時間がかかる、ということかもしれないが、今回中国に求められているのは民主主義に基づく近代化だから、さらに時間がかかる要素がある。中国には、基本的に民主主義にとってもっとも必要な「平等」を担保する思想が無い。伝統的な儒教は「平等」とはまったく相反する思想であり、だからこそ少数の「バカトップ」が国を支配し愚かな民を指導すべきだという共産主義の下支えになっている。この間の事情は拙著『逆説の世界史　第一巻古代エジプトと中華帝国の興廃』（小学館刊）に詳しく記したところだが、いずれにせよ中国は「人類の難題」なのである。別に中国人と仲良くするなとは言わない。中国共産党を支持してはいけないということだ。

しかし、日本の政治家、文化人、大学教授などの中には、中国共産党が執拗《しつよう》に繰り返している「日本軍国主義の告発」に無条件で迎合し礼賛している人々がいる。かつての日本の罪悪に言及するなというのでは無い。しかし、今、中国共産党が繰り返しそれをやっているのは、中国人をもっとも殺戮《さつりく》したのは、中国共産党である」という事実から国民の目を逸《そ》らせるためである。中国共産党によって数千万人の中国人が死に追いやられたというのは歴史的事実だが、多くの中国人はこのことを知らされていない。また、歴史上自国民をもっとも殺害したのは共産党の指導者であるということも事実だ。アドルフ・ヒトラーも虐殺者だが、同胞のドイツ民族を数百万、数千万の単位では殺していない。しかし、ソビエトのヨシフ・スターリン、中華人民共和国の毛沢東《もうたくとう》、朝鮮民主主義人民共和国の金一族は、敵では無く本来味方であるはずの同胞を数限り無く虐殺しあるいは餓死という人間としてもっとも惨めな死に方に追いやっている。

そういう連中を結果的に擁護するような行動や主張は、民主主義国家の人間として厳に慎むべきだろう。また、そうすることが結果的に独裁国家に虐げられている人々を援助することになる。このことを我々は肝に銘じるべきだろう。また、それが真の良識というものだ。

■日本にとって幸運だったロシア軍の伝統的「後退戦術」

さて、話を日露戦争に戻そう。乃木希典《のぎまれすけ》の大奮闘でロシアの旅順《りょじゅん》要塞防衛軍が降伏したのは、正確には一九〇五年（明治《めいじ》38）一月一日のことである。前年の十二月五日に二〇三高地は占領しており、翌六日には旅順艦隊への砲撃が行なわれているから、旅順艦隊撃滅というきわめて重要な戦略目的は果たされていた。しかし、海軍にはまだバルチック艦隊撃滅という重要な戦略目的が残されていたし、陸軍の戦いも決着がついたわけでは無い。それどころか、同じ月のうちにロシア陸軍の大反撃が始まった。黒溝台《こっこうだい》の会戦という。その詳細を語る前に、これまでの日本陸軍の戦いを振り返っておこう。

日露開戦が決定されたのが前年の一九〇四年（明治37）二月で、直ちに陸軍は朝鮮半島を確保するために仁川《インチョン》に先遣隊が上陸し「日韓議定書」を締結した。そして、主力の第一軍は翌三月大同江《だいどうこう》から朝鮮半島に上陸し、五月に鴨緑江《おうりょくこう》を越えて満洲《まんしゅう》に入った。

この後、海軍が三度の旅順港閉塞作戦に失敗したが、これは逆に言えばロシア太平洋艦隊の主力である旅順艦隊封じ込めに成功したということであり、ウラジオストク艦隊に一部の輸送船が撃沈される事件もあったが、大半の陸軍部隊は無傷で海を渡れる状況となった。制海権を確保したのである。そのため五月から六月にかけて第二軍と第三軍は遼東《りょうとう》半島に相次いで上陸することができた。そして乃木希典の率いる第三軍は真っ直ぐに旅順要塞攻略に向かい、第一軍と第二軍（後に第四軍も編成された）は乃木の第三軍を援護する形で満洲に展開されたロシア陸軍主力と戦うことになった。

　最初の大規模な両軍の激突が、あの「軍神《ぐんしん》橘《たちばな》中佐（戦死時点では少佐）」を「生んだ」遼陽《りょうよう》の会戦である。ちなみに会戦とは陸軍の大部隊が敵と味方に分かれ正面から激突する戦いのことで、遼陽は現在中国遼寧《りょうねい》省遼陽市だが前にも述べたように東清《とうしん》鉄道が通っており交通の要衝であった。第一回の旅順要塞総攻撃が失敗した翌日の八月二十四日、ロシアは兵力約二十二万人、対する日本は約十三万人（兵数については異説もある）で激突した。陸軍は巧みな用兵でロシア陸軍を撤退に追い込んだ。このあたりまでは、さすがに陸軍参謀本部がまだまともな組織として機能していたのである。

　しかし、この後退はロシア陸軍の戦略的判断でもあった。敵をできるだけ北へと引きつけ補給線が伸び切ったところで反攻に転ずるという、ナポレオンを破った伝統的戦術の反映である。そして十月になってロシア陸軍は反撃してきた。沙河《さか》の会戦である。沙河は、北の奉天《ほうてん》と

1904年（明治37）8月24日から始まった「遼陽の会戦」は、日本軍13万人とロシア軍22万人が激突する日露戦争における初の両軍主力同士の戦いとなった。この戦闘での死傷者数は日本側が約2万3500人、ロシア側が約2万人とされる。写真は「軍神橘中佐」伝説が生まれた首山堡での戦闘の様子（写真提供／近現代PL）

南の遼陽の中間を流れる川だが、この戦いは決着がつかず雪の季節になり膠着《こうちゃく》状態となった。しかし、それよりはるか南の旅順港は不凍港で、第三軍は戦闘を続行することができた。

じつはロシアとの工業力の差で日本軍には弾薬が徹底的に不足しており、もしロシア陸軍が持久戦法に出ずに大攻勢を掛けてきたら、敵主力と闘う第一、第二、第四軍と旅順要塞攻撃にあたる第三軍の、両者の必要弾薬を同時に満たすことは不可能であった。要するに、ロシア陸軍がそうした戦法を取ってくれたおかげで、日本陸軍主力は第三軍に対し大量の弾薬を「回す」ことができた。日本はじつに幸運だったのである。

日本の幸運はロシアの不運でもある。では、この事態は偶然の結果だろうか。決してそうでは無い。確かに「今川義元《いまがわよしもと》はバカだった」的な批判をするつもりは無いが、この事態は避けようと思えば避けられた。ロシアはそもそも「有色人種の国家が白人の列強国家に負けるはずが無い」という人種的優越感に基づく油断に陥っていた。だが、その差別感情に徹するなら同時に「日本ごときに、我がロシア帝国に匹敵するほどの大量の弾薬を作る能力は無い」という事実にも気がついたはずである。それなのに、ただ漫然と伝統的な「後退戦術」を採用してしまった。結果、日本軍は第三軍に弾薬を集中供給し、旅順要塞を落とすことができた。そして今度は、第三軍にはほとんど必要無くなった弾薬を主力に戻すことができるようになった。

しかし、ロシア軍もさすがにこのままではじり貧だと考えたのだろう。旅順要塞陥落の報に接し、「伝統戦術」を捨てて反攻に出た。厳冬期の雪の中で日本軍に対して攻撃を仕掛けたのである。これが黒溝台の会戦（１９０５年1月25日）である。黒溝台は沙河に展開する日本陸軍の最西端の拠点で、守りは薄かった。そのうえ、さすがの参謀本部もまさか厳冬期にロシア陸軍のほうから攻めてくるとは予測していなかった。春になりロシア陸軍にも本国から応援部隊が駆けつけ、日本陸軍も乃木の第三軍と合流し満を持して奉天周辺で大会戦になるだろうと考えていたのである。

つまり、日本陸軍はただでさえ弾薬不足のところを不意を突かれたということだ。しかも、まさか黒溝台を攻められるとは思わず、ここに配置していたのは第一騎兵旅団の一部で編成された秋山支隊であった。あの『坂の上の雲』で乃木希典と対照的にきわめて有能な軍人として描かれる、秋山好古《あきやまよしふる》少将が指揮官である。しかし、問題は騎兵が主力ということだ、その機動力を生かした騎兵は攻撃には強いが、防御戦にはからきし弱いというのが世界の常識である。日本陸軍絶体絶命のピンチであった。

■「乃木の実力をもっとも高く評価していたのは敵軍」という大いなる皮肉

「黒溝台周辺を守っていた秋山支隊は、ロシア陸軍が攻撃に出てくる可能性を感じ取っていた。指揮官である秋山好古少将は、しばしばロシア陸軍の騎兵があたりに出没するのを感知しており、これは単なる偵察では無く攻撃を前提とした行動と見て、複数回満洲軍総司令部に意見具申した。要するに、敵の全面攻撃の恐れがあり対策を講じるべきということだが、この提言は完全に無視されてしまった。これまでの作戦行動では多少はまともだった陸軍参謀たちが、ここで完全に過ちを犯したのである。

厳冬期にロシア陸軍が攻めてくるはずは無い、という思い込みがあった。その最大の主唱者は満洲軍参謀松川敏胤《まつかわとしたね》大佐（戦中に少将に進級）である。確かに厳冬期は大地まで固く凍りつき、塹壕《ざんごう》を掘ろうにもツルハシが地面にはね返される。銃器や大砲なども動作不良になることが多い。しかし、そうした寒さの中で何度も戦ってきたのがロシア陸軍である。だから参謀本部は厳重に警戒すべきだったのに、松川の思い込みが他の参謀にも伝染し総参謀長の児玉源太郎《こだまげんたろう》大将もその意見を採用してしまった。しかし、それとは別の報告が届いていたのだからその情報をもとに状況を再検討すべきだったのに、参謀本部はそれを怠った。

じつは、ロシア陸軍が雪解けを待たずに攻撃を仕掛けた背景には「乃木大将の影」があった。それはこういうことだ。ロシア陸軍が持久戦法に出たのは、乃木率いる第三軍が旅順要塞を落とせないと考えていたからだ。ロシア陸軍が持久戦法に出たのは、乃木率いる第三軍が旅順要塞を落とせないと考えていたからだ。第三軍がずっと旅順要塞に釘づけにされていれば、第一軍から第四軍まで日本陸軍がすべて揃うことは無い。ならば、雪解けまで待ってようやく開通したシベリア鉄道で補給を確保してから満を持して奉天あたりで大会戦におよべばよい、というのがロシア陸軍首脳、とくに総司令官のアレクセイ・クロパトキン大将の作戦であった。

ところが、まったく予想もつかなかった事態が起こった。何と、第三軍が旅順要塞を占領したのだ。そして難攻不落とロシア側が考えていた旅順要塞を落とした第三軍は乃木大将の命令一下、北上して第一、二、四軍と合流しようとしている。要するに、クロパトキンは徳川家康《とくがわいえやす》が真田幸村《さなだゆきむら》(信繁《のぶしげ》)を恐れたように、乃木希典を恐れたのだ。クロパトキンの立場になって考えてみればよくわかる。日本は、旅順要塞攻略がこの戦争の帰趨《きすう》を決めると確信している。となれば、日本陸軍はもっとも優秀な指揮官の下に精鋭を選りすぐり旅順に差し向けたはずである。クロパトキンはそう考えただろう。それでも、まさか旅順は落とせまいと思っていたところ、何と乃木は「わずか四か月」で攻略に成功してしまった。何と恐るべき部隊であろう。それが返す刀で戦線に参加しようと、今北上している。こう考えれば、どんな指揮官であろうと考えることは一つしかない。それは乃木の第三軍が到着し参戦しないうちに決着をつける、ということだ。つまり厳冬期にもかかわらず攻勢に出たというクロパトキンの行動は、軍事の専門家で無くても容易に予想がつくはずのものなのだ。

ところが、この戦争に参加しているあらゆる将兵の中で、この高校生でもわかる論理（断じて「今川義元はバカだ」的な後知恵では無い）をまったく無視した、正確に言えば気づきもしなかった「バカ」がいた。もうおわかりだろう。陸軍参謀本部、厳密に言えば満洲軍総司令部の児玉源太郎総参謀長をトップとする参謀たちである。なぜそういうことになってしまったかも、おわかりだろう。「乃木は愚将で旅順要塞を落とすのに四か月もかかった」しかも「一万五千人も殺した」と思い込んでいたからである。参謀本部で正式に戦術を学んだ自分たちが、「現場の叩き上げ」（それは実戦経験が豊富ということなのだが）の乃木希典ごときに劣るはずが無い、と心の中では思っていたからである。確かに、日本史上というか世界史上でもこれほどの戦死者を一つの戦いで出したというのは珍しいことで、それゆえに乃木は愚将扱いされてしまったのだが、それは戦争の歴史が新しい段階に入ったということなのである。だが、要塞攻防戦にはそれぐらいの戦死者が出るものだという「常識」は、まだ確立されていなかった。

参謀本部というのは経験主義者の集団で、これは日本の「エリート」と呼ばれる人たちすべてに共通することだが、過去の先例にこだわり新しい事態へフレキシブルに対応することができない。その問題がここでも出た。皮肉なことに、この時点で乃木の実力をもっとも高く評価していたのは敵であるロシア陸軍で、もっとも低く評価していたのが味方の日本陸軍参謀ということになる。戦術を誤るはずである。

ロシア陸軍が攻勢に転じたのは内部の事情もあった。ロシアは全陸軍を三つに分けていたが、この時点で第二軍の司令官としてオスカル・グリッペンベルクが新たに赴任してきた。どうやらロシア首脳部は、攻勢に出ないクロパトキンに不満があったらしい。じつはそれは同盟国イギリスのロンドンタイムズやロイター通信が、しきりに「臆病《おくびょう》なロシア軍」という形の情報を流してくれたおかげであり、皇帝ニコライ2世らロシア首脳部が業を煮やしていたという事情もあった。情報工作の成果ということだ。そこで首脳部は、積極的攻撃論者のグリッペンベルクを送ってきたのだ。ところがそういう意図なら、クロパトキンを更迭し呼び戻すべきなのだが、実際は総司令官としてのクロパトキンの命令に従うべき第二軍の司令官として着任させられた。これは人事の失敗と言うべきだろう。どうしてそうなったのかじつはよくわからないのだが、年齢もグリッペンベルクのほうが十歳上であり、軍のキャリアでも勝っていた。グリッペンベルクにしてみれば、なぜこんな若造の指揮を仰がなければならないのかと大きな不満を抱いたに違いない。結局グリッペンベルクは、今こそ好機と自分の指揮下にある第二軍を率いて、最前線の沙河地域でもっとも手薄な、日本側から見れば最左翼の秋山支隊に攻撃を掛け、拠点である黒溝台を占領しようとし

ロシア第2軍司令官として派遣されたオスカル・フェルディナント・グリッペンベルクは、クリミア戦争や中央アジア遠征に従軍し、1877年の露土戦争では大きな戦功を挙げた歴戦の勇将であった（写真提供／近現代PL）

た。こうして黒溝台の会戦が始まった。

■臨機応変な用兵で「世界最強」コサック騎兵団を撃退した秋山好古

日本軍にとって幸運なことには、この攻撃はグリッペンベルクがクロパトキンを押し切る形で始めたものであったため、ロシア陸軍は全軍が連携していなかった。クロパトキンも乃木の第三軍とは戦いたくないので、一応グリッペンベルクをサポートする形で動いたが、緊密な連携というわけにはいかなかったのである。

グリッペンベルクは、秋山支隊を攻撃するにあたってコサック騎兵団をあてた。騎兵には騎兵ということだろう、しかも、パーヴェル・ミシチェンコ中将率いるコサック騎兵団は世界最強と言われていた。これに対して日本の騎兵は、秋山がフランス留学などで学んだ知識を生かしようやく育て上げたものである。日本には純然たる騎兵の伝統が無い。確かに源 義経《みなもとのよしつね》の「鵯越《ひよどりごえ》」や武田《たけだ》騎馬隊のエピソードが伝えられているが、本来の騎馬隊の馬は去勢され銃声や砲音に動じない訓練をされたものである。馬は本来音に敏感な動物で、暴れ馬の原因も大きな音であることが多い。織田信長《おだのぶなが》が長篠《ながしの》の合戦（１５７５年）で武田騎馬隊を倒すことができたのは、戦場に轟いた日本の歴史始まって以来の銃声で驚いた馬が総立ちになって乗り手を振り落としたからだと私は指摘した。私の知る限り、こんな指摘は誰もしていない。なぜそうなのかと言えば、歴史全体を見通して「騎兵」とは何かを研究しなければいけないのに、そうなっていないからである。『日本戦史』を編纂《へんさん》した陸軍参謀本部のエリート将校もこのことに気がついていないが、それにはじつは理由がある。陸軍のエリート将校は、騎兵科で無くても好んで馬に乗って連隊本部などに通勤した。それが彼らのステータスシンボルだったのだが、彼らが乗る馬はもちろん軍馬として音に動じない訓練がなされている。だから馬とはそういうものだと、頭から思い込んでしまったのだろう。現在の乗馬クラブで生徒が最初に教えられることは、大きな音で馬を驚かさないように、なのだが。

　要するにロシア陸軍は、できたばかりの日本の騎兵団などコサックの敵では無いと思っていたのだ。しかし、乃木だけで無く秋山もきわめて優秀な軍人である。日本騎兵の弱点は知り尽くしていた。確かに、正面きっての従来の騎馬戦ではコサックと戦っても日本騎兵は絶対に勝てなかっただろう。伝統も馬も戦闘経験も、何もかも違うのである。そこで秋山騎兵団は、最新の武器である機関砲を標準装備していた。いざとなったら馬を降り、塹壕に身を隠して機関砲で敵騎兵を攻撃するのである。機関砲は馬上から発射できるようなものでは無い。それどころか、馬一頭では運搬が困難なほど巨大で重量がある。そこで秋山騎兵団では、分解して馬で運搬できるようにした。これは私の知る限り、日本陸軍独自の工夫である。その前身である官軍は、砲兵を活用するナポレオンの戦術に学びつつも大砲の運搬には悩んだ。ヨーロッパのような平地の多い場所では馬で引く砲車が使えるが、山の多い地形の日本ではそういうわけにはいかない。そこで、分解し兵士の手で運べる四斤山砲《よんきんさんぽう》が戊辰《ぼしん》戦争などでは基本兵器となった。秋山の改良はこうした伝統に学んだものだろう。この時も秋山支隊は、この機関砲戦術で世界最強のミシチェンコ騎兵団を何とか撃退した。

　お気づきだろうか。秋山のやったことは、ノモンハンの時の陸軍参謀本部とはまるで反対である。まず秋山は、「向こうが騎兵ならこちらも騎兵。対等である」などとは絶対に考えなかった。

陸軍参謀本部が、ノモンハンにおけるソビエト戦車が日本戦車をはるかに上回る攻撃性能を持つことを無視し、戦車なら同じ「一対一」と考えたのとはまったく違う。また、余計なプライドにもこだわらなかった。おそらく秋山の部下の中には、「我々は騎兵です。そのための訓練もしてきました。正々堂々とコサック騎兵と騎馬戦を戦いたい」と訴えた人間もいたのではないか。しかし、そんなプライドにはこだわらず現実を見なければならない。日本騎兵はコサック騎兵には勝てない。ならば、何か別の方法を考えるべきだ、ということだ。また、騎兵の本領はその機動力にある。歩兵には無いスピードを生かして偵察や重要拠点の破壊工作などを行なうのがもともとの目的であり、騎兵一筋であればあるほど、まったく動かず塹壕に籠もって機関砲で敵と闘うなどという発想は出てこない。それができたのが秋山であり、これがフレキシブルな考え方ということである。臨機応変とも言う。本来エリートというものはこういう能力を持っているべきであり、エリート教育というのは臨機応変の能力を育てることに主眼を置かなければいけない。しかし、日本は昔から試験秀才をエリートと勘違いしてきた。試験秀才とは要するに過去の事例にいかに詳しいかを評価の基準にするものであり、本来のエリートとはまったく違うものだ。まったく想定外、

「日本騎兵の父」と呼ばれた秋山好古は、陸軍士官学校卒業後、フランスに留学。帰国後日清戦争で騎兵第一大隊長、日露戦争では騎兵第一旅団長として活躍した。1923年（大正12）に予備役編入後は郷里の伊予で学校長を務めた（写真提供／国立国会図書館）

無経験の事態に対しいかに咄嗟《とっさ》に的確な判断ができるか、その判断力を養うことが真のエリート教育だと、日本人はいい加減に気がつくべきだろう。諸外国ではすでにずっと昔からそれをやっている。「点取り虫」がもてはやされるのは日本だけである。

秋山支隊はミシチェンコ騎兵団を撃退した。騎兵の世界で言えば「掟破《おきて》り」あるいは「邪道」と評されるかもしれないが、勝ちは勝ちである。もちろんロンドンタイムズやロイター通信は「日本の騎兵、世界最強のコサック騎兵団を撃破」と世界に知らせた。この影響は大きい。戦時公債の売れ行きにも影響する。もう一つ見逃せないのは、ロシア陸軍に対する影響力である。「日本陸軍はそんなに強いのか」と、改めて印象づけたということだ。

しかし、敵はミシチェンコ騎兵団だけでは無い。ロシア陸軍には歩兵も砲兵もいる。それがこのあたりの拠点である黒溝台に迫った。ここにはやはり少数の守備隊がいたのだが、総司令部は取りあえずの撤退を命じた。確かに、死守せよなどという命令を下していたら守備隊は殺到するロシア陸軍に全滅させられていたかもしれないが、結果的にこの地を無血占領したロシア陸軍は拠点として確保し要塞化する措置を取った。総司令部は慌てて奪回作戦に部隊を派遣することになった。またまた参謀たちが敵の意図を読み違えたのである。

■「賊軍」出身者に「冷や飯」を食わせるつもりが手柄を立てさせてしまった陸軍の参謀たち

黒溝台の会戦とは要約すれば、厳冬期にロシア陸軍が反撃してくることをまったく予想していなかった満洲軍総司令部の参謀たちが、日本陸軍最左翼の拠点黒溝台を簡単に放棄した結果、ロシア陸軍がそれを要塞化して拠点としようとしたことに慌てふためき「戦力の逐次《ちくじ》投入」という最悪のやり方で敵の意図を粉砕しようとした、ということである。

「戦力の逐次投入」とは、戦場に戦力を小分けにして時間差を置いて投入することである。たとえば、総勢一万人の兵力でも二千ずつ小出しに投入すれば、敵はこれを撃破しやすい。こういう時は、一万人なら一万人を一気にまとめて戦場に投入すべきなのである。これが戦術の基本中の基本で、「戦力の逐次投入」とはその真逆、つまり絶対にやってはいけないことなのだ。それを黒溝台の会戦において日本陸軍のエリートである参謀たちは実行した。

通常なら、この会戦は日本陸軍の負けで終わったはずだ。しかし結果は勝った。「勝ちに不思議の勝ちあれど、負けに不思議の負け無し」というのは二〇二〇年(令和《れいわ》2)に亡くなった野村《のむら》克也《かつや》元監督がいつも口にしていたことだが、なぜそんな「不思議」が起こったか、この会戦については説明できる。参謀の作戦ミスを補うほど現場の指揮官が優秀だったからである。それは結果的には戦場に間に合わなかった乃木希典(間に合わなかったのは彼の責任では無い。ロシア陸軍は第3軍が到着しないうちに攻撃を仕掛けるのが目的だった)では無く、立見尚文《たつみなおふみ》という人物で当時第八師団の師団長(中将)であった。残念ながら、日露戦争直後に精力を使い果たしたのか病死してしまったので今ではあまり有名ではないが、当時は陸軍有数の名将としての定評があった。その戦歴が凄い、まさに歴戦の勇者と言うにふさわしい。

立見は、江戸時代後期の一八四五年(弘化《こうか》2)に桑名《くわな》藩士の子として生まれた。主君は松平《まつだいら》定敬《さだあき》で、尾張《おわり》徳川家当主徳川慶勝《よしかつ》、会津《あいづ》藩主松平容保《かたもり》は定敬の実兄でもある。その定敬の小姓《こしょう》を務め、学問武芸に励んだ。柳生新陰流の達人だったという。当然、「一会桑政権《いちかいそう》」(『逆説の日本史 第20巻 幕末年代史編Ⅲ』参照)の一員として蛤御門《はまぐりごもん》の変、鳥羽伏見《とばふしみ》の戦いに参加して、その後も関東・東北に転戦し土方歳三《ひじかたとしぞう》などとともに戦った経験がある。しかし北海道までは行動をともにせず、会津藩の降伏などとともに刀を捨て謹慎していたが、その指揮能力の高さを注目され「賊軍《ぞくぐん》」の出身ながら日本陸軍にスカウトされた。これだけでも異例だが、西南戦争では長州《ちょうしゅう》閥の乃木とともに少佐に昇進して戦功を挙げ、日清戦争では旅団長となり日露戦争前に中将に昇進し第八師団の師団長となった。

ところで、第八師団は青森県に置かれていた。あの八甲田山《はっこうださん》雪中行軍遭難事件で有名な弘前《ひろさき》歩兵第三十一聯隊はこの師団所属で、当時の師団長も立見だった。映画『八甲田山』で言えば、見事雪中行軍を成功させた「徳島大尉《とくしまたいい》（高倉健《たかくらけん》）」のほうで、実際には指揮官は福島泰蔵大尉《ふくしまたいぞう》であった。立見は福島を高く評価していた。彼がこの会戦で戦死した後、顕彰碑の碑文を書いたのも立見である。その理由は、福島が雪中行軍の経験を生かしロシア軍の状況なども実証的に研究し軍事論文を書いて様々な提言をしていたからである。その論文は内容を評価され、陸軍の機関紙『偕行《かいこう》』に掲載されることもあった。参謀本部の戦史室からも声が掛かったと言うが、これはロシアとの戦争勃発直前という状況の中で立ち消えとなった。そして戦争直前、福島は第十六旅団山形《やまがた》歩兵三十二聯隊中隊長となった。第十六旅団は第八師団所属である。つまり、福島は立見の部下として日露戦争を戦うことになった。これは推測だが、立見は幕末時代東北で戦ったこともあるとは言え、本人は「暖国」の出身で寒冷地にはいま一つ疎く、その面でアドバイザーとしての福島を頼りにしていたのではないだろうか。

ところが、第八師団は海を渡ると第一、第二、第三、第四軍のどれにも所属させられず、後方に予備軍として配置させられた。確かに、一九〇四年（明治37）の初冬の段階で四個の軍は、一、

二、四軍が北の沙河で、三軍が南の旅順でロシア陸軍とにらみ合っていた、戦局がどう転ぶか予想がつかないから、予備軍が必要だというのもわからないではない。しかしゲスの勘繰りと言われるかもしれないが、私は「賊軍」の出身である立見に長州閥が牛耳《ぎゆうじ》る陸軍首脳が手柄を立てさせたくなくて、このようなポジションに置いたのではないかと考えている。

■「乃木の影」に怯え全軍撤退を命じたクロパトキンの誤算

ところが、状況がまったく変わった。ロシア陸軍は黒溝台を確保増強し日本陸軍の左翼を崩壊させ、そこから背後に回ることによって日本陸軍を包囲殲滅《せんめつ》しようと総攻撃を仕掛けてきた。正確には、総攻撃と言っても先に述べた事情によってロシアの一、二、三軍の緊密な連携は取れていなかったのだが、それでもグリッペンベルク中将の率いる第二軍は黒溝台を奪ったし、配下のミシチェンコ騎兵団約一万は騎兵の秋山支隊が守る付近の拠点（沈旦堡《ちんたんぼ》など複数あった）に猛攻を仕掛けていた。総兵力は約十万人である。これに対して秋山支隊はわずか八千。近隣の歩兵部隊を合わせてもその数は万に満たない。文字どおり泡を食った満洲軍総司令部は温存していた立見の第八師団を救援に送ったが、ロシア第二軍は三個軍団、一騎兵団からなる方面軍だ。すでに述べたように日本は数個師団をもって方面軍とするが、ロシアは師団と方面軍との間に軍団という組織がある。軍団は通常二から四個師団をもって形成されるから、たった一個師団で勝てるわけがない相手である。現に第八師団は黒溝台を奪還しようとして攻撃したが、ロシア軍の猛攻にあって撃退された。

現地からの報告を受け総司令部は、さらに狼狽《ろうばい》した。ここで初めて、ロシア陸軍が全力で攻撃してきたこと、黒溝台を奪還しなければ包囲殲滅される危機があるということを参謀たちが悟ったのである。そこで、各方面軍から二個師団を引き抜き、これを第八師団の立見師団長の指揮下に置き「臨時立見軍」としてロシア陸軍に当たらせた。ここが先に述べた「戦力の逐次投入」ということで、二個師団が救援に駆けつけるまで第八師団は多勢に無勢で危うく総崩れになるところだった。そしてもし総崩れになっていれば、二個師団も指揮系統が混乱しロシア陸軍に各個撃破されていた可能性が高い。そうならなかったのは、秋山支隊とともに第八師団が奮戦して何とか現状を死守したからである。

そして、増援を得た「臨時立見軍」は黒溝台奪還を実行した。この時点でも「臨時立見軍」の総兵力は約五万人で、敵の半分である。しかし、立見師団長には切り札があった。最後の最後まで温存しておいた福島大尉が中隊長として所属する歩兵第三十二聯隊である。まるで小説のような話だが、事実である。一九〇五年（明治38）一月二十八日午後、現地に到着した福島中隊は、他の部隊とともに黒溝台に突撃した。指揮官として軍刀を抜き先頭を切って号令を掛けた。そこで見事に黒溝台一番乗りを果たした、と言えば本当の小説になってしまう。実際にはロシア兵に胸を撃ち抜かれ、戦闘開始直後に福島は戦死した。しかし『拓《ひら》く　福島泰蔵大尉正伝』（川道《かわみち》亮《りよう》介《すけ》著　文芸社刊）によると、その部下の奮戦によって黒溝台がついに奪還され、福島自身も軍人としての最高の名誉である金鵄《きんし》勲章を与えられ、一階級特進し少佐となった。だからこそ、立見も福島の顕彰碑の碑文を書いたのだ。外国ならこういう手柄を立てた人間が「軍人の亀鑑《きかん》」として尊敬されるのだが、廣瀬《ひろせ》中佐を代表とする日本の軍神の基準はかなり違うことは第一章で述べたとおりである。ちなみに、立見尚文も秋山好古も戦後は大将に昇進した。「賊軍出身の軍人は大将になれない」というのが日本陸軍の通例であり、会津出身で優秀な軍人であった山川浩《やまかわひろし》も少将どまりだったが、さすがの薩長主導の日本軍も、この黒溝台における立見と秋山という二人の「賊軍」(伊予松山《いよまつやま》藩も賊軍である) 出身者の功績は認めざるを得なかったのだろう。こう考えてくると、陸軍首脳部が秋山に非常に広い範囲を少数の兵士で守らせたのは、手柄を立てさせたくなかったからではないか、と思ってしまう。仮にロシア陸軍が攻めてきたとしても、秋山支隊は人数が少なすぎて絶対に敵を撃退するなどという手柄は立てることはできない。だからこそ、戦略的には重視していない最左翼(参謀たちはここを攻撃されるとはまったく予測していなかった)場所を任せたのではないか。またまたゲスの勘繰りと言われそうだが、ここで秋山がこの会戦の直前に何度も司令部に対しミシチェンコ騎兵団の怪しい動きを報告し、警戒するように意見具申をしていたのに、それを総司令部の参謀たちが完全に無視していたことを思い出していただきたい。いかに参謀たちが現場の指揮官をバカにする人間たちの集まりとは言え、あまりにも異常な現象ではないか。それは記録には残らない「官軍」の薩長閥の「賊軍」に対する差別意識があったからではないか。そもそも二十世紀に入った時点で騎兵という兵科は、少なくとも第一線の花形では無かった。伊予人であった秋山が騎兵という兵科を選ばざるを得なかったのも、そういう差別のせいではないか、とすら考えられるのである。もしもそうなら、そうした差別意識を持つ参謀連中が立見や秋山に「冷や飯」を食わそうとしていたのに、自分たちの判断ミスによってむしろ手柄を立てさせてしまったという、皮肉だが痛快な結果とも言えるのだが。

これに対して、乃木希典は言うまでも無く長州の出身なのだが、参謀本部出身では無い現場の指揮官という立場にあり、そのことで参謀たちから過小評価されていたことは、これまで述べたとおりだ。しかし、じつは参謀たちの致命的な判断ミスで危うくロシア陸軍にしてやられそうになった黒溝台の会戦で日本陸軍が最終的に逆転勝利できたのも、「乃木希典のおかげ」だという見方もある。決してうがった見方では無い。

確かに、臨時立見軍も秋山支隊も奮戦した。しかし、黒溝台を奪還した時点でもロシア陸軍は日本軍を兵力では上回っており、厳寒期の戦闘についても準備万端整っていたから、第二軍だけで無く第一軍、第三軍を加えた兵力が総攻撃を仕掛けてきたら、おそらく日本陸軍は支えきれなかっただろう。しかし、黒溝台を奪還された時点で戦況不利と判断したロシア陸軍のクロパトキン総司令官は、何と全軍撤退を命じたのだ。日本にとっては大変幸運な判断だった。幸運と言えば、これも先に述べたようにロシア側がクロパトキンを更迭しグリッペンベルクを第二軍の司令官では無く総司令官に据えておけば、この退却は無かった。現にグリッペンベルクはこの後クロパトキンに辞表を叩きつけロシアに帰ってしまったのである。

なぜ、クロパトキンはそんな「臆病な」判断をしてしまったのか？　おわかりだろう。「乃木の影」である。乃木率いる第三軍が間も無く戦場に到着し参戦するという情報が伝えられ、ただでさえ手こずっているのに乃木が来たらますます不利になるとばかり、「戦略的撤退」をしてしまったのだ。ここで注目すべきは、第三軍の北方戦線への移動がきわめて迅速であったことである。あきらかにロシア側の予想を超えていた。だからこそ、クロパトキンが慌てたのである。では、この迅速な移動は満洲軍総司令部が指示したものなのか？　もちろん違う。総司令部は来年春までロシア陸軍の攻撃は絶対無い、と確信していたのである。第三軍は旅順要塞攻撃でかなり消耗しており、だからこそ早期の北上は求めていなかった。休養指令を出していたという説もある。しかし乃木はほとんど休まず自軍を移動した。つまり、乃木は参謀たちがまったく予想しなかった、厳冬期でのロシア陸軍の攻撃を予測していたことになる。

これが愚将？　愚将どころか大変な名将ではないか。結果的にロシア陸軍を撤退させ、黒溝台の会戦を見事勝利に導いたのだから。ところが、「乃木愚将説」を日本人の常識としてしまった司馬遼太郎《しばりようたろう》の『坂の上の雲』では、もういちいち原文は引用しないがこの戦略的撤退をクロパトキンの「過敏な神経」のせいにはしているものの、そこに乃木に対する恐れがあったことは一切記述されていないのである。嗚呼。

■「短期間で敵軍を撃滅し早期講和に持ち込む」という最大戦略目標に賭けていた日本

乃木希典が第三軍を急遽北上させたのは、厳冬期にロシア陸軍が反撃してくることを予想したというよりは「武士の心構え」として「勝って兜《かぶと》の緒《お》を締めよ」という原則に従ったためかもしれない。しかし、理由はどうあれ乃木の北上はクロパトキンを恐れさせ、ロシア陸軍の撤退そして黒溝台の会戦の勝利につながった。

クロパトキンの乃木に対する恐れがいかに大きなものであったか、そしてそれを肝心の日本陸軍満洲軍総司令部がまったく評価していなかったことは、いまや識者の一致する見解である。軍事史研究家の原剛《はらたけし》、歴史研究家で司馬遼太郎の担当編集者でもあった半藤一利《はんどうかずとし》、作家の松本健一《まつもとけんいち》、歴史学者の秦郁彦《はたいくひこ》は、共著の『徹底検証　日清・日露戦争』（文藝春秋刊）で次のように述べている。

原　第一、クロパトキンが第三軍を非常に恐れていたこと自体、日本側は知りませんでした。

半藤　総司令部では、むしろ乃木軍をあまり強くないと思っていた。

松本　旅順で消耗して、数も減っていますしね。（中略）総司令部は乃木軍に対して、かなり偏見があったと思うんです。旅順でひどい迷惑をこうむったと。

半藤　下手な戦争をするからだ、とね。

秦　それで意地悪されている面があった。ところがクロパトキンの方は乃木軍を、鉄壁の旅順要塞を半年足らずで落とした日本軍きっての精強部隊とみている。兵数も、三万四千人のところを十万人いると思っていたぐらいです。

半藤　乃木軍の存在は、奉天戦を通じて戦局の大きな鍵になります。

　こうした状況の中、結果的には雪解けを待たずに日本とロシアの最後の陸戦となった奉天会戦が始まった。一九〇五年（明治38）二月二十一日のことである。乃木の第三軍が到着し日本の兵力は曲がりなりにも増強されたが、このまま春を待てばロシア陸軍はシベリア鉄道による補給でますます強くなる。しかも、完全に雪解けすると大地は泥濘《でいねい》と化し作戦行動は困難になるが、この対策についてもロシア陸軍は日本陸軍よりはるかに経験を積んでいる。それゆえ、日本陸軍の全軍総攻撃にこのタイミングが選ばれたのである。

　日本陸軍の布陣は次のようなものだった。前線には東から、一個ずつの師団と旅団で新たに編成された鴨緑江軍、第一軍、第四軍、第二軍、第三軍を配置する。二個の騎兵旅団で構成された秋山支隊も最西端つまり日本側から見た最左翼に配置された。右、左という言葉を使う場合は注意を要する。それぞれ自軍から見た左右だからだ。したがって日本軍の最右翼はロシア陸軍の最左翼になる。最東端とか最西端という場合はどちらも同じだ。この点を注意して下の地図を見ていただきたい。日本陸軍の兵力は兵員総数約二十五万人で大砲は九百九十二門。対するロシア陸軍は兵員総数約三十二万人で大砲は千二百十九門であった。兵員数、大砲の数ともにロシア優位に見えるが、日本陸軍には旅順要塞攻略の決め手となった当時最大の重砲二八サンチ榴弾砲《りゅうだんほう》（次ページ写真参照）があった。ただし、これはもともと軍港等を防衛

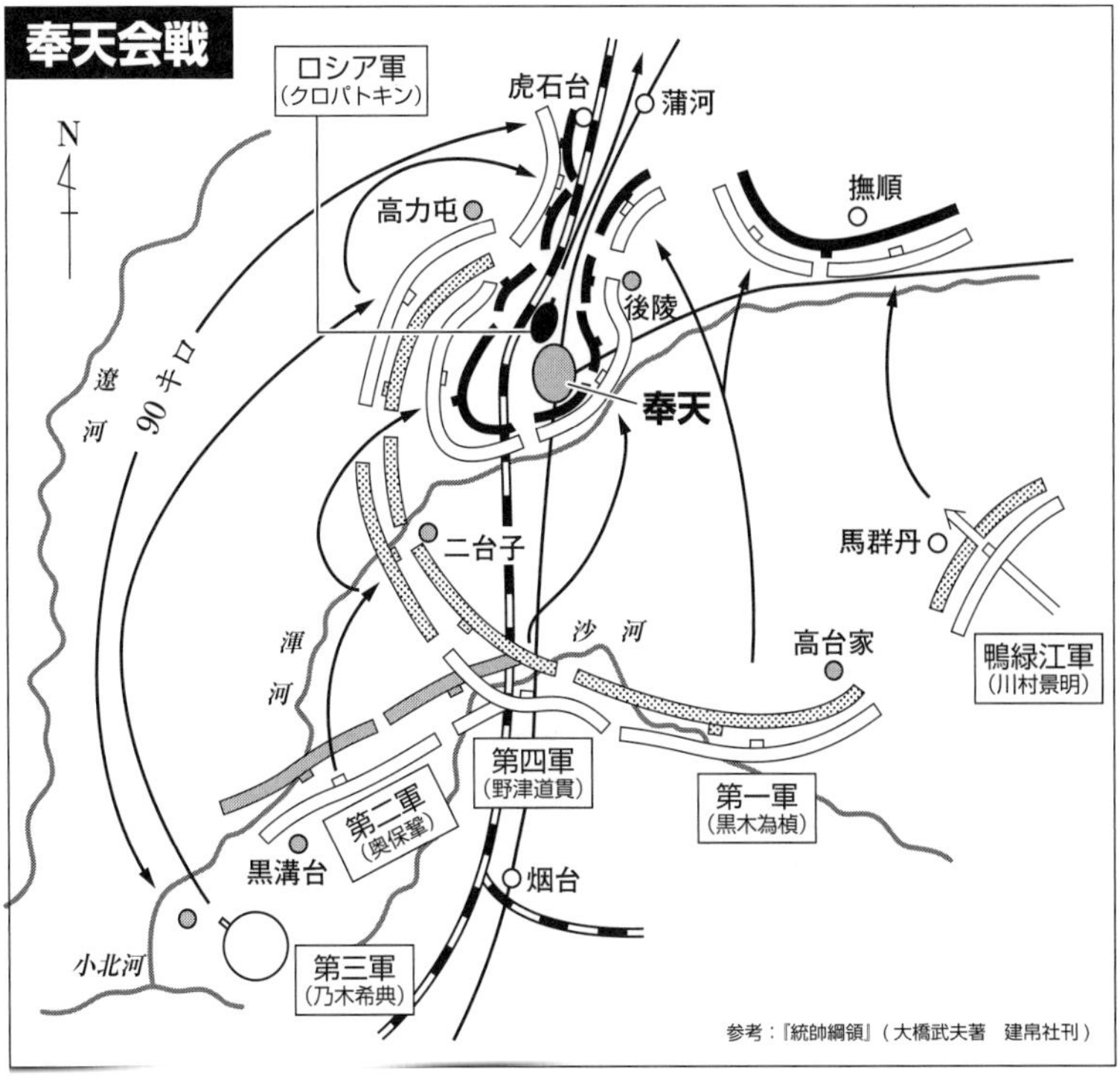

するために据え置きで配置されるもので、移動を前提とした野砲や山砲では無い。従って使用するには据え付け工事が必要で、一度固定してしまうと簡単には移動できないという欠点があった。また鴨緑江軍は、通常数個師団によって構成される方面軍と違っていかにも小規模だが、これには理由があった。これは後述しよう。満洲軍総司令部の立てた作戦は、この日本陸軍最右翼の鴨緑江軍が戦端を開き第一軍もこれに呼応し、ロシア陸軍が自軍の左翼に戦力を注ぐよう注意をひく。続いて正面に配置された第四軍、第二軍が「切り札」の二八サンチ榴弾砲で集中攻撃する。そしてそのすきに日本陸軍最左翼の第三軍と秋山支隊が大きく西へ迂回して敵の背後に回り、ロシア陸軍の退路を断ち包囲殲滅する、というものであった。つまり、鴨緑江軍に与えられた任務は敵をまず引きつけるための「囮《おとり》」だったのだ。

ここのところ『坂の上の雲』では、乃木と秋山に与えられた任務も鴨緑江軍と同じ「囮」で、ロシア陸軍が左右両翼に戦力を移動させれば、当然正面つまり奉天を守っているロシア陸軍の主力は手薄になる。そこへ「切り札」の二八サンチ榴弾砲で集中攻撃し敵を粉砕しようとしたという「中央突破説」が取られている。確かに参謀たちは乃木の実力を過小評価していたから、「囮でじ

28サンチ榴弾砲（二十八糎榴弾砲）は、対艦船用として1892年（明治25）に制式制定された。当初は三浦半島の観音崎など東京湾入口に設置されたが、旅順要塞攻撃の際に陸上攻撃用に転用された（写真提供／毎日新聞社）

ゆうぶんだ。他には活用する場所が無い」と判断したように見えないこともない。そこで、この「中央突破説」が信じられてきたのである。

ところが、肝心の二月二十二日に発令された大山巌《おおやまいわお》満洲軍総司令官の命令書に、「第三軍は敵の右翼を繞回《にようかい》し」とある。この繞回というのは「大迂回して敵の背後に回れ」ということで「おびき出せ」という意味では無いから、満洲軍総司令部の意向も当初から中央突破では無くロシア陸軍の完全包囲および殲滅にあったことはあきらかである。よくよく考えてみれば二八サンチ榴弾砲も戦場で移動はできないのだから、中央突破部隊を作っても共に行動できない。この点からも「中央突破説」は否定される。

ロシア陸軍には、前々から述べているように戦略的撤退を続けて敵の補給線を伸び切らせ反撃に転じる、という伝統的戦略がある。それをやられたら日本陸軍は満洲からロシア本国に引きつけられ、きわめて崩壊しやすくなる。フランスのナポレオンもこれでやられた。そもそもロシアは日本の十倍の国力を持つ大国なのである。兵員数も現時点ではほぼ互角だが、ロシア全体からすればやはり日本の何倍もある。その兵員がシベリア鉄道でヨーロッパ側から次々に送り込まれてきたら持久戦になってしまう。そうなれば生産力の差で日本は絶対に不利だ。だから、アジアにおける敵の兵力を陸海ともに短期間で徹底的に殲滅（あるいは撃滅）し、早期講和をはかるしかない。じつはこのあたり、大国アメリカを主敵とした後の「太平洋戦争」でも事情は同じだったことに、気がつかれる読者もいるだろう。海軍が開発したいわゆる「丁字《ていじ》戦法」もロシア艦隊を「撃滅」するというテーマがあったために、包囲殲滅が難しい海上で一隻たりとも敵艦を逃さないということが基本になっている。つまり日露戦争における日本の最大の戦略目標は、「短期間に敵の陸海軍を撃滅し、取りあえずロシアがアジアでは戦えないという状況を作り、その間に早期講和をはかる」というものだったのである。すべての戦いはその目標を満たすために行なわれた、と言っても過言では無い。

■クロパトキンが恐れに恐れた「乃木のおかげ」で勝利した奉天会戦

ところが、奉天会戦が始まると実際の戦闘は参謀たちの思惑どおりにはいかなかった。

まず二八サンチ榴弾砲が思ったほどの威力を発揮しなかった。凍てついた大地に撃ち込まれた榴弾は、爆発しても敵の損害は軽微であった。寒冷地の戦闘については想定外のことだらけであったのだ。

一方、ロシア陸軍はそういう戦いには慣れている。ただ、その参謀たちがバカにしきっていた乃木希典の「影」が、またしても参謀たちのミスをカバーした。乃木を恐れに恐れたロシア陸軍の総司令官クロパトキンは、戦端を開いた鴨緑江軍を乃木の第三軍と勘違いしたのだ。じつは鴨緑江軍の主力であった第十一師団はもともと第三軍所属で、乃木の指揮下にあった。今回の任務で引き抜かれていた。

この時代、監視衛星はおろか航空機も無いから、敵情を探るためには威力偵察などに頼るしかなかった。威力偵察とは機動力に富む小部隊（騎兵など）で実際に攻撃を仕掛け、その反応で敵の配置や兵力を探り、直ちに撤退するというもので簡単にやれるものではない。もう一つは密偵（スパイ）の活用があった。食糧の調達や必要物資の運搬の際に現地人のふりをして、あるいはロシアに雇われた現地人が情報を送るという、日本でも戦国時代から行なわれていたやり方である。ひょっとしたらロシアの情報網は意外に優秀で、「第十一師団」は乃木の第三軍所属ということが伝わっていたのかもしれない。とにかくクロパトキンは鴨緑江軍を第三軍と誤認し、慌てて大軍を差し向けた。囮作戦は取りあえずは上手くいったのだ。「乃木の影」のおかげである。

これに先立ち、乃木は第三軍に新たな師団を回してくれるように総司令部に要請していた。旅順の攻防戦で第三軍は多くの兵を失い、生き残った兵も多数負傷し兵力自体はかなり損耗していたのに作戦のために第十一師団が引き抜かれてしまい、さらに弱体化した。先に「曲がりなりにも」という言葉を使ったのはそのためである。ところが、最初総司令部はそれを拒否した。乃木のような「優秀では無い」指揮官のところには新しい兵を回せないということで、それが前出の対談の中に出てくる「意地悪されている」という意味である。並みの指揮官なら腐ってやる気を無くすところだ。しかし、乃木は屈しなかった。部下の統率に長けているというのも名指揮官の条件だが乃木はこの点でも突出しており、将兵はこの困難な状況にもめげず乃木についていった。第一、二、四軍は前年十月の沙河の会戦以後この年の一月黒溝台の会戦が始まるまで休養も補給もじゅうぶん取ることができたが、第三軍は正月元旦にロシア陸軍の旅順防衛隊が降伏するまで戦いを続けており、その後急いで北上したのでほとんど休みを取っていない。困難な状況というのはそのことである。

第三軍は参謀たちの予想を超えたスピードで敵の背後に回り込んだ。この当時は陸上では無線が実用化されておらず、近距離では伝令将校による口頭で、長距離ではそのたびに有線電話を引いて命令や情報を伝達していた。有線電話は一か所でも断線すれば通話不能になる。そのため現地の司令官が独自に判断しなければいけないケースも多々あった。

二十二日に鴨緑江軍が戦端を開いてから数日で、クロパトキンも最東端の鴨緑江軍は最西端の日本陸軍第三軍が素早く自軍の背後を遮断するための囮だと気づき、兵力のかなりの部分を割いて最西端に回した。逆に「包囲網」ができたと判断した満洲軍総司令部は三月一日に総攻撃を命じ、敵主力と激突した第三軍に総司令部はこの期におよんでようやく秋山支隊を所属させたが、苦戦は何とそれから約一週間続いた。つまり困難な状況にもかかわらず乃木の第三軍は奮戦し、さらに大きく迂回してシベリア鉄道と接続する東清鉄道の沿線にあと一歩のところに迫った。ここでクロパトキンが再び慌てた。「兵数も三万四千人のところを十万人」と思い込んだのはこのあたりである。このときのクロパトキンの心情を想像するのは簡単だ。何しろ彼は第三軍を日本軍の最高の精鋭部隊、そして乃木希典を最高の指揮官(これは事実だが)だと思い込んでいるのだ。「やはり乃木軍は強い。これだけの兵力をつぎ込んで一週間も戦っているのに乃木軍は壊滅するどころかあと一歩で東清鉄道を占拠し、我々の退路を断つところまで進んだ。情報では乃木軍は三万強とあったが、そんな程度の人数で我々の攻撃を受け止められるはずがない。十万はいるのだろう。だとしたらこのまま放置すれば、我々は完全に退路を断たれ包囲殲滅されてしまう」と、クロパトキンは判断したのである。こうなれば出す命令は一つしかない。「全軍撤退」である。黒溝台の会戦と同じで、本気になってロシア陸軍が反撃してきたら日本陸軍は総崩れになったかもしれないのだが、この奉天会戦も日本陸軍の勝利となった。前出の『徹底検証　日清・日露戦争』で共著メンバーの最後の一人で呉市《くれし》海事歴史科学館（大和《やまと》ミュージアム）館長の戸高一成《とだかかずしげ》も次のように述べている。

戸高　兵力は向こうが上回っていて、有能な指揮官や勇敢な兵隊たちもいるのに、なぜかクロパトキンだけが戦意を失う（笑）。逆説になりますが、日本軍はクロパトキンだけを相手に戦ったようなものです。

そのクロパトキンの相手は乃木だった。すなわち、奉天会戦も「乃木のおかげ」で勝てたのである。

あえて花を持たせようというのではないが、現場の作戦ではミスを繰り返した参謀たちだが、そのリーダー参謀長であった児玉源太郎はやはり優秀な男ではあった。彼は日露戦争全体を見ていた。すでに述べた戦略目的である。だから「このあたりで戦争をやめるべきだ」と考えていたのだが、何と東京の大本営は、もっと続けろという意向を持っていた。

■児玉源太郎が戦争の目的を的確に把握していたことがわかる『坂の上の雲』の名場面

これまで散々批判してきた司馬遼太郎の『坂の上の雲』だが、乃木希典の評価についてはまったく賛成できないものの、やはり昭和《しょうわ》を代表する国民作家が書いた作品だけあって素晴らしい部分も多々ある。その中で、私と同じく乃木評価などの点に問題はありとする論者ながら、かつては司馬の担当編集者であった歴史家半藤一利が「『坂の上の雲』一番の名場面」と絶賛する部分がある。それは「長岡外史《ながおかがいし》が児玉を新橋《しんばし》駅で出迎えるシーン」（『徹底検証　日清・日露戦争』文藝春秋刊）である。児玉とは、もちろん満洲軍総司令部参謀長児玉源太郎大将のことだが、長岡外史とは何者か？

長岡外史　ながおか－がいし　1858－1933

明治－昭和時代前期の軍人、政治家。

安政《あんせい》5年1月13日生まれ。日露戦争で大本営参謀次長などをつとめ、明治42年陸軍中将。軍務局長や第十三・第十六師団長を歴任する。大正13年衆議院議員。新潟県高田《たかだ》の第十三師団長在任当時の明治44年、将校たちにオーストリアの軍人レルヒから1本杖スキーをまなばせ、スキー技術を日本にはじめて紹介。昭和8年4月21日死去。76歳。長門（ながと）（山口県）出身。陸軍大学校卒。本姓は堀。

（『日本人名大辞典』講談社刊）

スキー好きにはレルヒ少佐の後援者として知られる人物だが、日露戦争当時は経歴にもあるように大本営の参謀総長山県有朋《やまがたありとも》に仕える参謀次長だった。奉天会戦が終わった段階で戦地から急いで東京に駆けつけた児玉を、長岡はたった一人で出迎えた。参謀長の移動というのは軍事機密でもあるからだ。また戦争が終了していないのに現場から責任者が東京に戻ってくるというのは、きわめて異例の事態であった。そのことを頭において『坂の上の雲』（第七部）の次の「シーン」を見ていただきたい。

長岡のひげは以前より大きくなり、顔の両側まではみ出ていた。かれはデッキから降りてきた児玉に敬礼した。

児玉は答礼もせず、長岡の顔をみるなり、

「長岡ァ」

と、どなった。長岡はこのどなり声を終生わすれず、児玉の話題が出るたびにそのことを語った。馬鹿かァ、お前は、と児玉はいった。

「火をつけた以上は消さにゃならんぞ。消すことがかんじんというのに、ぼやぼや火を見ちょるちゅうのは馬鹿の証拠じゃないか」

児玉はよほど腹が立ったらしく、さっさと駅長室にむかって歩きだした。長岡はそれを追った。幸い、ホームには人影がまばらだったから、この国家機密に関する、しかし珍妙な光景に気づいたひとはひとりもいなかった。

児玉はその足で参謀本部へゆき、総長の山県有朋に会って単刀直入にその一件をきりだした。

「その一件」というのは言うまでもなく「火を消す」つまり戦争をやめることなのだが、やはりこの部分も小説だから創作部分はある。

半藤　（前略）児玉が「長岡ァ」と怒鳴ります。長岡はこの怒鳴り声を一生忘れず、ことあるごとに児玉の思い出として語ったというんですがね。司馬さんは、このあと「馬鹿かァ、お前は」という史実にはない一言をつけ加えています。でも、あの「馬鹿かァ、お前は」の一喝がないと、小説としては面白くないんです（笑）。

松本　「火をつけた以上は消さなきゃならないのに、それを黙って見ているのは馬鹿じゃよ」

と言われたと、長岡は回想録に書いていますね。

秦　戦争を早くやめてくれと切望しているのに、あわよくば樺太まで手に入れたいとは、児玉にすれば、「馬鹿も休み休み言え」だと。長岡は山県に静かにしていてもらうために、留守番役を申しつけられた男ですがね。

（『徹底検証　日清・日露戦争』文藝春秋刊）

要点はおわかりだろうと思うが、まず肝心なことは奉天会戦において日本は勝つには勝ったが、弾薬が尽き兵士も疲弊《ひへい》しこれ以上の継戦能力はまったく無かったという冷厳な事実である。にもかかわらず、東京の大本営は「勝った、勝った」とはしゃぎまくり、これならロシア領であるウラジオストクあるいは樺太《からふと》まで手に入れられるのではないかという妄想に取りつかれた。

何度も言うように、ロシア帝国は大日本帝国の十倍の国力がある。同じ弾薬を補給するのに日本は一年かかるところを、ロシアは数か月で達成できる。つまり、このまま戦争を続けては日本の勝ち目は無くなるのである。だからこそ開戦前から日本は、「アジアにおけるロシアの戦力を早期に撃滅し、それが達成されたところで戦争をやめる。具体的には第三国に仲介に入ってもらい講和する」という戦略目標を立てていたのに、中央は前記のような妄想に取りつかれた。最初から戦局だけで無く日本全体の戦略を見ていた児玉は、それゆえに現場を放り出してでも東京に駆けつけたのである。そして、本来そういう戦略に沿って動かなければいけない「留守番役」長岡がまるでその役目を果たしていないので怒鳴りつけた、というわけだ。まさに「馬鹿かァ、お前は」である。

歴史家半藤一利がここを名場面と評価するのは、日露戦争は当初から戦略目的が明確に定められ、緒戦の「大勝利」という状況の中でも参謀長児玉源太郎は冷静さを失わず、当初の目的どおり合理的に動き首脳陣を諌めたという歴史的事実を、的確に表現しているからだろう。また、その後のいわゆる日中戦争から太平洋戦争にかけて日本はむやみやたらに戦線を拡大するばかりで、「落としどころ」をまるで考えていなかった。だからこそ、最終的には世界でもっとも広い中国大陸と太平洋で複数の国家を相手に「終わり無き戦争」に突入するということにもなった。半藤には歴史家として、同じ陸軍参謀でも何という違いかという嘆きがあるのではないだろうか。これは私の想像である。

■昭和の戦争にはまったく無かった「軍事と外交の完全連動」

『坂の上の雲』（第七部）には、このあたりを明確に描写した部分がある。それは、児玉が東京へ行くと言い出したのに驚き、止めようとした腹心の部下の満洲軍参謀松川敏胤少将に、児玉がお前はただの「ヘータイ（兵隊）」だな、とからかう場面である。むっとした松川が閣下はそうでは無いのかと反問すると、児玉は次のように答えた。

「ちがうな」

児玉は、大山もそうだが、幕末内乱の弾雨の中をくぐって日本国家があやうい基盤の上にやっとできたのを体験のなかで見てしまったヘータイであるという。日本の足もとがいかにもろいものであるかを知っているし、そのもろい国が、戦争という大冒険をついやってしまった。

これ以上冒険をつづければ日本国はくずれ去るだろうという危機感が大山にも児玉にもあり、それにひきかえ単なる軍事官僚として出てきた松川少将の世代にはその実感が薄かった。児玉はそのことをいったのである。

これは『坂の上の雲』の中には数多く見られる名文の一つとして評価してもいいかもしれない。ただ、ここで言う名文とは国語学的なものでは無く、歴史的に的確に物事を描いたという意味である。実際、まさに松川のような軍事官僚が結果的には大日本帝国を滅ぼすことになる。彼らは陸軍大学校という超エリートしか行けなかったはずの大学の卒業者がほとんどであったが、要するに「弾雨の中をくぐったヘータイ」で無かったことが最大の問題なのである。実戦経験も無く机上の計算だけですべてを把握したように錯覚し、試験には無類に強いがゆえに、それ以外の人間を同じ軍人でも「オレたちより頭が悪い」とバカ扱いする。その傾向がすでに満洲軍参謀本部にもあり、児玉ですら乃木を過小評価したという点で例外では無かったのだが、それでも児玉や総司令官大山巌には血のにじむような幕末維新以来の実戦経験があり、そこが単なる試験秀才の松川らとは違った。この点、実戦経験は少なかったが幕末以来数々の切所を切り抜けてきた山県有朋も児玉と同じだ。最初は現地の状況はよくわからず、ウラジオストクや樺太も取れるのではないかとはしゃいでいたが、児玉の現状報告を聞いて山県は首相桂《かつら》太郎《たろう》に戦争の早期終結を提言したし、元老《げんろう》伊藤博文《いとうひろぶみ》はもともと開戦に消極的であったほどだから、この方針に賛成だ。また、海軍のトップである海軍大臣山本権兵衛《やまもとごんのひょうえ》も戦略目的を完全に理解していた。

昭和の戦争とまったく違うのは、すでに日本の外交の総司令官である外務大臣小村寿太郎《こむらじゅたろう》はアメリカとイギリスに特使の形で練達の外交官を派遣していたことだ。末松謙澄《すえまつけんちょう》と金子堅太郎《かねこけんたろう》である。末松は伊藤博文の娘婿で、イギリス社交界で盛んに日本がいかに優れた国であるか宣伝して回り、金子はアメリカで同様の活動をした。金子には強い味方がいた。それは現役のアメリカ大統領セオドア・ルーズベルトであり、何と金子はハーバード大学でルーズベルトと同窓であり、単に同窓というだけで無く親しい友でもあった。しかもアメリカはかつて中国の利権をめぐって「門戸開放宣言」を出しており、国内ではこれ以上ロシア帝国の中国への進出を許すべきでは無い、という世論が有力であった。イギリスは日英同盟の関係で参戦していないとは言え日本側の一員であるから、講和の斡旋《あっせん》はできない。それができるのは有力な第三国、この場合はアメリカであった。つまり日本は「火をつけた以上は消さにゃならん」ということを当初から見据えて、金子堅太郎の派遣という考えられる最良の一手を打っていたのだ。別の言い方をすれば、軍事と外交が完全に連動していたということで、これも昭和の戦争にはまったく無かった特徴である。

日本にとって幸運だったことは、ロシア側が奉天会戦の敗北を認めたということだった。すでに述べたように、この戦いは本気でロシア陸軍が反攻してくれば日本陸軍のほうが大敗北を喫した可能性すらあった。敵将クロパトキンが乃木の影におびえて、負けてもいないのに撤退してくれたおかげで「勝った」。確かにそれまでロシア陸軍が押さえていた奉天を日本陸軍が奪い、ロシア陸軍は撤退したのだから勝利と言っても間違いでは無いのだが、ロシア陸軍が「いや、負けてはいない。戦略的撤退をしただけだ」と強く主張していたら、いったいどうなっていたか。

これは戦国時代でも通用する戦場の常識だが、相手が退却した場合それが単なる移動では無く逃亡なら、敵を撃滅するチャンスなのである。だからこそ、そうした場合敵の追撃を防ぐ殿軍《しんがり》の重要性がきわめて高まるのだが、この奉天会戦において日本陸軍はロシア陸軍を撃滅どころか追撃すらできなかった、弾薬が尽きていたからである。ゆえにロシア陸軍には、これを敗北では無く戦略的撤退であると主張する余地があった。「これは自主的な戦略的撤退であって、敗北による逃亡では無い。その証拠に日本陸軍は、我々をいささかも追撃できなかったではないか」ということだ。追撃できなかったのは事実だから、説得力はある。にもかかわらず、ロシア側はあっさりと敗北を認めてしまったのだ。

タイムズ、ロイターといった英国系のメディアが盛んに日本の勝利を喧伝してくれたことはあったのだが、戦後クロパトキンが更迭《こうてつ》されたことも大きかったかもしれない。ロシア側にしてみれば「クロパトキンのせいで負けた」のだから更迭するのは当然ということになるのだが、外から見ればそれはロシアが公式に負けを認めたということになる。人事というのは難しい。この場合は、別の理由を設けてクロパトキンが自発的に総司令官の座を降りるよう工夫すべきだったかもしれない。

ところで、常々金子堅太郎から日露講和の仲介の労を取ってくれるように頼まれていたルーズベルト大統領は、奉天会戦の負けをロシアが認めたということを絶好のタイミングと考え、ロシア側の意向を調査した。ところが、案に相違してロシア帝国はまだまだ戦争を続けるつもりであるということがわかった。

その理由は、ロシア帝国の持つもう一つの大艦隊バルチック艦隊が、すでにヨーロッパを出発しアジアに向かっているということだ。現在、旅順艦隊は撃滅され制海権は日本の手にあるが、ここでバルチック艦隊が日本の聯合艦隊《れんごうかんたい》を駆逐し制海権を取り戻せば、日本は補給路を断たれ満洲に展開している日本陸軍は枯死する。そうなれば、逆に断然有利の状況ができるではないか、ロシア帝国首脳はそのように考えたのである。

■「二〇三高地を占領したから旅順艦隊を撃滅できた」という「物語」が語られてきた理由

一九〇五年（明治38）三月十日、日本は奉天会戦に勝利した。あとは日本海、南シナ海等にわたる東アジアの制海権を奪回するために、遠く西ヨーロッパから回航してくるバルチック艦隊を「撃滅」すれば、「アジアにおけるロシアに対する局地的勝利（これで講和に持ち込む）」という日本が最初から目指していた戦略目標が達成されることになる。

日露戦争の話は、昔から何度も小説や映画で語られてきたから多くの国民にとって常識となっているが、近年そうした常識がまったく変わってしまった部分もある。「乃木希典名将説」もそうだが、おそらく日本史ファンにとってもっとも意外と感じられるのが、日露戦争の二大激戦とも言うべき「旅順要塞攻防戦」と「日本海海戦」における新常識であろう。それは、前者については「二〇三高地は占領する必要が無かった」であり、後者については「日本海海戦で日本が勝ったのは丁字戦法によるものでは無い」ということだ。

耳を疑う読者も多いのではないか。この二つは『坂の上の雲』もそうであるように、日露戦争の「物語」の中でもクライマックスシーンだ。しかし、多くの「物語」で語られてきたことは、じつは事実では無かった。では真相はどうだったのか？

まず、「二〇三高地は占領する必要が無かった」からいこう。この問題のポイントは、「旅順要塞攻撃自体は必要だった」ということだ。旅順要塞を攻撃したのはその占領が最終目的では無く、そこから湾内の旅順艦隊を砲撃しバルチック艦隊との合流以前に撃滅することにある。

そして、その砲撃にもっとも適したポイントとされたのが、旅順湾を見下ろせる二〇三高地であった。だから、ここが最大の激戦地となり多くの将兵が犠牲となった。

ところが実際には、それ以前に旅順を包囲した日本陸軍の二十八サンチ砲が要塞に向かって盛んに撃ち込まれていた時、要塞を飛び越えて湾内に落下した砲弾が旅順艦隊に甚大な被害を与えていたのである。それは、ほとんど艦隊としての行動力を失わせるほどのものだった。つまり、この時点で旅順艦隊撃滅はほぼ成功していたというのである。逆に言えば、二〇三高地をあれほどの多くの犠牲を払って占領する必要は無かった、ということなのだ。

この事実は、最近学問的に確定していると言っていいだろう。すなわち、単なる新説では無く定説になりつつある。もちろん、このことは当時から軍の関係者は知っていたに違い無い。なぜなら、旅順要塞降伏後に湾内や周辺が詳しく調査されたはずで、その段階で事実を見誤るはずが無い。だから問題は、なぜ「二〇三高地を占領したからこそ旅順艦隊を完全に撃滅できた」という「物語」がこれまで執拗に語られてきたのか？　ということにある。この点について私の知る限り、説得力のある説明をした論者はいないように思う。

しかし、この『逆説の日本史』シリーズの愛読者なら、徹底的に宗教的要素を無視する歴史学者よりも、その理由はすぐにわかるだろう。乃木希典が爾霊山《にれいさん》と命名し多くの将兵の鎮魂に努めた場所での戦いがじつは無用のものであったなどと決めつけることは、英霊を貶《おとし》め怨霊《おんりょう》に変えてしまう非道の行ないになる。本来、歴史学者、あるいは戦史の担当者なら「二〇三高地占領は結果的に見て無用の作戦行動であった」と正確に冷厳に書かねばならない。それが歴史家の使命であり、ジャーナリストもこの点は同じだ。しかし、日本ではそう書けば「ウチの父ちゃんの死は犬死にだったというのか。取り消せ！」という声が必ず上がってくるし、そもそも「怨霊信仰」の信者である日本人は事前にその反応を予測できるから、学者もジャーナリストもそうは書かない。五十年たてば書けるかもしれないが、「遺族」がいる間は到底書けない。しかし、それでは歴史の教訓が生かされない。結局、歴史の教訓が教訓にならず、同じ間違いを何度も繰り返すということになる。これが日本と外国、とくにイギリスなどと比べて歴史研究、いや「歴史資源の活用」ができない日本民族の大きな欠点である。そしてその理由は、繰り返すが、歴史は人間が動かし人間は宗教で動いているのに、その認識が乏しい日本の歴史学にある。

■じつは戦う前からすでに「ボロボロ」だったバルチック艦隊

では、「日本海海戦で日本が勝ったのは丁字戦法によるものでは無い」という新常識のほうはどうか。これは宗教的要素とは関係無い。日本以外の国でも起こりうる事態だが、それを説明するにはやはり日本海海戦の当初から語らねばならない。その前に、それほど意外でも無いかもしれないが、日本海海戦におけるもう一つの新常識のほうに触れておこう。それは、バルチック艦隊は戦う以前から装備・兵員ともにかなり損耗しており、いわば「ボロボロ」の状態だったという事実である。

この時代の戦争はまだ航空機が使われていないのでスピード感に欠け、どこか悠長な感じがする。旅順要塞にしても航空兵力があれば当然爆撃という選択肢が取られただろうし、そこまでいかなくても湾内の偵察を空の上から行なうことができただろう。空の上からの偵察が可能だったたなら、旅順艦隊が「機能不全」に陥っていたことが二〇三高地攻撃の前に判明していた可能性すらある。しかしこの時代は戦車すら無いので、洋上の戦艦が一番「速い」戦力であった。

バルチック艦隊が母港のリバウ軍港を出港したのは、日本が第一次旅順要塞攻撃に失敗したものの遼陽会戦で勝利し、沙河会戦を戦っている最中の一九〇四年（明治37）十月十五日である。これからバルチック艦隊は地球を半周して（下地図参照）最終目的地のウラジオストクに向かったわけだが、この航路がほとんどロシアとは気候がまるで反対の気温の高い地方だった。主力艦は吃水《きっすい》が深いた

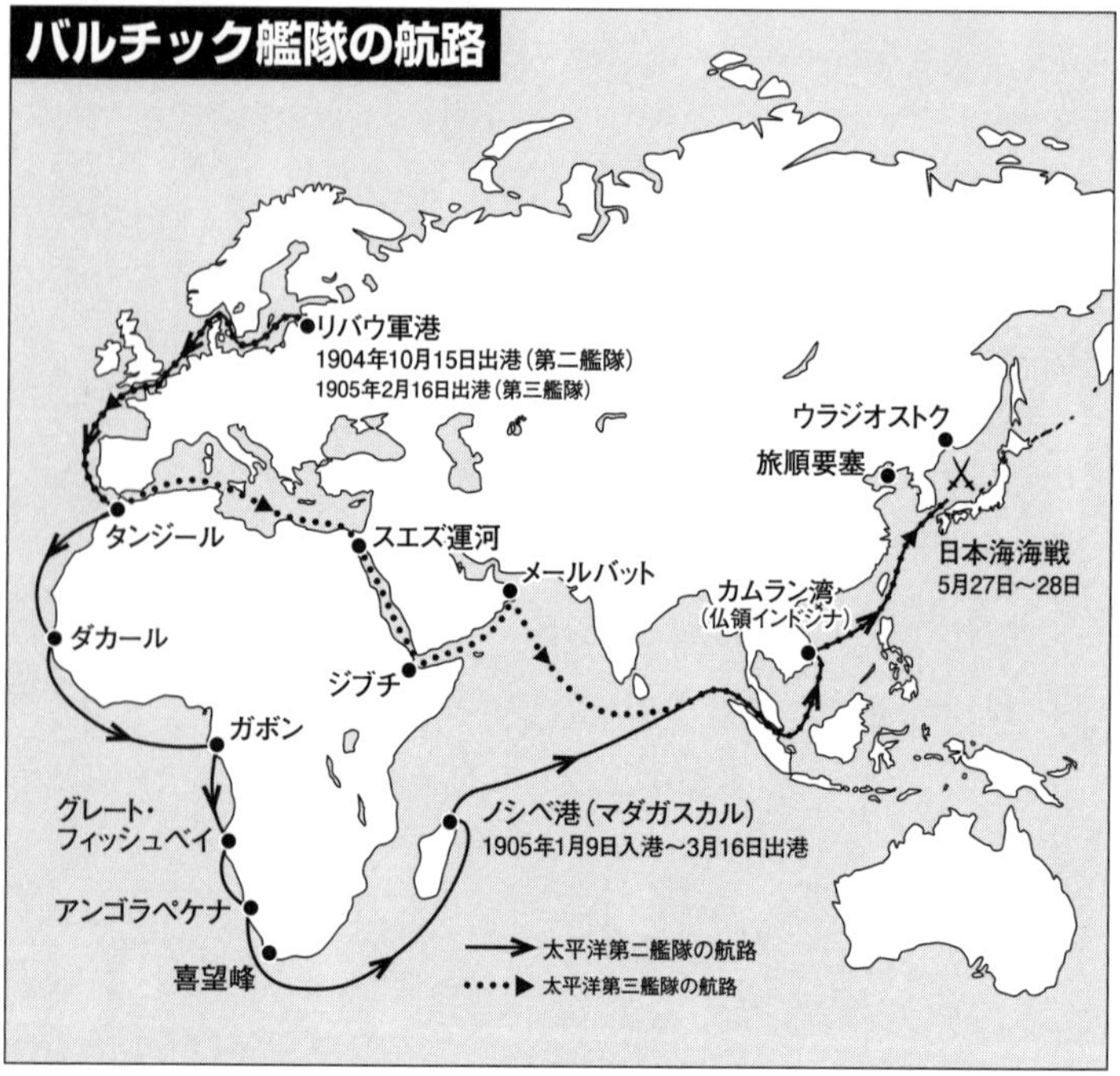

めに底の浅いスエズ運河は通れず、小型艦と分かれてアフリカの南を回ってマダガスカルからインド経由でアジアを目指すという、十五世紀のポルトガルのバスコ・ダ・ガマ並みのルートだった。

ロシアは寒い国だ。当然兵員は冬の寒さには慣れているが、夏の暑さには弱い。それでも寄港地で上陸してリフレッシュすることができればかなり違っただろうが、バルチック艦隊はほとんどそれができなかった。日英同盟のおかげである。イギリスは「七つの海を持つ帝国」だから、バルチック艦隊の航海途中の様々な場所で補給や休養を妨害した。だから燃料の石炭の補給も洋上で行なわねばならず、兵員の上陸もままならなかった。外出ができないというのは本当につらい。とくに艦隊勤務では将校はともかく下級の兵士は大部屋での共同生活である。外を散歩するわけにもいかず、周辺は海だからといって泳ぐわけにもいかない。それに気候が穏やかならいいが航路はほとんど熱帯で、しかも南半球だから季節は真夏に向かうところだった。暑さに弱いロシア兵が冷房はおろか窓もほとんど無い船室で、毎日缶詰状態を強いられたのである。このストレスが大変なものであることは、新型コロナウイルス禍で在宅を要求されていた多くの日本人にとって、容易に予測がつくことだろう。

また、軍艦自体も性能が低下する。たとえノンストップで航行していても、不思議なことに艦底には牡蠣《かき》のような貝類がへばりつく。ましてや、この時バルチック艦隊はマダガスカル周辺で二か月以上待機を強いられた。最初はスエズ運河を航行してきた小型艦を待つためだったが、そのうちロシア本国に旅順要塞陥落(旅順艦隊全滅)の報が届き、本国からしばらく待機するように指令が届いたのだ。この際、満を持して日本艦隊と対決する必要があるから先行したバルチック艦隊（正式名称は太平洋第2艦隊）に、新たに太平洋第三艦隊を合流させるという方針をロシア本国は決断したのである。合流するまで待機せよ、ということだ。ところがこの第三艦隊、内容は戦艦一、巡洋艦一、海防艦三などからなる規模も小さく旧式の艦船であった。とくに問題は、旧式というところである。かつて「護送船団方式」という経済用語があったが、艦隊はもっとも船足の遅い艦船のスピードに合わせて航行しなければならない。置いてきぼりにするわけにいかないからだが、いざ海戦が始まったらそういう輸送船や補給船は切り離して臨むにしても、戦艦の中に旧式でスピードが遅い艦が含まれていれば、それによって艦隊全体の行動が制約を受け、艦隊全体の移動スピードが落ちてしまうという問題が生じる。

それだけでは無い。元々は艦船が定期的にドック入りして全体を整備することから生まれた「人間ドック」という言葉は日本語の中に定着したが、逆に「かんかん虫」という言葉は死語となった。昆虫のことでは無い。ドック入りした艦船にへばりついた牡蠣ガラや、生じた錆びをハンマーでこそげ落とす港湾労働者のことである。昭和の文豪で『宮本武蔵《みやもとむさし》』などで有名な吉川英治《よしかわえいじ》にも『かんかん虫は唄《うた》う』という小説作品があるぐらいで、かつては人間ドックのように日本人は誰でも知っている言葉だった。つまり、船の「定期診断」つまり整備調整にあたってそれは絶対必要な作業だったのである。

イギリスの妨害で石炭補給もままならなかったバルチック艦隊は、「ドック入り」などまったく不可能で、言わば「牡蠣ガラへばりつき放題」の状態だった。いかに最新鋭の戦艦でも、こんな状態ではスピードは鈍る。

現場の指揮官としては当然だが、こうしたことをすべて把握していたバルチック艦隊の総司令官ジノヴィー・ペトロヴィチ・ロジェストヴェンスキー中将は、ロシア本国宛に「第二艦隊だけで先発したい」と要請したが、本国の指示はあくまで合流してウラジオストクへ向かえ、であった。的確な指示とは到底言えず、結局バルチック艦隊は全体の「性能」を落とすことになってしまった。このことは裏返して言えば、日本の大幸運でもあったということだ。日本は東アジアの制海権を確保しているから、兵員の休養も艦艇の整備も万全を期すことができた。それだけでは無い。洋上における艦砲射撃の訓練もじゅうぶんに行なうことができた。日本海海戦の前哨戦とも言うべき黄海《こうかい》海戦では、日本の艦砲の命中率はきわめて低かった。ロシア海軍の戦艦ツェサレーヴィチの司令塔に日本艦隊の放った砲弾が命中するという奇跡的な「ツキ」はあったが、それはあくまで偶然で、狙っていた結果では無かった。そこで、そうした状態を改善するため日本海軍は各艦がバラバラに砲撃するのでは無く、簡単に言えば初弾が着弾した場所を見定めてから、それを基準にして集中砲撃するという戦法を編み出し、「本番」の日本海海戦では命中率を飛躍的に向上させた。そうした訓練に十分時間がかけられたのも、バルチック艦隊がマダガスカルあたりで愚図愚図してくれていた「おかげ」である。

ここまで言うと牽強付会《けんきょうふかい》と言われるかもしれないが、私はロシア中枢部が第三艦隊合流にこだわって結果的にバルチック艦隊を弱体化させてしまったことにも、「乃木の影」が影響していると思う。陸戦と海戦は関係無いと思われるかもしれないが、一つの戦争の話であり現場はともかく上層部に行けば行くほど陸も海も「一つの話」になる。第二艦隊がリバウ軍港を出港した日付をもう一度見ていただきたい。この時点で、旅順要塞はまだ陥落していない。それどころか、第一次攻撃は惨憺《さんたん》たる失敗に終わっている。だからこそロシア中枢部は「日本の艦隊など、叩き潰すには第二艦隊だけで足りる」と考えたのだろう。しかし、難攻不落と考えていた旅順要塞は「わずか数か月」で攻略されてしまった。日本軍は意外に強い。ならば第二艦隊だけでは無く第三艦隊も加えるべきだ、と考えたのではないか。先に述べたように、「戦力の逐次投入」は絶対にやってはいけない。それを金科玉条のように重んじるなら、この時のロシア中枢部の判断は正しいように見える。だからこそ彼らは実施した。しかし現場の指揮官であるロジェストヴェンスキー中将は、それでは駄目だとわかっていた。海軍には海軍の常識があるのに、中枢部はそれを理解していなかったということだ。戦争はこれだから難しい。

■まさにツキにツキまくっていた「運の良い男」東郷平八郎

日露戦争を題材にした小説や映画では必ず語られる部分だが、この時点の日本海軍の最大の悩みは、バルチック艦隊がどのルートで、つまりどの海峡を通ってウラジオストクを目指すか、ということであった。可能性としては三つある、南から対馬《つしま》海峡、津軽《つがる》海峡、宗谷《そうや》海峡である（次ページ地図参照）。聯合艦隊司令長官東郷平八郎《とうごうへいはちろう》大将も先任参謀の秋山真之《あきやまさねゆき》少佐(秋山好古の実弟)も、敵は最短距離の対馬海峡から来ると考えていた。津軽海峡は狭いがゆえにロシア側から見れば機雷で封鎖されている可能性があり（実際に日本は機雷封鎖を実行していた）、宗谷海峡はあまりにも遠回りで燃料（石炭）が不足するという問題もある。さらに先に述べたように、大航海では様々な問題が発生する。それを一刻も早くクリアするために最短ルートを取る、と考えられていたのだ。

ところが、一九〇五年（明治38）五月を過ぎたあたりから現場は焦《あせ》りはじめた。あまりにも敵の到着が遅すぎるので、ひょっとしたら太平洋を東に津軽か宗谷を目指したのではないか、という疑念にとらわれはじめたのだ。これもすでに述べたように、バルチック艦隊は海軍の常識では考えられないような理由で足止めを食らっていたのだが、その事態が海軍の常識を超えていたため現場の秋山も理由が推測できず、「こんなに到着が遅いのは遠回りをしたためではないか」と思うようになってしまったのだ。

とにかく、取り逃がしては一大事である。聯合艦隊の参謀の間では、一時艦隊を北海道に向けて移動させるべきだ、という意見が有力になりつつあった。

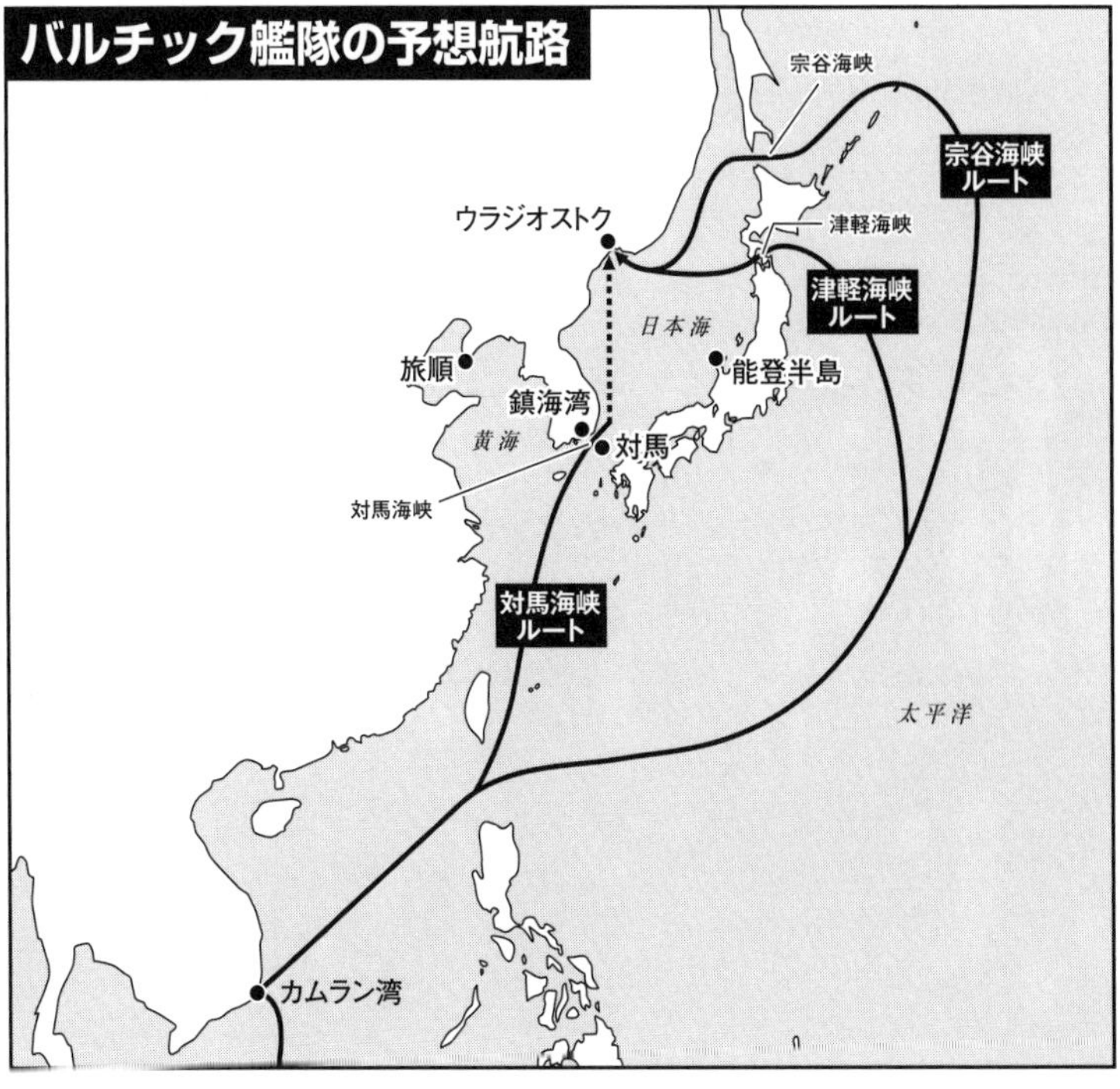

五月二十五日のことだ。ところが、翌二十六日の未明に有力な情報がもたらされた。バルチック艦隊に所属していた石炭輸送船六隻が、補給のために上海《シャンハイ》に入港したという。これで不明だったバルチック艦隊の動きが明確になり、対馬海峡を目指しているということがほぼ確定した。聯合艦隊は当初の方針を変更せずに、バルチック艦隊が対馬海峡通過を待ち伏せするのが可能になった。

ところで、ここで改めて前ページの地図を見ていただきたい。バルチック艦隊の当面の目的は一隻でも多くウラジオストクに逃げ込み、そこで態勢を整えて逆襲することである。港内は旅順と違って完全なロシア領だから防衛施設が整っている。もしそうで無ければバルチック艦隊が来る前に聯合艦隊は湾内に突入し港湾施設を破壊していただろうが、それは不可能だったということだ。旅順でも湾の入口を閉塞することすら不可能だったことを思い出していただきたい。侵入しようとする艦船は敵の集中砲火を浴びる。しかし、その旅順はすでに日本の占領下にありバルチック艦隊が逃げ込めるのはウラジオストクしかない。それならわざわざ対馬海峡まで進出しなくても、日本海の能登《のと》半島沖で待機すればたとえ敵が宗谷海峡を回ってこようと必ず待ち伏せに成功するはずである。それなのに日本はなぜ、わざわざ「ギャンブル」をしたのか?

それは、バルチック艦隊を「撃滅」しなければならないからだった。能登半島あたりで待ち伏せると敵がどちらから来てもウラジオストクへの移動距離が短い中で海戦におよばねばならず、それでは勝っても少なからずの艦船を取り逃がしてしまうことになる。それは絶対に避けたかった。だから東郷は、たとえば聯合艦隊を二手に分けて能登半島沖と対馬海峡をにらむ朝鮮南部の鎮海湾《ちんかいわん》に置く、などということもしなかった。あくまで全艦隊を鎮海湾に集結させバルチック艦隊を「七段構え」で撃滅する作戦だった。七段構えとは、第一段が夜間襲撃、第二段が主力決戦、第三段、第四段が再び夜間襲撃、第五段、第六段が追撃戦、第七段が機雷戦である。具体的には敵の位置を確認した後、戦艦および装甲巡洋艦による主力決戦の前夜、夜陰に乗じて駆逐艦および水雷艇が夜襲を掛けて魚雷攻撃をする。一夜明けて視界が良好になったところで主力による艦隊決戦を行ない、日没とともに再び駆逐艦、水雷艇が雷撃を掛ける。そして夜が明ければ再び視界が良好になるので戦艦および装甲巡洋艦が逃げようとする敵艦を追撃する。そして最終的にはウラジオストク港の入口付近に仕掛けた機雷原に追い込み爆沈させる、というものである。この時代はレーダーが無かったことをくれぐれもお忘れなく。夜間、艦船が照明を消してしまえば捕捉することは不可能になる。だから、「撃滅」にはほぼ三昼夜にわたる時間が必要だったのだ。確かに、能登半島あたりで待ち受ける作戦では決戦時間が短過ぎてこの戦法は不可能である。

　しかし逆に言えば、可能性は非常に低かったとは言えバルチック艦隊がもしも宗谷海峡ルートを取っていたら、この作戦は完全に裏目に出てバルチック艦隊の大部分を取り逃がすという大失敗に終わっていたはずである。いや、バルチック艦隊がそうしなくても、聯合艦隊のほうがそのように勘違いし宗谷海峡に向かってしまえば、同じことになる。先述のように五月二十五日、バルチック艦隊の到着があまりにも遅いので秋山も含めた聯合艦隊の参謀たちは「北上する」という方針に転換しようとしていた。ところが、藤井《ふじい》較一《こういち》第二艦隊参謀長と聯合艦隊前参謀長の島村《しまむら》速雄《はやお》第二戦隊司令官が相次いで北上の方針に反対したため、東郷は命令を出すのを一日遅らせた。そして夜が明けたら命令が実行されるはずの二十六日未明に、決定的な情報が届いたのである。海軍大臣山本権兵衛が退役を待つばかりの東郷を聯合艦隊司令長官に抜擢した理由は「運のよい男」ということだが、まさにそのとおりだった。

そもそも、敵将でロシア海軍きっての戦略家マカロフ中将が日本海軍の敷設した機雷によって戦艦『ペトロパブロフスク』とともに海の藻屑となったのもそうだし、黄海海戦においても丁字戦法が失敗し旅順艦隊を取り逃がすところだったのに、戦艦『ツェサレーヴィチ』の司令塔に砲弾が命中したため、敵が混乱し結果的にウラジオストクへの逃走を阻んだのもそうだ。黄海海戦では聯合艦隊の砲撃の命中率はきわめて低かったのに、この「運命の一弾」で旅順艦隊撃滅への道が開かれた。また、バルチック艦隊がロシア中央司令部の命令でマダガスカルで長期間待機していたのもそうだ。この間、暑さに不慣れなロシア兵が著しく士気を落としたのに対し、聯合艦隊はじゅうぶんに整備し兵員は英気を養いつつ訓練も行なって砲撃の命中率を格段に引き上げることに成功した。確かに、旅順港閉塞作戦は失敗し戦艦『初瀬《はつせ》』と『八島《やしま》』が触雷で沈没するという不運はあったが、もっとも重大な局面であったこの時、北上命令の発令直前に決定的な情報がもたらされるなど、東郷はやはり幸運に恵まれていたと言えよう。

そして、このツキはさらに続く。

■日本にとってのラッキーナンバー「二〇三」が意味するものとは？

バルチック艦隊の動向を突き止めようと対馬海峡に展開していた日本海軍の装甲巡洋艦『信濃《しなの》丸《まる》』が、二十七日午前四時四十五分についに艦隊を発見した。まだ夜明け前だが、バルチック艦隊は互いに衝突しないように識別用の照明をつけていたので発見できたのだ。『信濃丸』は接近し確認すると、配備されていた最新式電信機（三六式無線電信機）で聯合艦隊に第一報「敵艦隊ラシキ煤煙見ユ」を打電し、さらに接近し確認して打電した。その電文は「敵ノ艦隊見ユ、地点二〇三」というもので、午前四時五〇分という時刻がつけ加えられた。

　さて、この「二〇三」という数字である。旅順要塞の二〇三高地（海抜203メートル）とまったく同じ数字だ。もちろん二〇三高地のことは新聞でも大々的に報道されたので、当時の日本人は誰でも知っている数字と言っていい。実際には二〇三高地は落とす必要が無かったのだが、一般的な受け取り方としてはやはり「ラッキーナンバー」だろう。東郷にツキがあるのはこれまでの戦果から見て海軍軍人の常識となっていただろうから、『信濃丸』は勇躍してこの情報を打電したに違い無い。また、これを受け取った旗艦『三笠《みかさ》』の首脳部もそう感じたのではないか。有名なエピソードだが、この一報を受け取った先任参謀の秋山真之は艦上で「小躍り」したと伝えられる。七段構えの布陣が使えるからである。では、なぜ北緯〇〇度、東経××度などという正確な座標を使わなかったのか。それは基本的には戦時の交信は暗号通信であるから、そういう数字を使うと解読のヒントになる恐れがある。だから海図を区分けして、ブロックごとに番号を打っておいたのだろう。正確にはどういう位置だったのか。この点について、国の防衛研究所戦史研究

バルチック艦隊発見の功を挙げた『信濃丸』は日露戦争終結後に徴用を解除され民間航路に復帰したが、太平洋戦争中に再び輸送船として徴用され、漫画家の故・水木しげるはラバウルに赴く際に乗船したという（写真提供／毎日新聞社）

センターに問い合わせたところ、齋藤達志《さいとうたつし》所員から次のような回答を得た。

「海軍軍令部『明治三十七八年海戦史　第二部巻二及備考文書　付表付図』によると、二〇三という数字はやはり、緯度経度を区画した地点番号のようで、三桁の数字は、緯度、経度十分ごとにつけたものです。それによると二〇三地点は、北緯三十三度二十分、東経百二十八度十分となります」

感謝の意を表したい。

『信濃丸』はもともとは日本郵船の貨客船で、戦争のために徴用され大砲などを装備した船だった（戦闘用の軍艦では無いので船名に「丸」がつく）。だから装甲巡洋艦と言っても敵の集中攻撃を受ければひとたまりもない。そこで代わって「本物」の巡洋艦『和泉《いずみ》』がバルチック艦隊にぴったりとくっつき、その陣容、陣形、移動スピードなどを詳しく打電した。すでに夜が明けていたので、七段構えの作戦は第二段の主力決戦から始まることになっていたから、こうした情報はきわめて貴重である。逆にロシア側から言えば、こうした情報は味方の不利につながるから遮断すべきものである。そして遮断しようと思えば簡単にできた。一つは『和泉』を攻撃して撃沈することである。艦隊の総力を投じなくても、『和泉』は哨戒任務が中心の三等巡洋艦だから撃沈することは決して難しく無い。ところがバルチック艦隊は『和泉』をまったく攻撃しようとはせず、自由に行動させた。このロシア側の措置については、一刻も早くウラジオストクに入港するという最大の目的を果たすために陣形を崩すような行動は取りたく無かったのだと、総司令官ロジェストヴェンスキー中将を弁護することができないわけでは無い。

しかし、『和泉』の情報発信を妨害する方法は他にもあった。ロシア軍艦に搭載されていた大型の強力電信機で妨害電波を発信し、交信を妨げることである。ところが、ロジェストヴェンスキーは部下からそうすべきだと意見具申があったにもかかわらず却下してしまい、結果的にバルチック艦隊の状況は日本側に筒抜けになった。では、なぜロジェストヴェンスキーはそんな判断をしたのか？　理由は今に至るまでわからない。一つの謎である。このことも日本側から見ればツイていた、ということになる。東郷の幸運である。

秋山は聯合艦隊出撃を東京の大本営に報告した。その電文はあまりにも有名なのでご存じの方も多々あろうが、「敵艦見ユトノ警報ニ接シ、聯合艦隊ハ直チニ出動、之ヲ撃滅セントス。本日天気晴朗ナレドモ浪高シ」というものであった。この最後の一節「本日天気晴朗ナレドモ浪高シ」は最初の文案には無く最後に秋山が追加したものだが、これによって単なる報告文が「一編の詩」になったと高く評価する向きがある一方で、報告文なのだから余計な修飾は必要が無いという批判もある。司馬遼太郎は『坂の上の雲』の中で、これは単なる美文では無く、まず天気晴朗というのは視界が良く敵を取り逃がすという可能性が無く、波が高く船が揺れることはそうした状況でも的確に砲弾を命中させるよう訓練した日本側に有利だ、ということを示したのだとしている。確かに視界についてはそうだろう。何度も言うがレーダーの無いこの時代、昼間でも濃霧が発生すれば艦隊決戦どころでは無い。しかし、ここで司馬も含めた多くの論者が錯覚した、いや「錯覚させられた」問題が潜んでいる。もし明治以来ずっと言われていたように、この文言が日本側に有利だということを示した文章だとすれば、「天気晴朗ナレドモ浪高シ」という「逆接」では無く、「天気晴朗ニシテ浪高シ」という「順接」になるはずではないか。つまりこの文章で「浪高シ」は、じつは「日本側に不利」という事実を示していたのである。

■「日本海海戦は『丁字戦法』で勝った」という「神話」はなぜ作られたのか?

私より年上の「団塊の世代」あたりでは、日本とロシアの運命を決した日本海海戦は先任参謀秋山真之少佐が日本水軍の戦法から考案した丁字戦法が成功し、見事バルチック艦隊を撃滅したという「常識」がある。司馬遼太郎の『坂の上の雲』もその説によって書かれていたから、これは世代を超えた「常識」と言ってもいいかもしれない。

ところが、ここ数年の新たな研究によって、それをまったく否定する見解がある。

この丁字戦法については海軍の公式戦史にもそう書いてあり、海軍軍人によっても大いに喧伝《けんでん》された話である。だからこそ司馬もそう書いた。ところが、それは事実では無いというのだ。その新説について主要な論者である戸高一成、半藤一利らの著書を参考に論点をまとめると次のようになる。

先に私は、日本海海戦の当日一九〇五年(明治38)五月二十七日、当初「七段構え」で準備されていた対バルチック艦隊攻撃計画の第一段は夜間における駆逐艦、水雷艇による魚雷攻撃だったが、「すでに夜が明けていたので、七段構えの作戦は第二段の主力決戦から始まることになっていた」と書いた。公式戦史にもそう書いてあるからだ。

ところが、じつは七段構えの第一段攻撃は確かに駆逐艦、水雷艇によるものではあったが、夜では無く昼に行なわれる予定だったというのだ。しかし、水雷艇は排水量わずか三百トン程度の小型船で、荒天つまり波が高いような状況では出撃できない。

秋山が書いた有名な電文「本日天気晴朗ナレドモ浪高シ」はこのことを伝えていた。通常の日本語の文章なら「天気晴朗ニシテ浪高シ」でもおかしくない。もちろん「ナレドモ」にこだわって現代語訳すれば「天気はいいんだけど波は高くてね」ということになるから、ヨットレースなどに出る人は現代でもそういう感想を抱いても不思議は無いし、日露戦争以後の海軍関係者は「これはなかなか砲弾が当たりにくいということだが、日本とロシアの技量を比べれば、練習を重ねてきた日本のほうが有利だという意味だ」と言い伝えてきた。だから司馬遼太郎もそのニュアンスでこの文章を解釈してきたのだが、じつはこの文章の持つ意味はもっと直截的で「波が高いので予定していた水雷艇等による攻撃は中止せざるを得なくなった」ということを示している、というのだ。海軍軍人にとって「水雷艇は荒天時には出撃できない」というのは常識だから、あえて細かく説明する必要は無い。しかし事実がそうなら、なぜ海軍関係者はこの文章のニュアンスを正しく後世に伝えなかったのか？

それは隠蔽したい事実があったからだ。軍事機密である。

その軍事機密は連繫機雷《れんけいきらい》という。ご存じのように機雷とは「海の地雷」で、浮遊している機雷に接触すると戦艦級の船でも一瞬にして爆沈する。皮肉なことにこの専門家であったロシア海軍のマカロフ中将が戦艦ごと日本海軍の仕掛けた機雷でやられてしまったことは第一章で述べたが、つまりそれほど威力があって効果的な兵器なのである。ちっぽけな水雷艇で巨大戦艦を沈めることができるわけだから、きわめて効率的とも言える。もちろん機雷にも欠点はある。次ページの図を見ていただきたい、洋上を航行する戦艦を上から見た図だが、機雷は中空に浮かぶ風船に錘《おもり》をつけたのと同じように、水面ぎりぎりに浮いた状態で固定されている。しかし、固定されているので間隔に少し幅があれば、敵艦は触雷せずにすり抜けることができる（図①→図②）。

ところが、この機雷をロープで繋いだのが「連繋機雷」なのである。図③→図④を見ていただければわかるように、たったこれだけのことで「すり抜け」が不可能になるばかりか爆発力は二倍（実際にはもっと複雑に連携したようで攻撃力はさらに倍加する）になる。日本がこれを軍事機密として秘匿しようとしたということは、長い伝統を誇るイギリス海軍もロシアのマカロフ中将も気づいていなかったということで、まさに「コロンブスの卵」というか天才の発想である。天才とは、私の定義によれば「誰が気がついてもおかしくないのに、誰も気がつかなかったことを最初に気づく人間」だからだ。では、この天才は誰かというと、軍事機密のベールではっきり確定はできないのだが、どうも秋山真之その人らしい。

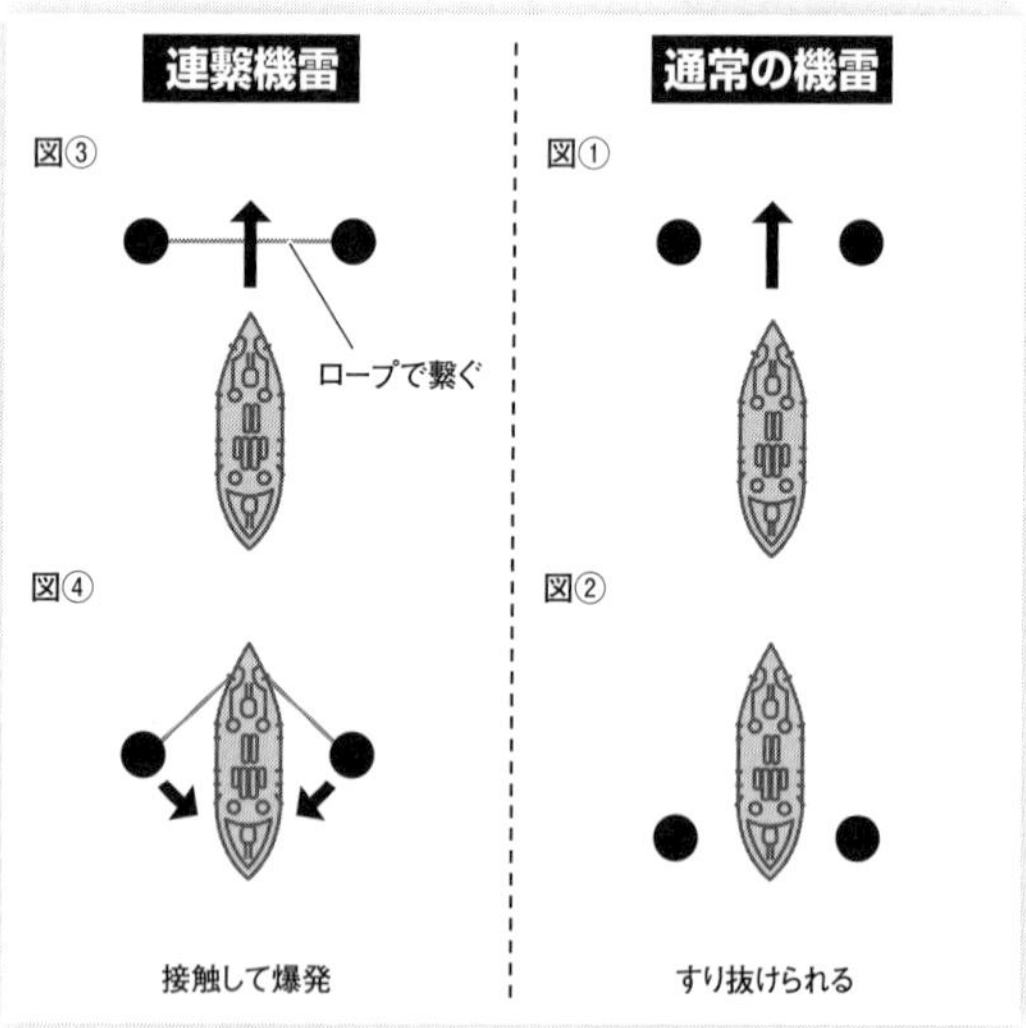

これは私独自の見解だが、秋山がこれを思いついたのは、やはり日本古来の水軍の戦法を詳しく研究していたからではないか。丁字戦法も秋山が日本水軍の伝統的戦術から創案したことは事実である。その日本水軍の戦法の一つに筌綱《せんこう》というものがある。敵船の航行を妨害するために、

水面下ぎりぎりに綱（ロープ）を張っておくというものだ。綱には浮力があるがそのままでは海流に流されてしまう。そこで適当な間隔で錘をつけ水面下ぎりぎりのところに浮かせておく。もちろん綱は海の色と同じような目立たないものを使う。こうしておけばその上を通過した船は舵が綱に引っかかり航行が妨害されるというわけだ。じつは海面下すれすれに綱を張るという発想自体は万葉《まんよう》時代からある。現代も行なわれている延縄《はえなわ》漁法（浮き延縄）である。これは日本独特の発想らしく他国ではあまり例を見ないが、海に面した伊予松山出身の秋山は、たぶん漁業に関するこうした知識も持っていたのではないか。

■艦隊決戦の切り札とされた秘密兵器「連繋機雷」と「下瀬火薬」

話を戻そう。つまり、連繋機雷は今後日本が他国と艦隊決戦する際の切り札になるかもしれない、と当時の海軍首脳は考えた。「製法」自体はきわめて簡単だから、内容が公表されれば他国も容易に模倣することができる。だから徹底的に秘密にするしかない。そこで、この秘密兵器による作戦、いや秘密兵器自体を「無かったこと」にする必要が生じたのである。では、なぜ勝てたのか？　そこで一般人にもわかりやすい「丁字戦法で勝った」という「神話」が作成されたというわけだ。日本水軍の末裔《まつえい》でもあり、秋山に水軍の史料を提供した海軍軍人小笠原長生《おがさわらながなり》は後に海軍史家になるが、この神話の普及には大いに貢献したようだ、そればかりか、他ならぬ秋山本人もその隠蔽に加担したフシが見られる。戸高一成と半藤一利は、先に紹介した『徹底検証　日清・日露戦争』（文藝春秋刊）で次のように述べている。

戸髙　日本海海戦の直後から、〝連合艦隊参謀某氏談〟という匿名の形で、「丁字戦法で勝った」話が、大本営を介して、新聞紙上にも公表されます（明治三十八年六月三十日・七月一日付「東京朝日新聞」）。ご丁寧に図までつけてあって、口調から秋山かと推察されるのですが、戦争も終わらないうちから、手の内をさらす参謀なんていませんよ。だいたい本当に有効な作戦を公表するはずがない。既に不要となった作戦だから公表されたのだと思うべきですよ。

半藤　あれは、完全なカモフラージュですよ。敵もだまし、味方もだます。

戸髙　航跡図を見ても、本格的な丁字と呼べる陣形にはなっていませんからね。

結局この連繋機雷はその後の実戦では使われないままに終わり、それゆえ戦後になっても実態があきらかにされなかったのだが、なぜ、『坂の上の雲』が執筆された段階でも秘匿されていた事実があきらかになったかというと、この海戦の真実を後世に残すために書かれた海軍軍令部（陸軍参謀本部にあたる）編纂の『極秘明治三十七八年海戦史』が近年閲覧できるようになったからである。先に、『信濃丸』が最初にバルチック艦隊を発見した二〇三地点の座標を紹介したが、これも正確に記載されているのはこの『極秘戦史』である。

『極秘戦史』以前の一般的な戦史にも、日本海海戦の詳しい航跡図は記載されているのだが、それすらバルチック艦隊と聯合艦隊が上から見て一時的に「イ」の字の形になったことはあるが、「丁」の字にはなっていない。まさに戸髙の指摘するとおりなのである。

ただし、この『極秘戦史』にも「戰法」として丁字戦法に「準據スルモノトス」という文言があるので、この「海軍による丁字戦法神話化」に異を唱える向きもある。幸いなことにこの戦史は現在、国立国会図書館のウェブサイトで公開されているので、興味のある方はご覧いただきたい。

実際の聯合艦隊の戦法は並航戦と呼ぶべきだろう。読んで字のごとく、敵艦隊と並行して航行し砲戦を挑むというものだ。この海戦で連繋機雷と同じ秘密兵器ながら、頻繁に使用されたため戦後は有名になってしまったのが下瀬火薬《しもせかやく》である。この火薬を詰め込まれた砲弾は通常の砲弾と違い、とにかく敵艦に命中すれば大火災を引き起こす効果があった。破壊力は通常の砲弾よりは低くても、艦上で大火災が起きれば敵は大混乱を起こし反撃にも差し支える。間の悪いことに、ロシアの戦艦の艦上や船室には可燃性の高い石炭が山積みにされていた。燃料補給に不安があったからである。しかし、ウラジオストクという「ゴール」が近づいたのだから本来は海に投棄すべきだった。じつは聯合艦隊の各艦上にも所狭しと石炭が積まれていた。バルチック艦隊が宗谷海峡を目指す可能性もあったからだ。だが、その可能性が無くなったと判断した聯合艦隊では余分な石炭をすべて海に投棄した。火災の危険を避ける以外にも身を軽くするという効果があった。余分な荷物を捨てれば艦のスピードは増し素早く動ける。これに対してただでさえ牡蠣ガラ等がへばりついてスピードが遅くなっていたバルチック艦隊は、「お荷物」を抱えたまま海戦に臨むことになったのである。

さて、海戦の詳細については数多の書物が発行されているのでそれを見ていただいたほうがいいかもしれないが、概略だけ述べればこれまでの通説は次のようなものであった。

（前略）戦艦8、装甲巡洋艦3を主力とする38隻15万トン余のロシア艦隊はウラジオストクに向かった。ロシア艦隊の対馬海峡通過を予想して鎮海（ちんかい）湾に待機していた戦艦4、装甲巡洋艦8を主力とする21万トン強の連合艦隊は、旗艦三笠（みかさ）の檣頭（しょうとう）に「皇国ノ興廃此（こ）ノ一戦ニアリ各員一層奮励努力セヨ」という信号旗を掲げ、ロシア艦隊の進路を圧する丁字戦法により、日没までに戦艦四隻を撃沈して勝敗を決し、翌28日には残存艦隊の主力が降伏した。ウラジオストク入港の目的を果たしたのは巡洋艦1、駆逐艦2、運送船1にすぎず、日本艦隊の損害は水雷艇三で、海戦史上もっとも完全な勝利であった。日本の勝因には速力の優位、砲撃の熟練、下瀬（しもせ）火薬の威力があげられている。（以下略）

（『日本大百科全書〈ニッポニカ〉』小学館刊より一部抜粋　項目執筆者藤村道生）

海戦の概略はまさにこのとおりである。「皇国ノ興廃此ノ一戦ニアリ各員一層奮励努力セヨ」という信号旗はZ《ゼット》旗と呼ばれ、その後の「日露戦争物語」の中で語り継がれていくが、それと並んで有名な「東郷ターン」についてはどうか。これは日露戦争を扱った映像作品では必ず出てくるシーンだが、この日の午後バルチック艦隊を発見した聯合艦隊が、敵前で東郷の命令により取《と》舵一杯《かじいっぱい》（左への急旋回）という行動を取ったことである。この結果、聯合艦隊は敵の面前で次々と横腹を見せて回頭する形になった。つまり、ロシア側から見ればまるで射撃場の的のように日本艦を容易に狙い撃ちできる体勢となったのだ。東郷がこの一見きわめて不利な決断をしたのも「丁字戦法」の一環で、一隻たりともウラジオストクに逃げ込ませないために、あえて「肉を斬らせて骨を断つ」戦法に出たというのが、これまでの通説であった。

「肉を斬らせて骨を断つ」という解釈はそれでいいようだ。とにかく、横腹を見せる形の敵前回頭は敵の狙い撃ちを受ける。ただし、東郷は現場の天候（浪高シ）や長い航海を続けてきたロシア兵の疲労度や熟練度を総合的に判断し、短時間（10数分程度）なら不利な体勢を取っても持ち堪えられる、という確信はあったようだ。また、その危険を冒しても日本側にとって有利な陣形を取ることができれば、必ず敵を撃滅できるという信念もあった。

■海戦史に残る名戦術「東郷ターン」はバルチック艦隊「挑発」が目的だった⁉

バルチック艦隊と日本海海上で遭遇した東郷平八郎率いる聯合艦隊は、敵前で左へ回頭した。急速に左旋回したのである。これが後に「東郷ターン」と呼ばれることになる。その目的は、何としてでもウラジオストクに逃げ込もうとするバルチック艦隊を「とおせんぼ」して「撃滅する」ためであったとし、この「東郷ターン」こそ秋山真之少佐の考えた丁字戦法を使うための第一歩だった、とこれまでの戦史は記しているのだが、じつはそうでは無かった可能性もあるという有力な説を先に紹介した。ポイントは、結局は使用されなかった新兵器「連繫機雷」の存在を軍事機密として秘匿することにあった。

この連繫機雷は、七段構えの攻撃の第一段として用いられるはずだったが、敷設する役目の水雷艇が「浪高シ」の悪天候では出撃できない。それゆえ第一段攻撃は断念された。ただ、この言い方だと中止された第一段の攻撃は、実際にはそこから始まった第二段の艦隊同士の主力決戦とは直接の関連性は無かったように聞こえるかもしれないが、じつは密接な関係があったという見方もある。

この日本海海戦の前哨戦とも言うべき黄海海戦において、丁字戦法は失敗に終わっている。相手の旅順艦隊が聯合艦隊と直接戦おうとせず、あくまでウラジオストクに逃げ込むことを目標にしたからだ。つまり、この戦法は敵が決戦を求めてこない限り、取り逃がしてしまうという可能性が高い。日本海海戦においても、敵の目的は聯合艦隊との決戦では無くウラジオストクへの入港なのだから、黄海海戦の二の舞になる恐れがある。「密接な関係があったという見方」とは、バルチック艦隊が黄海海戦の旅順艦隊のごとく逃亡しないように聯合艦隊は新たな手を打った。それが水雷艇による連繋機雷網の設置だった、というのだ。バルチック艦隊が主力決戦を避けた場合の「逃亡ルート」に連繋機雷網を設置しておけば、否応無しに聯合艦隊の方向へ「突っ込む」しかない。仮に敵が「逃亡ルート」を取ったとしても、それはそれで甚大な損害を受けるだろうから問題は無い。だが、その計算が狂ってしまった。

> 波浪が高く、予想される海面で駆逐艦・水雷艇を使うことは難しいと判断し（また、荒れた海面に機雷を投下することは思わぬ方向に機雷が浮遊し、その後の艦隊行動に支障がでる恐れもあるので）、連合艦隊司令部は一〇時すぎの時点で、「臨時奇襲隊」を第一戦隊に随伴させることを中止した。ということは、当初予想したような、無理やり相手をT（ママ）字戦法へ引き込むというやり方は断念したということで、より巧みな艦隊運動によって、T字もしくは同航戦に持ち込むことにならざるを得なくなった。
>
> （『戦争の日本史20　世界史の中の日露戦争』山田朗《やまだあきら》著　吉川弘文館刊）

このような様々の新説を踏まえて考えてみると、「東郷ターン」というのは艦隊決戦を避けてでもウラジオストクへの入港を最優先しようとしたバルチック艦隊への「挑発」ではなかったか、と私は思うのだ。バルチック艦隊は疲弊していた。ロシア人が大の苦手の暑さの中、日本の同盟国イギリスの妨害で上陸して発散することもできず、乗員のストレスは頂点に達していた。一部では、水兵の反乱も起こっていた。そのうえ軍艦自体も長い航海で「牡蠣ガラの吸着」などもあり、速度も落ちていた。近代艦隊史上最長の航海をしてきたのだから万全な状態にはほど遠く、徹底的なオーバーホールが必要だった。一刻も早くウラジオストクに入港し、「ドック入り」しなければならない。

バルチック艦隊の司令官ロジェストヴェンスキー中将は、そのように判断したのではないか。将兵や兵器を万全な状態で戦闘に臨ませるのも司令官の重要な役割であるから、これまでの状況を考えればそう考えるのがむしろ自然ではないか。となれば、日本側から見れば失敗だった（ロシア側から見れば成功した）黄海海戦の実例に従い、決戦を極力避けて「逃げの一手」に徹するのが一番いいことになる。先に紹介したロジェストヴェンスキーがしつこくへばりついてきた巡洋艦『和泉』の無線電信を妨害しなかった理由も、そもそも艦隊決戦をするつもりがまったく無かったからだ、と説明できるのである。

一方、聯合艦隊司令長官東郷平八郎には敵将ロジェストヴェンスキーの考え方が手に取るようにわかったに違い無い。何しろ、幕末の宮古《みやこ》湾海戦で榎本《えのもと》艦隊の土方歳三らと戦った経験もある百戦錬磨の海軍軍人である。だからこそ参謀の秋山少佐に敵が「逃亡ルート」を取れない方策を立てるよう命じ、秋山は連繋機雷網の設置を考案し期待に応えた。いや、応えたつもりだったが思わぬアクシデント、当日の天候が「浪高シ」であったことによってこの作戦が実行不能になった。バルチック艦隊が予定どおり対馬海峡に来たという一報に接した時は「小躍り」したという秋山も、このアクシデントには顔面蒼白になったのではないか。黄海海戦の時のように敵を取り逃がしてしまう可能性が高くなったからだ。

それをカバーしたのが「東郷ターン」である、と私は解釈している。要するに、「やる気」のまったく無い敵をその気にさせるには「エサ」をぶら下げる必要がある。それが敵直前の左回頭だった。人間でも動物でも死にたくはない。当たり前の話だが、ではなぜ「死に至る罠《わな》」にかかるのか? それは、労せずして「美味しいエサが手に入る」と思った時、実際には「思わされた」時である。戦国時代、武田信玄《しんげん》は三方ケ原《みかたがはら》でわざと敵将徳川家康に背中を見せた。それまで家康は精強な武田軍と決戦するつもりは無かったのだが、これなら武田軍を撃破できると「思わされ」この「エサ」にまんまとおびき出され、危うく討ち死にするところまで追いつめられた。その家康を敵とした真田幸村（信繁）は、大坂冬の陣で真田丸という出城を築いた。これも「罠のエサ」だ。本体の大坂城は無理でもこの出城なら落とせる（功名を立てられる）と思わされた、欲の皮の突っ張った連中が突撃し徹底的に翻弄された。

■敏感過ぎる「伊集院信管」が敵艦に与えた予想外の大ダメージ

「東郷ターン」とは、簡単に言えば反対方向から進んできた艦隊同士がすれ違う際、一方の艦隊が敵と同方向へ並走（並航）する形になるよう敵の直前でUターンすることだ。あまり接近すれば衝突してしまうし、離れた距離でやれば敵に逃げられる。そこで、すれすれの距離でやることになる。ちょっと想像していただきたい。あなたが、ある方向に真っ直ぐに歩いていたとする、そこへ相手が自分に向かって真っすぐに歩いてきた。では、その人と同じ方向に並んで歩きたいと思ったらどうするか？人間ならその場で「回れ右」をすることができるが、車や船は「回れ右」すなわち百八十度のターンは一度ではできない。九十度のターンを二回繰り返すことになる。実際には聯合艦隊は反対側から進んでくるバルチック艦隊を確認した後、まず左では無く大きく右に舵を切った。下図の「13：39」の回頭である。そして少し離れたところで「Uターン」をして「14：06」

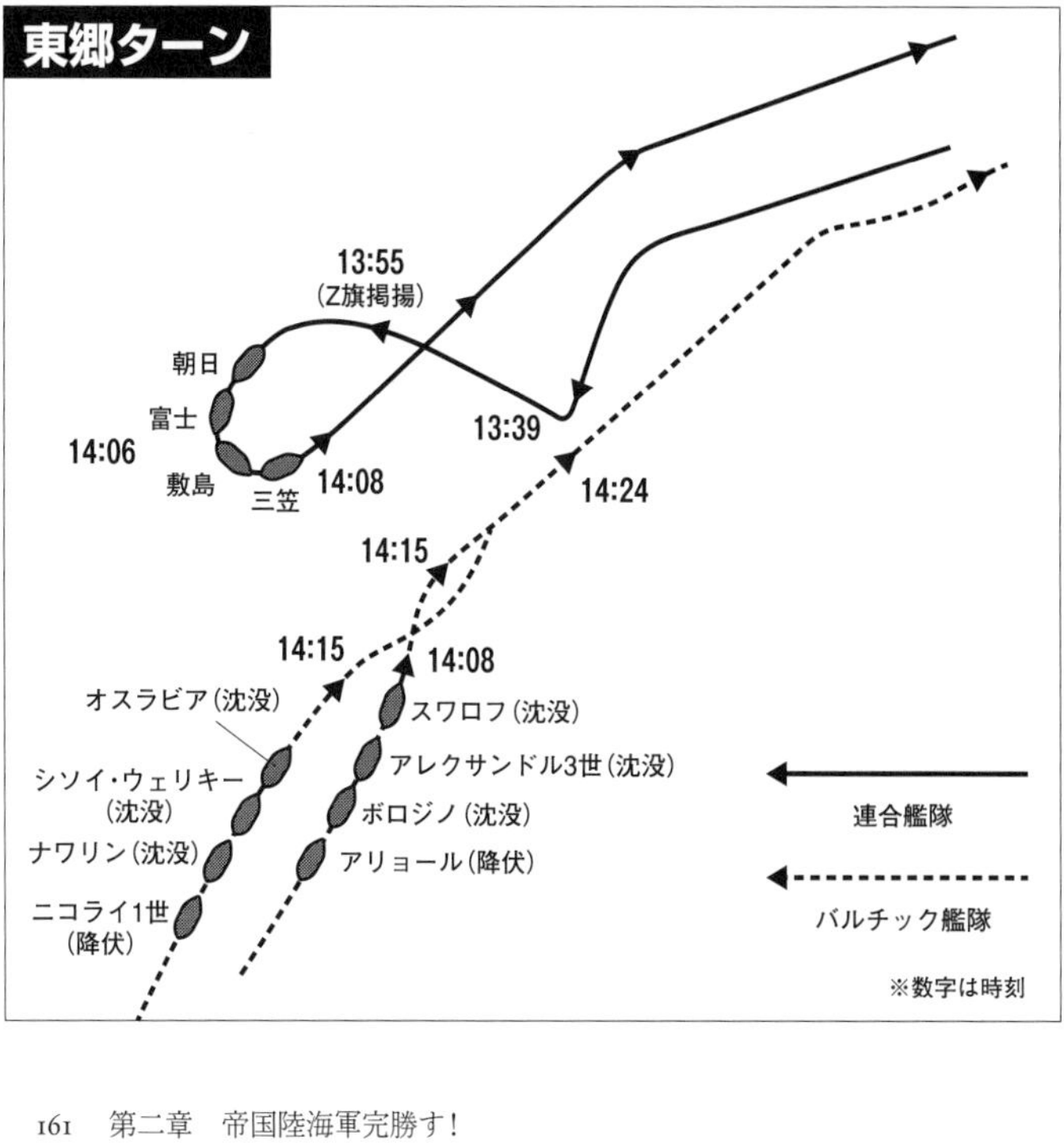

の位置に到達した。この後、直進して敵から見れば左側面から正面に進み進路を塞ぐというのが常識的な戦法である。ところが、ここで東郷は取り舵いっぱい、つまり左への急旋回を命じた。これが「敵前大回頭」と後に称賛された東郷の作戦で、別名「東郷ターン」というわけだ（ロシア側ではこの動きがギリシャ文字のαに似ているので「アルファ運動」と呼んだ）。しかし、聯合艦隊の各艦が射程距離で射的場のマトのように次々と横腹を見せたことで、これなら砲撃のし放題で簡単に聯合艦隊に大打撃を与えられる、とロジェストヴェンスキーは「思わされた」。だから「逃げの一手」という当初の方針を変更して、その場で攻撃する、つまり「主力決戦に応じる」ことになってしまった、と私は考えている。織田信長が司令官だったら砲撃などせず、そのまま直進し逃げたかもしれない。それでもスピードに勝る聯合艦隊は追いついただろうが、「減速して撃ち合う」のと「逃げの一手」では結果は大きく違っただろう。

それでも本当に味方艦が次々に沈められてしまっては元も子もないのだが、すでに述べたように東郷には十数分程度そういう状態が続いたからと言って大した損害は受けない、という確かな読みがあった。何よりも大切なのは、敵をやる気にさせることである。そして双方の撃ち合いになれば、猛練習で向上させた砲弾の命中率が短時間で敵を圧倒する。じつはそれ以外でも、砲弾については東郷の予測しなかった「ツキ」があった。

下瀬火薬と、戦前はそれとセットで語られることの多かった伊集院《いじゅういん》信管である。いずれも開発者の名前を取ったものだが、先述のように下瀬火薬は爆発力よりも焼夷《しょうい》能力がきわめて強く、撃ち込まれた場所で大火災を引き起こすものだった。また伊集院信管は異常に敏感で、ちょっとした刺激でも爆発を引き起こす。大砲の内部で砲弾が爆発することを陸軍では腔発《こうはつ》と呼ぶが、海軍ではこれを膅発《とうはつ》と呼ぶ。戦わずして一個分隊が全滅し砲自体も破壊されるわけだからもっとも避けたい事故だが、伊集院信管は過敏過ぎて膅発事故を何度も引き起こした。そこで東郷は使いたくないと中央司令部に上奏したのだが、却下された。たぶん、今さら代わりのものは無いというこことだったのだろう。その信管の開発者が軍令部次長の伊集院五郎だったことも、理由のうちに含まれていたかもしれない。実際、この「不良品」による膅発事故で日本海海戦当日に装甲巡洋艦『日進《にっしん》』に搭乗していた士官候補生が左手の人差指と中指を欠損するという重傷を負った。後の聯合艦隊司令長官山本五十六《やまもといそろく》である。山本自身はこれを敵の砲弾による負傷と言っていたが、その後の研究によると真相は膅発事故のようだ。後に海軍大将まで出世した伊集院五郎が考案した不良品が原因だということは、「軍事機密」だったのかもしれない。ちなみに、この時欠損したのが左腕では無く右腕の指だったら、後の真珠湾《しんじゅわん》攻撃の立案者山本は軍務不適格で退役を余儀無くされていたかもしれない。

しかし、下瀬火薬には素晴らしい利点があった。味方の砲弾は必ずしも敵艦の横腹に命中し穴を開けなくてもいいのである。艦上に当たっても海に落ちても、下瀬火薬を詰めた砲弾は「鋭敏」な伊集院信管によって必ず炸裂し、破片の飛散で敵にダメージを与えるとともに大火災を起こす。大火災を起こしても艦内部に影響がおよばなければ軍艦は簡単に沈まないものなのだが、艦が大炎上すれば経験の少ない兵ほど慌てる。幕末の会津白虎隊《びゃっこたい》の悲劇は経験の少ない少年兵たちが城下の火災の煙が城を取り巻いているのを見て、「会津若松城は落城した、殿も切腹されたに違い無い」と思い込んでしまったことにある。だからこそ、彼らも戦いをあきらめ自刃してしまった。この場合も、経験深い士官なら「艦上の火災ごときで慌てるな」と言えるが、熟練度の低い兵士ではそうはいかない。それに火災が起きることで砲塔の中が蒸し焼き状態になり、要員に損傷を与え敵の反撃能力が弱まるという効果もあった。さらに、廃棄されずに艦上ところ狭しと積まれていた石炭が火災をさらに拡大させた。

つまり「東郷ターン」が終了し双方が並航戦の撃ち合いの形になった時（161ページ図参照）、バルチック艦隊の大半の艦に聯合艦隊の砲弾が命中し、大火災を引き起こすことに成功したのである。この海戦の帰趨は開戦三十分で決まったと秋山が戦後語ったのは、こういうことである。

確かに東郷はツイていた。彼自身は『三笠』の艦上に日没後戦闘がいったん終了するまで立っていた。近くに砲弾が命中すれば「廣瀬中佐」のように体ごと吹き飛ばされただろうが、無事だった。これに対してロジェストヴェンスキーは安全なはずの艦橋の司令塔内部にいたのに砲撃で頭部に重傷を負った。旗艦『スワロフ』も夕刻には沈没し、ロジェストヴェンスキーは駆逐艦『ブイヌイ』に搬送された。信じられないことだが、戦闘中は指揮官が戦死したり人事不省になることはじゅうぶんにあり得るから、その場合誰が指揮を執るか必ず第二順位、第三順位まで決めておくものなのである。ところが、軍隊のもっとも基本的な常識がバルチック艦隊には無かった。第二順位の指揮官は直前に病死しており、しかもその事実が公表されず、第三順位の指揮官にも伝達されていなかったのだ。これでは勝てない。

■ポーランドやトルコ、アルゼンチンまで狂喜した聯合艦隊の「完璧な勝利」

日本聯合艦隊は、ロシアバルチック艦隊を撃滅した。

病院船などを除く戦闘艦二十九隻のうち、戦艦六隻、巡洋艦四隻など十五隻が撃沈され、戦艦二隻など五隻が鹵獲《ろかく》され、結局目的地のウラジオストクにたどり着いたのはわずか三隻。しかも、この中に戦艦は一隻も無かった。日本は戦艦に比べればはるかに「小舟」の水雷艇三隻を失っただけだ。この損失も、ロシアにやられたというよりは悪天候による自損事故の様相が強かった。これはある程度やむを得ない。なぜなら、水雷艇は敵に至近距離まで迫らないと効果的な魚雷攻撃ができないからだ。これだけの大海戦でそれだけの被害なら、ほぼ無傷に終わった、と評しても間違いでは無い。実際この戦果が発表された時、第一報に接した世界のマスコミは同盟国のイギリスも含めて「あり得ない」「日本海軍は自己の損失を隠蔽している」と考えた。それも当然で、それまでの海戦上の常識では絶対に考えられない結果なのである。

魚雷攻撃と言えば水雷艇に加え駆逐艦がその主体だが、従軍し雷撃の専門家となったのが鈴木《すずき》貫太郎《かんたろう》中佐（当時）であった。後に鈴木は、一九四五（昭和20）年八月十五日に総理大臣として日本を救うことになるのだが、このころは後の温顔とは無縁な「鬼貫太郎」であった。日本海軍の中では主力艦の砲撃だけで無く、駆逐艦・水雷艇の魚雷や機雷による攻撃が重視されており、その効果に懐疑的だった各国海軍もこの日本海海戦の後は評価を改めた。

とにかく、世界海戦史上空前絶後と言っていい完璧な勝利だった。敵を圧倒した結果、駆逐艦『ブイヌイ』に移乗した敵将ロジェストヴェンスキー中将を「生け捕り」にし、人事不省の中将に替わって指揮を執っていたニコライ・ネボガトフ少将の戦艦『ニコライ1世』も洋上で捕捉し降伏させた。つまりネボガトフ少将も「生け捕り」にしたわけで、これも常識では考えられないことである。通常は撃沈されるまで戦うのが海軍軍人の本分であり、であるからこそ降伏して拘束されるなどということはあり得ない。現に、ロシア帰還後行なわれた軍法会議でネボガトフは死刑を宣告されている（後に懲役刑に減刑）。逆に言えば、そうせざるを得ないほど日本海軍がロシア海軍を圧倒し追いつめた、ということなのである。

このように日本海軍の勝利はあまりにも完璧であったがゆえに、当初世界のマスコミも「信じられない」という態度を取ったのだが、事実が確定すると懐疑は驚愕から礼賛へと変わった。帝国主義の時代になって初めて、それまで虐《しいた》げられていた有色人種の国家が白人の列強に勝ったのだ。黄禍論《おうかろん》者はますます警戒心を強めたが、欧米圏でも公平な論者は「これは新しい時代の始まりだ」と評価した。完全な白人優位の時代は終わりを告げた、ということである。そしてそれを何よりも朗報として受け取ったのが、欧米列強に痛めつけられていたアジアやヨーロッパの弱小国家であった。この五年後に清朝を辛亥革命で打倒し中華民国を建国する革命家孫文《そんぶん》は、当時スエズ地方を旅行中だったが日本人と間違えられ大いに歓迎されたと記録を残している。また、後にイギリスからインドを独立させるジャワハルラール・ネルーはまだ少年だったが、日本の大勝利に欣喜雀躍《きんきじゃくやく》し新聞を読むのが楽しみで仕方がなかったと述懐している。ロシアと対立していたポーランドやトルコがさらなる親日国になったのも、このことが大きかった。とくにトルコ艦隊の直接のライバルであったバルチック艦隊を聯合艦隊が叩き潰したことにトルコは大いに喜んだ。またロシアに圧迫されていたフィンランドでは、東郷平八郎にちなんで「トーゴー・ビール」が造られたほどである。もっとも、この点についてはトルコとの対立の中、もう一つのライバル・ロシアに日本との戦いをけしかけることによって弱体化させた、列強の一角ドイツも喜んでいたかもしれない。また、欧米列強に圧迫されていた南米のアルゼンチンやチリの人々も喜ばせた。この海戦で山本五十六少尉候補生が搭乗していた装甲巡洋艦『日進』も、鈴木貫太郎中佐が副長を務めた『春日《かすが》』も、元はと言えばアルゼンチン海軍がイタリアの造船所に発注していたものであり、アルゼンチン海軍巡洋艦としての艦名も決定していたのだが、日本が「横取り」する形で入手した。本来なら国際問題になるところだが、アルゼンチンは事を荒立てなかった。そのおかげで受け取りもスムースにいった。ちなみに、この『春日』をイタリアから日本まで回航した責任者（回航委員長）は鈴木だった。だから、そのまま副長のポストに就いたのである。

こうした点から見ても、やはり東郷平八郎という男は「ツキ」があったと言えよう。これまで述べてきたとおり、普通に考えれば聯合艦隊の不利になるべきことまでプラスになってしまう。伊集院信管は異常に過敏で危険なものだったが、それゆえに装備された砲弾は敵艦に命中せずに海上に落ちても炸裂する。普通の信管では海面に接触した程度の刺激では作動しないので砲弾はそのまま海に沈むが、伊集院信管では炸裂し弾丸の破片が飛び散って周辺を破壊する。パチンコ玉程度の破片でも、高速で飛んでくれば人間を殺傷する力はじゅうぶんにあるのだ。つまり、聯合艦隊の砲弾は「外れても敵にダメージを与えた」のである。まさに「ツキ」である。

「ツキ」とか「幸運」とかはもちろん合理的に論じられるものでは無いし、当然その量を物理的に計測する事もできない。そういう意味では「宗教」や「迷信」に属するものかもしれないが、人間の世界にはどうもこれがあるようだ。俗に、幸運があまり続き過ぎるとバランスを取るように不運が起こると言われるが、この日本海海戦についてもそういうことがあった。厳密には海戦直後の一九〇五年(明治38)九月十一日、戦いから戻った聯合艦隊の旗艦『三笠』は佐世保《させぼ》港内で弾薬庫の爆発事故のため沈没してしまった。五月二十七日の「東郷ターン」の時はバルチック艦隊の猛攻に耐え抜いた『三笠』が、である。しかも、その戦いを生き抜いた将兵三百三十九名も

『三笠』と運命を共にした。もし、この事故が平時に起これば「何というツキの無さ」あるいは「管理がなっていない」と酷評されただろう。原因は今に至るまで明確で無い。海戦の時は「大活躍」した下瀬火薬の変質によるという見方もあった。ちなみに、東郷平八郎はこの時は艦におらず死を免れた。東郷だけはやはり最後まで「ツキ」があったのだ。また、同じく死を免れた参謀の秋山真之はこれ以後深く宗教に傾倒するようになったという。その秋山が起草し東郷が読み上げた「聯合艦隊解散之辞」については、以前紹介し問題点をも指摘しておいた（『逆説の日本史　第25巻　明治風雲編』参照）のでここでは再説しないが、この有名な文章が読み上げられたのは戦艦『朝日《あさひ》』の艦上であって『三笠』では無かったことは述べておこう。『三笠』は沈没していたからだ。もっとも、水深の大きい外洋で沈没したわけでは無いので、『三笠』も引き揚げられまた現役に復帰することにはなったのだが。

■『日本海海戦』の歌がもたらした「刷り込み」の恐るべき弊害

この日本海海戦の大勝利によって、日本の戦略目的はほぼ達成された。何度も述べたように、「アジアにおけるロシアの陸海軍を壊滅させ、ロシアが取りあえずアジアでは軍事行動ができない形を作り、それが修復される前に講和に持ち込む」ということである。外務省から派遣された金子堅太郎とハーバード大学の同窓でもあるアメリカ大統領セオドア・ルーズベルトは、兼ねてからこのチャンスを狙っていた。日本がイギリスと同盟を結んだ時、その日英同盟の前文には「中国に対する門戸開放」が盛り込まれていた。帝国主義を進める側の勝手な理屈ではあるが、イギリス、フランス、ドイツ、ロシアおよび日本の各国はそれぞれが何らかの形で中国の利権や領土を獲得していたのに、アメリカだけは南北戦争の影響で出遅れていた。早い話が「オレも仲間に入れろ」ということであり、シベリア鉄道の建設により東アジアを「独占」しようとしていたロシアの意図をくじき、同時にその目的達成の手駒として使える日本を助けることによって恩を売り、アメリカの中国進出を進展させようという狙いがルーズベルト大統領にあった。このあたりは、やはり国益優先なのである。当たり前の話で、いかに金子堅太郎と友人であるとはいっても国益に反した行為を大統領が行なうはずが無い。

それは金子もわかっていただろう。かえってやりやすかったかもしれない。友情を当てにして無理な願いをとおそうというのでは無い。ルーズベルトに、アメリカの国益に沿って動いてもらえばそれでいいからだ。金子の役割はそれをサポートすることである。ルーズベルトは日本陸軍が奉天会戦に勝利した段階で一度は講和の斡旋に乗り出そうとしたのだが、この時はロシア側の継戦意欲が強く断念せざるを得なかった。なぜそうなったのかは、すでに述べた。バルチック艦隊がウラジオストクへ航行中だったからだ。日本海周辺の制海権を取るために、ロシアは領海のバルト海を放棄する形（だからこそトルコは狂喜した）でバルト海の艦隊つまりバルチック艦隊を東洋に派遣するという思い切った決断をした。この決断の成果が出るまでは講和などに応じられないというのがロシアの立場で、これはやはり当然の判断と言うべきだろう。

ただし、これもすでに述べたようにあれだけの長距離を航行してきたバルチック艦隊がウラジオストク入港以前に、そのまま聯合艦隊と対決するということは海軍の常識では考えられない。船はドック入りすべきだし、乗員は上陸し休養すべきだった。しかし、実際にはバルチック艦隊はそのまま戦った。つまり、そのように戦いを誘導したことにこそ東郷平八郎あるいは秋山真之ら聯合艦隊首脳部の「英知」を見るべきだというのが、私の視点である。
そういう考え方をした人はあまりいないと思うが、そうなったのはもちろん理由がある。昭和二十年以前、つまり戦前の日本では海軍記念日は五月二十七日だった。言うまでも無く、「東郷ターン」のあった日だ。国民の祝日で朝から記念行事が行なわれ、軍楽隊の演奏などもあった。そうした行事で盛んに演奏され歌唱されたのが『軍艦行進曲（軍艦マーチ）』であり、さらに以下の歌だった。

『日本海海戦』
一．
海路一万五千余浬
万苦を忍び東洋に
最後の勝敗決せんと
寄せ来し敵こそ健気なれ
（中略）

五．
戦機今やと待つ程に
旗艦に揚がれる信号は
「皇国《みくに》の興廃この一挙

各員奮励努力せよ」
（中略）

十三．
副将ここに降を乞い
主将は我に捕らわれて
古今の歴史に例《ためし》無き
大戦功を収めけり

十四．
昔は元軍《げんぐん》十余万
筑紫の海に沈めたる
祖先に勝る忠勇を
示すも君の大御稜威《おおみいつ》
（以下略）

『日本海海戦』という歌は、文部省唱歌も含め代表的なものだけでもいくつかあるが、その中で一番有名なのがこれだろう、他の同名曲と区別するために『海路一万五千余浬』とも呼ばれるこの曲の作詞は、『鉄道唱歌』の作者でもある大和田建樹《おおわだたけき》、作曲は『軍艦マーチ』の作者でもある瀬戸口藤吉《せとぐちとうきち》。黄金コンビと言うべきだろう。曲調も闊達で歌いやすいが、やはり歌詞は歌詞であるがゆえに「事実を略して」しまうという欠点がある。細かいことだが、五番の歌詞「皇国の興廃この一挙　各員奮励努力せよ」は、正確には「皇国《こうこく》ノ興廃此ノ一戦ニ在リ　各員一層奮励努力セヨ」である。これはご愛敬だとしても、一番は問題だ。これだとまさに長期航海の後、バルチック艦隊はいきなり最終決戦を挑んできたように思えてしまう。どんな「決闘」でも敵が余裕を持って待ち構えているところに、マラソンで駆けつけて休養も取らずに戦うバカはいない。そんなことをしたのは、『忠臣蔵《ちゅうしんぐら》』の堀部安兵衛《ほりべやすべえ》くらいだろう（笑）。言われてみれば誰でも気がつくことなのだが、歌による「刷り込み」は恐ろしい。良くできた作品であるがゆえになおさらだ。そして、十四番の「大御陵威」という言葉も問題だ。つまり、日本の「ツキ」は天皇の「神威」がもたらしたということで、これをイザとなれば「神風」が助けてくれるという信仰にもつながっていくからだ。

とにかく戦いは終わった。後は講和という外交戦でどう勝つか、である。

第三章

徹底検証 日露戦争Ｉ

ポーツマスの真実

日米対立の火種を生んだ
まさかの「ぶち壊し」

■日本と革命勢力――外と内に同時に二つの敵を抱えていたロシア帝国

五月二十七日の日本海海戦の約三か月後、日露戦争は一九〇五年(明治《めいじ》38)九月五日に正式に終了した。「正式に」というのは、この日にアメリカ合衆国ニューハンプシャー州ポーツマスにおいて、日本とロシアの間に講和条約が結ばれたからだ。世に言うポーツマス条約である。この条約の内容に触れる前に、ここに至った様々な状況に触れておこう。

まずロシア側の事情だ。ロシアは日露戦争という「外憂」に加えて国内治安の乱れという「内患」を抱えていた。それを象徴するのが「血の日曜日」事件だろう。

血の日曜日事件 ちのにちようびじけん Krovavoe voskresen'e
1905年1月22日(ロシア暦では9日)ロシアの首都ペテルブルグで起こった、労働者たちへの発砲事件。発端は司祭ガポンの組織する官製労働組合員の解雇事件であった。これに抗議するストライキが1月16日より始まり、たちまち全市に波及した。20日にはその数は382工場10万人に達した。この過程でガポンは抑圧され、無権利状態にある自分たちの窮状と要求を直接皇帝ニコライ2世に訴えるため、請願書を提出することを提案した。(以下略)
(『世界大百科事典』平凡社刊 項目執筆者和田あき子)

この請願書は皇帝(ツァーリ)の「御慈悲」を求めるごく穏やかなもので、十万人が参加した「デモ行進」自体も、皇帝の肖像を掲げるなど「請願デモ」の様相を呈し平和的なものだった。

しかし、ロシア政府は軍隊を動員し丸腰の民衆に一斉射撃を浴びせた。その結果、一説には死者は数百名にのぼった。影響は甚大である。

以後、ロシア民衆の中に伝統的であったツァーリ信仰はくずれ、ツァーリ政府の道義的正統性は失われた。こうして、この事件はロシア革命の発端となった。

（引用前掲書）

なぜこんな愚かな対応をしたのか正確にはよくわからないが、日露戦争への対応を見てもわかるとおり、この時期のロシア政府の行政能力は高くなかった。優秀な政治家で民衆の行動にも理解があったセルゲイ・ウィッテ元蔵相などは失脚状態（もともと日露戦争に反対だったため、この後ポーツマス講和会議の全権として政界復帰する）だった。もしウィッテが政権の中枢にいたら、ひょっとしたらこの事件は無かったかもしれない。保守的な政治家ではあったが、後に首相になった時は議会制度を確立しようと尽力しているからだ。しかし、どういうわけか皇帝ニコライ2世には嫌われていた。これが専制政治の問題点で、独裁者が腹心の選択を誤ると、国家自体も左前になってしまう。最終的にニコライ2世一家は、ロシア革命によって全員殺される。むしろ、ニコライはウィッテを、勝海舟《かつかいしゅう》のように李鴻章《りこうしょう》のように活用すべきだったのだが、これが君主の不徳ということかもしれない。

第一章でも述べたが、この間日本陸軍のロシア駐在武官であった明石元二郎《あかしもとじろう》大佐は、中立国スウェーデンのストックホルムに本拠を移し、大量の工作資金を使って後方の攪乱《かくらん》に努めていた。

内容は秘密工作なので詳細は不明だが、たとえば形の上では自治権を認められていたものの、実質的にはロシア領だったフィンランドの独立運動グループや、ロシア革命の活動家に金や武器の援助をすることであった。フィンランド人が日本海海戦の大勝利を喜び「トーゴー・ビール」まで造ったのには、こんな背景があったからだ。また、明石はロシア革命の立役者ウラジーミル・イリイチ・レーニンにも直接会って援助を申し出たという話も伝えられている。敵の敵は味方、ということだ。ただし明石がそうだと断言するわけでは無いが、こうした秘密工作については裏付けが取れないものが多く、本人の自慢話が誇大に語られている場合もある。その点は注意しなければならないが、明石の工作が相当効力があったことは日露双方が認める事実である。

また、映画監督を目指す人間なら誰でも知っていると言っても過言では無い、ソビエト映画『戦艦ポチョムキン』（セルゲイ・エイゼンシュテイン監督）も、この時代の実際に起こった反乱事件を描いたものである。この映画については、前に芸能史のところで紹介したことがある（『逆説の日本史　第25巻　明治風雲編』参照）。

「血の日曜日事件」は一九〇五年の一月で、直前の旅順《りよじゆん》要塞陥落がその引き金になった可能性があるが、同年六月十四日に起こったこの反乱は、あきらかに五月二十七日から二十八日にかけての日本海海戦の大惨敗が引き金だろう。直接のきっかけはロシア黒海艦隊に所属する戦艦『ポチョムキン（正式名称はポチョムキン＝タヴリーチェスキー公）』の船内食堂で水兵に提供されたボルシチの肉に、ウジが湧いていたことだ。これが暴動に発展したのだから、おそらくそれまでにも似たような事件があったのだろう。堪忍袋の緒が切れた、というところか。俗に「食べ物の恨みは恐ろしい」と言うが、フランス革命の直接のきっかけも「パンが無い」ということだった。今後北朝鮮が崩壊するとすれば、やはりこの形かもしれない。逆に言えば食料の供給が安定している中国では、しばらく現体制が維持されるだろうということだ。もっとも、王妃マリー・アントワネットが「パンが無ければお菓子を食べればいいのに」と言ったというのは、革命派の流したデマだろう。当時､宮廷奥深くにいた王妃のつぶやきを聞けるのは本当の側近だけである。側近の誰々が確かに聞いたと言うのなら信じるが、王室が頻繁に記者会見を開く現代とはまったく違う状況である、デタラメと見ておくのが妥当だろう。

とにかく、ウジが湧いた肉を出すとはひどい話で、こういう事件が起こること自体軍隊の管理がなっていなかった証拠なのである。食品の保管がずさんだったのか、それとも仕入れ担当者と業者との間に何らかの癒着《ゆちゃく》があって粗悪な食糧しかなかったのか、とにかく激怒した水兵たちは艦長ら上官を射殺し船を乗っ取った。「革命を宣言した」とも言う。それが事実ならば、革命思想はこのあたりまで普及していたということだ。また､ロシア国旗の代わりに赤旗が掲揚された。このあたりも後にこの話はソビエト連邦の「神話」となっていくので精査が必要だが、水兵が反乱を起こし士官らを射殺し船を乗っ取ったことは、紛れも無い事実である。

この反乱はすったもんだの挙句、水兵たちの一部は射殺あるいは逮捕処刑されたものの、多数が同じ黒海に面するルーマニア王国に亡命することができた。戦艦自体はルーマニアからロシアに返還されたが、水兵たちは強制送還されることはなかった。これはロシア軍から見れば、きわめてまずい事態である。反乱が起これば軍隊は崩壊する。だから、万一起こった場合は関係者をすべて逮捕し厳罰に処さなければいけないのだが、それができなかったということだ。つまりロシア革命史を後から振り返ってみれば、まず「血の日曜日事件」で皇帝と国民の信頼関係が、

「ポチョムキンの反乱」でロシア帝国軍の規律がともに崩壊し、これが革命の始まりだったということになる。これはともに一九〇五年に起こった事件であり、その背景には日露戦争における日本の勝利があった。ロシア帝国は日本と革命勢力という、外と内の二つの敵を抱えており、だからこそ「敵の敵」である革命勢力の動向は日本の動向に大きく左右されていたのである。

■「ポグロム」の一大拠点だったロシアに反感を抱いていた国際ユダヤ資本

当時の日本人はほとんど知らなかったが、日本にはもう一つ力強い味方がいた。それはアメリカの銀行家でユダヤ人のジェイコブ(ヤコブ)・シフをリーダーとする国際ユダヤ資本だ。この『逆説の日本史』シリーズの古くからの読者は、私が当初から指摘している、日本の歴史学には「宗教の軽視」というきわめて重大な欠陥があることを痛感しているだろう。それは単に「日本人の宗教に対する軽視」だけで無く、「世界の宗教に対する軽視」もある。その典型的な実例がこのところで、要するにロシア帝国はユダヤ人迫害の一大拠点であり、それに強い反感を抱いていたシフらが戦費調達に苦慮していた日本を大いに助けた、ということなのである。ヨーロッパにキリスト教に由来する根深いユダヤ人差別が存在することは以前述べた(『逆説の日本史 第9巻 戦国野望編』参照)。簡単に再説すれば、キリスト教徒は、ユダヤ人とはイエスを信じず一度は死に追いやった極悪人であり、なおかつその責任は認めるとうそぶいた「人間のクズ」とみなしている。こういう文章に初めて触れた日本人は、ほとんどの場合「誇張」だと考えるのだが、それが日本人の民族的欠点だ。誇張どころかまったくの真実である。徳川家康《とくがわいえやす》とほぼ同時代のイギリス人劇作家ウィリアム・シェークスピアは、人類の中できわめて早く自由恋愛を賛美(『ロミオとジュリエット』）し、人種差別を糾弾（『オセロ』）した先進的開明的な作家なのだが、ユダヤ人に関しては極悪非道の金貸し（『ベニスの商人』）と決めつけている。矛盾しているようだが、じつは熱心なキリスト教徒においては矛盾では無い。愛を説くイエス・キリストに対する信仰が深ければ深いほど、「イエスさまを死に追いやったユダヤ人は許せない」ということになるわけで、だからこそ「リベラル」なシェークスピアもユダヤ人に対する目は異常に冷たい。

ロシア文学も例外では無い。アレクサンドル・プーシキン、ニコライ・ゴーゴリ、イワン・ツルゲーネフ、フョードル・ドストエフスキーといった日本人にはお馴染《なじ》みのロシア文学の俊秀たちも、ユダヤ人には冷たかった。ヨーロッパでは、熱心なキリスト教徒でリベラルな人間であるほどユダヤ人差別に肯定的になる、という恐るべき傾向がある。宗教の持つ暗黒面だろう。また、「白人であるアーリア人は有色人種であるユダヤ民族より優れている」「アーリア人は最終的な理想の帝国、第三帝国を築くべきだ」という言葉を聞けば、日本の多くの知識人は真っ先にナチス・ドイツを連想するだろうが、じつはこの考え方のオリジナルはドストエフスキーなのである。

だから、ロシアではユダヤ人に対する迫害が日常化していた。ポグロム（Pogrom）という世界史用語をご存じだろうか？　もちろんロシア語である。日本の日露戦争解説書にはほとんど出てこないが、じつは日露戦争のバックグラウンドを分析するには欠かせない言葉である。

ポグロム　pogrom［ロシア］
集団的な略奪、虐殺、破壊行為を意味する語。（中略）最も顕著な現象はユダヤ人に対するものであり、ロシア語以外の諸言語でも一般にロシアのユダヤ人に対する集団暴力行為を指す語として用いられる。ポグロムが多発したのは、1881−84年、1903−06年、17−21年であり、いずれも深刻な社会的危機が醸成された時期に当たっている。

（『世界大百科事典』平凡社刊　項目執筆者原暉之　傍点引用者）

項目のポグロムの多発した時期の二番目にご注目願いたい。1903−06年、まさに日露戦争の時期の出来事である。では何が起こっていたのか？

第2の波（1903−06）は、労働運動や農民運動の激化を背景として、ウクライナと西部ロシアを中心に全国的に起こった。その発端となったのは1903年4月にキシニョフ市で起こされた大規模な略奪・殺害事件で、政府高官と地元当局が陰で事件を操作したとみられている。一般に第1の波が多少とも下からの民衆運動という性格をもったのに対し、この時期のポグロムは右翼国粋主義勢力とそれを支援する警察や軍隊までが前面に出て、〈ユダヤ人＝搾取者〉説を流布しながら上から組織・挑発した事例が多く、露骨に反革命的な性格をおびた。（以下略）

（引用前掲書）

日本は、ロシア帝国の十分の一の国力である。当然カネも無い。だから、戦時公債という形で外国から資金を集めようとした。出資者には後に利息を払って償還する。しかし日本が敗北すれば下手をすれば紙くずになるうえに、近代になって有色人種の国家が欧米列強に勝ったことはただの一度も無いのである。当然、資金はなかなか集まらなかった。しかし、シフたちユダヤ人投資家の思惑は違う。別に勝たなくてもいい、ロシアにひと泡吹かせてくれればいいのだ。そのぶん、ロシア国内のユダヤ人に対する弾圧が軽減されるからである。日本から見れば、これほど頼もしい味方はいない。

■ユダヤ陰謀論の根拠とされた捏造文書「シオン長老の議定書」

ユダヤ金融資本が、個人名を挙げればアメリカの銀行家ジェイコブ（ヤコブ）・シフがいかに日本の勝利に貢献したか。それは終戦直後の一九〇六年（明治39）、明治天皇がシフを日本に招待し、外国王族でも無いシフに勲一等旭日大綬章を親授したことでもわかる。

日本は開戦にあたって、まず一千万ポンドの戦時公債を募集した。日英同盟のよしみでイギリスが半分は買ってくれたものの、残りは売れる見込みが無かった。「ハズレ馬券」を買おうとする国も投資家もいない。しかし、先に述べた事情でユダヤ人たちだけは勝つ見込みが無くても日本を助けようという気持ちがあった。正確に言えば、日本が暴れてロシアを苦しめてくれれば、そのぶんロシア国内でのポグロムつまりユダヤ人に対する迫害が弱まるからである。その後もユダヤ金融資本は次々に日本の戦時公債を引き受けてくれ、その莫大なサポートのおかげで日本は勝つことができた。戦力的にはともかく財政的には、日露戦争の勝因はユダヤ金融資本の援助なのである、だからこそ、その代表者シフに明治天皇は最高位の勲章を与えたのだ。

日本人が、歴史における宗教の影響力を軽視しがちなことは、これまで何度も言及してきた。もう聞き飽きたという向きがあるかもしれないが、ここも日本史や世界史を理解するには大切なポイントである。シフらユダヤ人はロシア帝国が滅ぶことを望んでいた。もちろん、それが日本によって達成されることなど、いやそれ以前に日露戦争で日本が勝つことすら予測はしていなかっただろう。希望的観測つまり「そうなればいい」とは思っていただろうが、日本と同盟を締結したイギリスですら、東アジアにおけるロシアの勢力拡張に少しでも歯止めがかかればいい（勝つのは無理）という考えだったのは、あきらかである。

しかし日本は勝った。それは日本にとっても大きな喜びだったが、迫害に悩むユダヤ人たちにとっても望外の朗報だったのだ。ユダヤ人たちは「悪の帝国」ロシアを倒すことも夢では無いと思った。東洋の小国日本ですらロシア帝国に勝ったのだ。この勝利が、アジア諸国やロシアに圧迫されていたトルコやフィンランドなどに大きな勇気を与えたというのはよく知られているところだが、じつはユダヤ人たちそしてロシアの革命勢力にも力を与えた。これ以後、シフらユダヤ金融資本は、レーニンらロシアの革命勢力に対してさらに莫大な援助をするようになった。

そのレーニンたちロシア革命の指導者に新しい国家の「設計図」にあたる理論を提供したのがカール・マルクスだが、そのマルクスもユダヤ教徒の指導者（ラビ）の家に生まれたユダヤ人であったことを忘れてはいけない。いわゆるマルクス主義は無神論が基本であって宗教とは無縁のように見えるが、じつは「イデオロギー」という名の「宗教」であったことは、今や常識となってきたのではないか。マルクスがそういう考え方をしたのも、もちろん資本主義という「怪物」を倒さねばいけないという使命感があったのは言うまでも無いが、ユダヤ人迫害の根本的原因はキリスト教という宗教にあるのだから、それを根絶すれば差別の無い理想の国家ができるという思いがあったのだと、私は考えている。結局、ユダヤ人たちは帝政ロシアを滅亡させることに成功した。だが、この偉大なはずの勝利も共産主義という新たな「怪物」が猛威をふるう結果につながったのは歴史の皮肉と言うべきか、あるいは「人間の制度に完璧なものは無い」という歴史の法則を証明したと言うべきかもしれない。

以前、黄禍論《おうかろん》つまり黄色人種が白色人種を席巻するという「陰謀論」がドイツ発で欧米に広がったことを述べた（『逆説の日本史　第25巻　明治風雲編』参照）が、じつはこのロシア帝国崩壊が実現したことにより別の陰謀論が世界を席巻《せっけん》することになる。それは非キリスト教徒のユダヤ人がキリスト教徒の国家を圧倒し世界を征服するという「ユダヤ陰謀論」である。その根拠とされたのが『シオン長老の議定書』と呼ばれた文書だ。その内容を紹介しようと思って例によって日本の百科事典を調べてみたが、何と驚くべきことに「シオン長老の議定書」という項目が無い。こんなに重大な項目が代表的な百科事典にも日本史事典の最高峰である『国史大辞典』（吉川弘文館刊）にも掲載されていないとは、驚くべきことだ。私がこうした場合しばしば百科事典等の項目を利用するのは、私個人の偏見が混じらないできるだけ公平客観的な見方を紹介したいと思うからである。これは確かに世界史の項目と言えないこともないのだが、近代以降の日本史は同時に世界史でもある。これが百科事典の項目にすらないことは、この感覚が薄く宗教の歴史への影響に鈍感でもある日本人の欠点がよく出ている事例と言えるかもしれない。

仕方が無いのでイギリスの百科事典『Encyclopedia of Britanica』を引いたらさすがに載っていた。原文は英文なので私の拙《つたな》い日本語訳でご紹介する。

シオン長老の議定書（Protocols of the Learned Elders of Zion）

20世紀初めに反ユダヤ主義の口実と根拠に使われた捏造《ねつぞう》文書。１８９７年にスイス・バーゼルで開催された第1回シオニスト会議で24回（一説には27回）にわたる協議でまとめられたとされている。その内容はユダヤ人とフリーメーソンがキリスト教文明を破壊し、ユダヤ人の共通ルールで世界国家を建設する計画であり、自由主義と社会主義はその手段として用いられる。もし失敗に終わればヨーロッパのすべての首都を破壊するというものであった。（以下略）

（原文）

fraudulent document that served as a pretext and rationale for anti-Semitism in the early 20th century. The document purports to be a report of a series of 24 (in other versions, 27) meetings held at Basel, Switz., in 1897, at the time of the first Zionist congress. There Jews and Freemasons were said to have made plans to disrupt Christian civilization and erect a world state under their joint rule. Liberalism and socialism were to be the means of subverting Christendom; if subversion failed, all the capitals of Europe were to be sabotaged.（以下略）

フリーメーソンとは、「18世紀初頭、ロンドンで組織された国際的友愛団体。中世の石工組合を起源にするといわれ、超人種的、超階級的、超国家的、相愛的な平和人道主義を奉じる、一種のコスモポリタニズム運動」（『デジタル大辞泉』）のことで、この程度のことでも保守的なキリスト教徒からは目の敵にされたのだが、この百科事典の項目を完全に理解するにはシオニズム（その信奉者がシオニスト）という歴史用語、いや現代の国際政治を考えるうえでも絶対必要な用語を理解していなければならない。しかし、私の感じでは多くの日本人がこの言葉を知らない。これも百科事典に載っていなければどうしようと思ったのだが（笑）、さすがにこれぐらいは掲載されていた。

シオニズム　しおにずむ　Zionism
19世紀末、ヨーロッパで始まったユダヤ人国家建設を目ざす思想および運動。シオンは聖地エルサレム南東にある丘の名。ユダヤ人がその地を追放されて離散の歴史をたどるという『旧約聖書』の記述中の「シオンの地」は、宗教的迫害を味わってきたヨーロッパのユダヤ教徒にとって解放への希求とあわさって象徴的意味をもっていた。19世紀後半、帝政ロシアを中心に高まってきたユダヤ教徒迫害（ポグロム）の嵐（あらし）のなかで、シオンの地という宗教的象徴性に「ユダヤ人」国家という現実的領土の概念を重ね合わせるシオニズムが誕生した。ユダヤ民族国家実現への取り組みは１８９７年、ハンガリー出身のテオドール・ヘルツル Theodor Herzl（１８６０―１９０４）によって準備された、スイスのバーゼルにおける第１回世界シオニスト会議で具体化した。同会議は、「ユダヤ民族のためにパレスチナに公法で認められた郷土（国家）を建設する」ことを決議した。（以下略）
（『日本大百科全書〈ニッポニカ〉』小学館刊　項目執筆者藤田進）

ユダヤ教徒は「神に選ばれた民」として「邪教（多神教）」を信じるローマ帝国に徹底的に反抗したため、ローマ帝国はその国イスラエルは滅《めっ》しユダヤ人は二度とこの地に住んではならないという過酷な命令を下した。これ以後、ユダヤ人は離散（ディアスポラ）の民族、国家を持たない民族となるわけだが、後にローマ帝国がキリスト教を国教として採用したため「キリスト殺し」のユダヤ人に対する迫害はヨーロッパ全土に広がった。そこで、そもそも「シオンの丘」（ローマ帝国はその名を許さず、パレスチナと呼んだ）は神がユダヤ民族に与えた「約束の地」なのだから、そこへ帰って新しい国家を再建すれば差別を排除できるという考え方が生まれた。これがシオニズムである。その基本理念は、世界各地に分散していたユダヤ人たちが一堂に会した第一回世界シオニスト会議で確認されたのだが、その会議を一部のキリスト教徒が「ユダヤ人どもがキリスト国家を破壊するための大陰謀を決議した」と邪推した。そして自由主義も社会主義も、その中に隠されている本当の意図はキリスト教の破壊であり、この陰謀は絶対阻止しなければいけないという思想が生まれた。これが反ユダヤ主義（anti-Semitism）である。そして、その迫害を徹底するために、もっともそれが激しかったロシアで「ユダヤ人の世界征服（キリスト教世界破壊）計画」という文書が作成された。それがこの『シオン長老の議定書』で、ブリタニカの冒頭にもあるようにこれは捏造であり、省略した部分には「ロシア帝国の秘密警察の役人によって偽造された（the Protocols were forgeries compounded by officials of the Russian secret police）」と明記されてある。

■「ユダヤ金融資本の援助無しでは日露戦争に勝てなかった」という事実を知らない日本人

だが、この捏造文書が歴史に与えた影響はきわめて重大であった。ロシア帝国はマルキシズムの革命（ロシア革命）によって滅ぼされ、新たに「無神論の帝国」であるソビエト連邦が誕生するのだが、そのことによって逆に多くのキリスト教徒がこの「大陰謀」を真実だと思い込んだ。たとえば「自由の国」アメリカの自動車王ヘンリー・フォードがオーナーの新聞『ディアボーン・インディペンデント』はこの内容をしばしば引用し、アメリカは社会にこれを広めてしまったし、何よりもドイツのアドルフ・ヒトラーがこれを政治的に徹底的に利用したため、ユダヤ民族抹殺計画であるホロコーストが実行され、数百万のユダヤ人が犠牲になってしまった。

そのために、やはりユダヤ人差別を根絶するためにはシオニズムに従ってユダヤ人国家を「約束の地」に再建するしかない、という国際（欧米）世論が形成された。しかし問題は古代イスラエル王国滅亡後、その地はローマ帝国に認められたパレスチナ人の所有になっていたことだ。詳しくは世界史の問題だが、簡単に言えば新イスラエル国の建設はユダヤ教徒ユダヤ人がイスラム教徒パレスチナ人を追い出して難民化する結果も生んだ。現代の中東問題、パレスチナ問題の原点はここにある。

さて、日本史にとってもこの問題はきわめて重要なことがわかっていただけただろうか。要するに、日本は財政的にはユダヤ金融資本無しには絶対に日露戦争には勝てなかったのに、その冷厳な事実が国民の常識となっていなかった（それどころか、今も「なっていない」）ということなのである。もし、この事実が国民の常識として大正《たいしょう》・昭和《しょうわ》の日本にあったら、ユダヤ民族抹殺を実行しようとしたドイツと同盟を結ぶなどという路線が、いかに危険であるかという判断の材料になったはずである。もちろん、国家同士のダイナミズムには様々な要素があるから、その常識があったからと言って日本を破滅に導いた日独伊三国同盟が必ず回避できたとは言わないが、ユダヤ民族と日本民族は、じつは共通する点が多い。まず、その大部分が基本的に「非キリスト教徒」であること、それがゆえに欧米列強つまりキリスト教徒白人から偏見の目で見られやすい、ということだ。反ユダヤ主義は昔からあった。何度も述べたように「キリスト殺し」に基づく偏見である。しかし、ポグロムやホロコーストの根拠である近代の反ユダヤ主義は、ブリタニカの説明にもあるように、とくにanti-Semitism（直訳すれば反セム主義）と呼ばれる。なぜそうなったかと言えば、このころからユダヤ人に対する偏見の理由に「キリスト殺し」だけで無く、「あいつらはセム族（＝有色人種）ではないか」という人種差別の要素が加わったからだ。だからこそ、ドストエフスキーもヒトラーも「アーリア人（＝白人）優位」思想を声高に唱えたのである。逆に言えば、「有色人種同士」日本とユダヤは連帯できたということだ。

■膨大な戦費調達を支えた最大の功労者・高橋是清日銀副総裁の数奇な人生

結局、日露戦争の戦費はいくらかかったのか？

現在はまったく忘れ去られ、この時代を扱った映画やドラマにも登場しないが、当時の人間ならおそらく少年でも知っていた数字がある。

それは、「十万と二十億」というものだ。「十万」とは十万人、すなわち日露戦争で戦死した将兵の数であり、「二十億」というのは要した戦費である。これは最終的に「十万の英霊、二十億の国帑《こくど》」という言い方になったが、語呂がよく覚えやすいということか「十と二十」が国民の常識になり、明治天皇の「遺産」としても意識されるようになっていく。これは決して負債という意味では無く、それだけの犠牲を払って獲得した満洲《まんしゅう》の権益あるいは朝鮮半島に関する優先権は、何があっても守りとおさなければいけないという意味である。そしてこの国民意識が、昭和二十年までの大日本帝国の方向性に決定的な影響を持つことになる。このことはぜひ記憶されたい。

実際の日露戦争の戦死者は約十一万八千人で、「十二」と言うべきだったかもしれない。戦費のほうは研究者によって数字がまちまちだが、約十七億円かかったのは間違い無いようだ。経済学者井藤半彌《いとうはんや》の『戦時財政講話』（巌松堂《がんしょうどう》書店刊　昭和14年）では、戦費の合計が十七億二千万円、このうち公債財源は十四億千八百万円としてある。公債つまり借金の割合は、八十二パーセントにもおよんだということだ。また、公債全体のうち外債の割合は四十七パーセントとあるから、ここから逆算すると外債で約八億円の資金を調達したことになる。


では、現代の金銭価値ではどれくらいになるのか？　こういう計算はきわめて難しい。

日本有数の歴史がある八十二銀行は、本拠地の長野《ながの》市に金融資料館「スペース82」を持っているが、そこでかつてホームページに公開されていた「昔のおかね今いくら？」によると、指標の一つである企業物価指数で試算した場合、「明治40年の1万円は、平成10年では１０８７万円になる」とある。当時の日本銀行副総裁高橋是清《たかはしこれきよ》が外債募集のためにイギリスに向かったのは開戦直後の一九〇四年（明治37）二月のことだから、この数字をそのまま使って計算すると（17億×１０８７）で一兆八千四百七十九億円になる。しかもこれは一九九八年（平成《へいせい》10）ベースの話だから、現在の物価に換算するといくらになるのか？　二兆円を超えるのではあるまいか。確かに、二〇二〇年度の日本国予算は一般会計だけでも約百兆円あるから、その数字と比べると大したことは無いように見えるかもしれないが、当時の人にとってはまさに莫大な借金であったろう。完済するまで、何と前の東京オリンピックの五年後の一九六九年（昭和44）までかかったという話があり、本当かどうか調べてみたところ、間違いでは無かった。もちろん複雑な事情があって、それは次のようなものだ。
まず、国内向けの内債は一九一一年（明治44）までに償還された。問題は外債である。次の大正時代に一部が償還されたものの、関東大震災（１９２３年〈大正12〉）が起こったため翌一九二四年（大正13）に復興費調達を盛り込んだ新規外債に借り換えられた。この借金が一九四一年（昭和16）の太平洋戦争開戦時にも英米などに対して残っていたのだが、戦争勃発とともに償還は中止された。もちろん、借金が消えて無くなったわけではない。敗戦後は形を変えて償還がなされ、それが完済されたのが一九六九年だったというわけだ。ちなみに財務省のデータベースによれば、開戦年度の大日本帝国の国家予算（歳入予算額）は「351,115,288」円である。約三億五千万円だ。それしか歳入の無い国が、十七億円もかかる戦争を始めたのである。いかに大変なことであったか、その財政面を支えた人々も東郷平八郎《とうごうへいはちろう》や乃木希典《のぎまれすけ》に勝るとも劣らない功労者であることがわかるだろう。

その財政面での最大の功労者が、前出の高橋是清日銀副総裁であった。この人の人生はまさに波乱万丈という言葉がぴたりと当てはまるものであった。一八五四年（嘉永《かえい》7）、江戸で幕府御用絵師の庶子《しょし》（妾《めかけ》の子）として生まれ、すぐに仙台《せんだい》藩足軽《あしがる》の高橋覚治の養子となって江戸の仙台藩屋敷で育った。若いころから何か光るものがあったのだろう。仙台藩江戸留守居役の知遇を受け、明治維新直前に藩費留学生としてアメリカに渡ったが、悪徳商人に騙《だま》され農場などで奴隷労働をさせられた。しかしその間苦労して英語を身につけ、帰国後は英語教師として様々な学校に所属し、さらに渡米経験を買われて農商務省に入省した。しかし官吏としての生活に飽き足らず、官を辞して野に下りペルーの銀鉱開発事業に手を染めた。ところが高橋が出資者を募《つの》って買い付けた銀鉱は、現地に渡ってみるとすでに廃坑になっていた。まんまとペテン師に騙され、すべての私産と社会的信用を失ったのである。

しかし、今度は川田小一郎《かわだこいちろう》日本銀行総裁に見出された。川田は土佐《とさ》出身で、岩崎弥太郎《いわさきやたろう》の片腕として三菱財閥確立に尽力した人物である。その川田が高橋を日銀に入れ次々に仕事を与え出世させた。高橋の生涯では、ピンチに陥ると必ず有力者が現われ救ってくれる。よほど魅力ある人物だったのだろう。そして開戦の年には日銀副総裁となっていた高橋に、外債募集つまり公債による戦費調達という重大な使命が与えられたのだ。

国内はまだいい。重税にも耐え愛国心に富んだ国民が公債を買ってくれた。しかし、外国では日本という国家に対して信用がまるで無い。それなのに、当時の金でまず一千万ポンドの資金がどうしても必要であった。先に「日英同盟のよしみでイギリスが半分買ってくれた」と述べたが、正確にはイギリスの民間資本の間にも「日英同盟はフランスなどが参戦した場合には軍事同盟として有効だが、日露がそれぞれ単独で戦っている場合はイギリスは中立を

南米・カラワクラ銀山の経営に乗り出した高橋是清は、1889年（明治22）11月に横浜港を出発し、サンフランシスコ、パナマを経由して翌年1月にペルーに到着。2月にはアンデス山中の同銀山で開杭式を行なうも、1か月もたたずにすでに廃鉱であったことが判明した。写真は日本出発前に開かれた送別会での記念撮影。中央が高橋
（写真提供／近現代PL）

保つべきである」という意見が有力だった。これは口実で、どんな建前があろうと儲かる話には乗るのが民間資本というものである。だが中立を保つべきなら資金援助もしてはならないことになるわけで、要するにこれは「外れる馬券は買いたくない」という逃げ口上だったのだ。それを極力説得して翻意させたのは、高橋の熱意と弁舌である。ひょっとして、ペテン師に騙された経験がこういうところで役に立ったのかもしれない。また、残りの半分五百万ポンドについてもアメリカのジェイコブ・シフが中心となって買い上げてくれたわけだが、シフがその目的でまずコンタクトを取ったのが高橋だった。先に述べたように、シフらアメリカのユダヤ資本は負けてもいいから日本を応援しようという意思はあったのだが、直接の担当者の高橋が英語下手で魅力の無い人物だったら事態はどう転んだかわからない。また、ほぼ同時期にイギリスに渡り日本の宣伝を盛んに行なったのが伊藤博文《いとうひろぶみ》の娘婿末松謙澄《すえまつけんちょう》だが、この末松と高橋はグイド・フルベッキ塾の同門であった。司馬遼太郎《しばりょうたろう》の『坂の上の雲』では、この末松の活動を冷ややかに描きあまり効果が無かったとしているが、末松の目的は演説会などをとおして日本が投資対象として適格だと示すことだったから、じゅうぶんに成功したと言えるのではないか。第二章でも述べたように、アメリカで末松と同じ役割を果たしたのがルーズベルト大統領と「同門」の金子堅太郎《かねこけんたろう》であった。末松がその少し前に英語で「ジンギスカンは源義経《みなもとのよしつね》である」を書き、金子が同じく英語で書かれた新渡戸稲造《にとべいなぞう》の『武士道』をルーズベルトに渡したのも、広い意味での宣伝活動であった。私は歴史家として「ジンギスカンは源義経では無い」と思っているが、末松にとっては日本という国を世界に広く知らしめる目的が最優先だったのだろう。逆に言えば、こういうところが司馬遼太郎には嫌われたのかもしれない。

ちなみに、高橋是清とジェイコブ・シフはその後親しい友人となり、高橋の娘和喜子《わきこ》がアメリカ留学の際シフの私邸を寄宿先としている。家族ぐるみの付き合いだったということだ。和喜子はその後金融畑に進んだ大久保利通《おおくぼとしみち》の息子利賢《としかた》と結婚し、その子供は後に総合商社丸紅《まるべに》の専務となった。ロッキード事件で逮捕された人物と言えば、現在六十歳以上の人なら思い出すだろう。また、是清自身は後に「ダルマさん」として親しまれ大蔵大臣として日本の財政を立て直すが、それに不満を抱いた陸軍将校によって二・二六事件の際暗殺されてしまった。そのことはいずれ詳しく述べることになるだろう。

■東京裁判にも登場した捏造文書「田中メモランダム」の無視できない影響力

何度も強調することになるが、このころのユダヤ民族と日本との間には深い友好があった。そして非キリスト教徒という点でも共通している。キリスト教徒は非キリスト教徒に対して強い差別観を抱いており、これと産業革命および帝国主義以降強化された白人の有色人種に対する偏見とが合体した。その結果捏造されたのが「シオン長老の議定書」なのだが、その後日本も同じような捏造文書による攻撃に遭う。田中メモランダム（田中上奏文）である。

田中メモランダム　たなかめもらんだむ
田中義一（ぎいち）首相が東方会議の決定に基づいて、１９２７年（昭和２）７月天皇に上奏したといわれる文書。29年12月中国の雑誌『時事月報』に「田中義一上日皇之奏章」と題して掲載された。満蒙（まんもう）征服と経営について21項目にわたり具体的に述べられている。

形式その他から偽書であると認定されているが、内容が、その後の日本の行動とあまりにも符合するので、国際的に注目され、東京裁判でも取り上げられた。

（『日本大百科全書〈ニッポニカ〉』小学館刊　項目執筆者江口圭一）

要するに、日本は中国を侵略し世界を征服すべきだと当時の田中首相が昭和天皇に上奏し裁可された、という文書なのだ。誰が作ったかいまだにあきらかでは無いが、文書中に当時はすでに死亡していた山県有朋《やまがたありとも》が登場するなど現実と矛盾する部分もあり、捏造文書であることは学界の定説であると言ってもいいだろう。しかし、東京裁判にも持ち出されたということは相当な影響力があったということだ。日本人はこうした宣伝戦にはきわめて鈍感である。それが場合によっては国家の人的物的な大損害を招くこともあるということを、ホロコーストつまりユダヤ人大虐殺の遠因ともなった「シオン長老の議定書」の例などを参考にもっと強く認識すべきだろう。

この当時、ユダヤ民族と並んで日本にもっとも好意的な存在はアメリカ合衆国であっただろう。最初からアメリカは日本に対して全面的に好意的であったわけでは無い。むしろ、同じキリスト教徒白人としてロシア帝国に共感を示す向きもあった。日本人のことを「イエロー・モンキー」と呼んではばからない新聞もあったほどである。

しかし、ペリー来航の昔からアメリカが望んでいることは中国市場の開拓であり、その前提としてアメリカから見ればアジアの入り口である日本との深い交流であった。具体的に言えば、日本がアメリカの寄港地となり貿易中継の拠点となることである。しかし南北戦争という障害があり、アメリカはヨーロッパ列強に比べて中国進出が遅れた。このまま放っておけば、東アジアはロシアの「領域」になってしまう。この点はイギリスと事情は同じで、日本に暴れてもらって少しでもその状態を阻止したかった。それがアメリカの国益に沿う。だからこそ日英同盟の条文も東アジアに対するアメリカの「参入」を容認するものになっていたし、ルーズベルト大統領も日本を全面的に応援した。その結果、日本は勝った。これも正確に言えば、矢折れ刀尽きこれ以上継戦能力の無い日本に、「時の氏神《うじがみ》」として講和を斡旋《あっせん》した。もちろん、ロシア帝国の側にも革命勢力の台頭を抑えるために一刻も早く休戦したいという意図があったからこそ上手くいったのだが、日本にもアメリカにもポーツマスで日露講和条約が結ばれる前に、今後の東アジアをどうするかを詰めておく必要があった。

そこで交わされたのが、桂・タフト協定である。

■アメリカとの「韓比交換論」成立が放棄させた「アジア解放路線」

アメリカのポーツマスで日露講和交渉が開始されたのは、一九〇五年（明治38）八月十日のことだが（9月5日妥結）、その直前の七月二十九日に東京で大日本帝国総理大臣の桂太郎《かつらたろう》とアメリカの陸軍長官ウィリアム・タフトとの間に秘密協定が結ばれた。注意していただきたいのは、この時代まだ旅客機は無く日米間は船で往来するしか無かったということだ。電信はあったので、外国の大使館等に命令を伝えることはできたが、タフトが直接来日したということは、かなり前からこの協定を結ぶべくアメリカ側も準備していたということだ。もちろんタフトは単なる陸軍の代表では無く、事実上アメリカ大統領セオドア・ルーズベルトの「密使」であった。では、何を「協定」したのか？

桂－タフト協定　かつらたふときょうてい

この会談で、桂はフィリピンに野心をもたぬと確認し、タフトは韓国における日本の保護権の確立が「東洋の平和」に貢献すると認めた。この会談の覚書 note はルーズベルト大統領の追認を得たので、英文では協定と通称されているが、協定としての国際的拘束力をもつかどうかは疑問がある。日本外務省は「桂－タフト諒解（りょうかい）」と称している。当時は秘密にされ、公表されたのは24年（大正13）である。日本は、この協定と第二次日英同盟で、韓国保護権の設定について英米の承認を取り付けたとして、同年（１９０５）11月、乙巳（いっし）保護条約を韓国に強制した。

（『日本大百科全書〈ニッポニカ〉』小学館刊より一部抜粋　項目執筆者藤村道生）

日露開戦を避けるために伊藤博文らが推進した外交戦略が、「満韓交換論《まんかんこうかんろん》」であった。日本は満洲におけるロシアの優先権を認めるから、代わりに韓国（大韓帝国《だいかんていこく》）には手を出さないでくれという妥協案である。しかし大国ロシアがそれを完全に無視したため、日本は開戦に踏み切った。この「桂・タフト諒解」は、言わばアメリカと日本の間に成立した「韓比交換論」と言うべきものだ。日本はフィリピン（比律賓。略して比島）をアメリカの「領分」として認めるから、その代わり韓国を日本の「領分」として認めるということで、引用した項目にもあるように日本はイギリスとの間にも、これに似たものを認めさせた。この日英同盟が改定されたのも同じ年の八月十二日のことで、イギリスが見返りに得たものは日本がインド（印度）におけるイギリスの権益を完全に認めることなどだった。つまり、日本とイギリスとの間では「韓印交換」が成立したと言えないことも無い。要するに、日本はロシアの南下を防ぐために韓国を、イギリスにおけるインド、アメリカにおけるフィリピンのように、完全な「領分」にしようとしたのだ。ちなみに、タフトはこの直前までアメリカから植民地フィリピンに派遣された総督を務めており、後にはルーズベルトの後を継いで第二十七代大統領となった大物である。

ところで、フィリピンがアメリカ合衆国の植民地であったという事実は、意外に日本人の常識となっていない。フィリピンは多くの島からなる島嶼《とうしょ》国家だが、十六世紀の大航海時代のころは中心であるルソン島にあったトンド王国がもっとも有力な国家であり、戦国時代には呂宋《ルソン》国として日本にも知られていた。しかしその後スペイン人に征服され、その周辺はスペイン皇太子フェリペ(後の国王フェリペ2世)に捧げられフィリピナス諸島(フェリペの島々)と名付けられた。その後スペインの植民地支配が長く続いたが、民族意識に目覚めた住民の間で独立運動が起こった。じつは、この運動を当初強く支援していたのが日本政府だった。

独立運動のリーダーであるエミリオ・アギナルドはアメリカの援助を得て、スペイン軍との戦いを優位に進めていた。当時アメリカはカリブ海周辺の支配権をめぐって、キューバを植民地としていたスペインと争っていた。米西《べいせい》戦争である。アメリカにしてみればフィリピンの独立戦争は、スペインの中米に注ぐ軍事力を減殺することになるので独立勢力を支援したのだが、アメリカにはもう一つ思惑があった。独立勢力を利用し、スペインをフィリピンから駆逐し、代わってフィリピンを植民地支配しアジア進出の取っ掛かりにしよう、という陰謀である。アメリカ海軍が旧式のスペイン艦隊をマニラ湾で撃滅したこともあり、アギナルドら独立勢力は一八九八年

（明治31）六月十二日、フィリピナス共和国の成立を宣言した。しかし、革命軍は肝心の首都マニラに入城することができなかった。スペインと密約を結んだアメリカが大量の軍隊を派遣してマニラを占拠したからである。

　日本の明治維新は欧米列強のアジア進出、その帝国主義的支配を免れるために起こった。だから、日本人の中には勝海舟から始まった「アジア人同士で連帯して欧米列強に対抗しよう」という考え方の持ち主も少なからずいた。宮崎滔天《みやざきとうてん》がその代表で、注目すべきは軍部にもその考え方の支持者がいたということである。一方、スペインとアメリカの間に交わされた密約というのは、アメリカはこれ以上スペイン軍を攻撃しない見返りにスペインは相当の対価でフィリピンの領有権をアメリカに売る、というものであった。ひどい話だが、この密約は同じ年の十二月にパリで開かれたアメリカとスペインの講和会議で正式に実行されることになり、スペインは二千万ドルでフィリピナスをアメリカに売却した。独立は否定され、植民地フィリピンの宗主国はアメリカということになった。これがフィリピナス（スペイン語）からフィリピン（英語）へ、アメリカの植民地支配の始まりだった。もちろんアギナルドらは抵抗し、密使を派遣し日本の援助を求めた。それに応じたのが宮崎滔天ら「アジア主義者」であり、軍部からも陸軍で児玉源太郎《こだまげんたろう》と並び称された川上操六《かわかみそうろく》参謀総長が支持に回ったこともあり、日清戦争で鹵獲《ろかく》した武器を援助物資として独立派に送ろうということになった。ところが、この武器を満載した商船『布引丸《ぬのびきまる》』は暴風雨に巻き込まれ沈没してしまった。結局、援助は失敗したのだが、この情報に接したアメリカは日本に厳重抗議をしてきた。桂首相がタフト陸軍長官に「フィリピンに（もう）野心は無い」とわざわざ表明する必要があったのも、こうした背景があったからである。

その後、アギナルドはあくまでアメリカを駆逐しようと戦いを挑んだが（米比戦争）、圧倒的なアメリカの軍事力の前に降伏しアメリカの支配を認めざるを得なかった。そのとき直接「忠誠」を誓わされた相手というのが、アーサー・マッカーサー2世軍政長官であった。一九四五年（昭和20）に日本を占領するためにやって来た連合軍（主体はアメリカ軍）のダグラス・マッカーサーは、このアーサーの息子である。

■本当はアメリカ軍の「元帥」では無かった「マッカーサー元帥」

いずれ詳しく述べることになるだろうが、当時GHQ（占領軍総司令部）のトップであるダグラス・マッカーサーは日本の新聞などには「マッカーサー元帥《げんすい》（略称「マ元帥」）」と書かれていた。私は一度戦中派の人々にアンケートを取ってみたいと思っているぐらいなのだが、その設問はこうである「あなたはマッカーサーが、アメリカ軍では元帥では無いのを知っていましたか？」「え、そうなの」と驚く人がどれぐらいの割合いるか知りたいのだが、これは本当の話である。その昔、日活のアクションスターとして一世を風靡《ふうび》しテレビでも活躍した二谷英明《にたにひであき》が、テレビで興味深い思い出話をしていたのを聞いた。終戦直後、アルバイトで進駐軍（これも敗戦を終戦と言い換える言霊《コトダマ》的ゴマカシで、本当は「占領軍」なのだが）の通訳をやっていたころ、英語の勉強のためにラジオ放送のFEN（Far East Network、現在はAFNと改称）を毎日聞いていたという。これは全世界に散らばったアメリカ兵士やその家族向けの英語放送である。その中で、じつに頻繁に出てくる単語があるのだが、意味がわからない。なぜかと言うと、「蛇《じゃ》の目傘《めがさ》」としか聞こえないからである。さて、この日本人の耳には「ジャノメガサ」としか聞こえない単語は、何を意味するかおわかりだろうか？

　答えは「General MacArthur」である。

　アメリカ英語は早口で子音をつなげるので、イギリス英語から入った日本人にはわかりにくい。古くはジョン万次郎が、当時の日本人に「今、何時ですか？」はアメリカで何と言うのか聞かれて、「掘ったイモいじるな（What time is it now?）」と教えた、というエピソードも思い浮かぶ。しかし、問題はアメリカ英語の特質では無い。当時、アメリカ軍の公式放送でもマッカーサーを「General」と呼んでいたということだ。「General」はあくまで将軍（少将、中将、大将）の称号であって、元帥を意味しない。元帥は「Marshal」である。元帥は大将の上の階級であって、日本でも東郷平八郎は元帥だが乃木希典はそうでは無い。乃木は長生きしなかったせいだろうか、元帥にはなっていない。

　じつはマッカーサーもそうで、アメリカ軍では元帥にはなれなかったのである。では、自称つまりデタラメな経歴かと言えば、そういうわけでは無い。彼は確かに元帥だった。しかしアメリカ軍では無く、フィリピン国軍の元帥であったのだ。

　アメリカはフィリピンを植民地化し、日本は韓国を併合した。併合とは建前では「対等合併」であるから独立など許されないということになるが、植民地であるならば独立は当然目指すべきだ、ということになる。アメリカは黒人差別などの人種問題は多く抱えていたが、それでも一応は民主主義国家である。だから、いずれはフィリピンは独立させてもいいという考えを持っていた。アギナルドを死刑にしなかったのもそのためである。そして時代は下って一九三四年（昭和9）、アメリカ議会はとうとう十年後のフィリピンの独立を認める決議を行なった。ところが、それから七年後の一九四一年（昭和16）に太平洋戦争が勃発し、日本軍がフィリピンに侵攻したため話は複雑になった。フィリピンが独立すれば政府の要人になることに決まっていたマニュエル・ケソン（後に独立準備政府初代大統領。ケソン・シティは彼の名を記念した）は、フィリピンと縁が深く友人でもあったアーサー・マッカーサーの息子ダグラスに新生フィリピン国軍の建軍を依頼した。マッカーサーは、多額の報酬と自分をフィリピン国軍の元帥にすることを条件に依頼を引き受けた。もっとも正式なフィリピン国軍元帥に就任したものの、独立以前に日本軍が侵攻してきたため、在フィリピン米軍司令官としてこれを迎え撃ったが、一敗地に塗《まみ》れコレヒドールから撤退した。彼が「I shall return（戻ってくるぞ）」と叫んだのはこの時である。また、この時アギナルドは日本軍に協力した。二枚舌を使って巧みにフィリピンを植民地化したアーサーの息子には、協力する気になれなかったのだろう。

　一九四五年（昭和20）、戦争は終わった。GHQ総司令官として日本に着任したマッカーサーは、じつは重大な服務規程違反を犯していた。トレードマークのコーンパイプとともに彼がかぶっていた軍帽は、アメリカ陸軍のものでは無い。彼の首から下は確かにアメリカ陸軍の制服だったが、軍帽は

1946年（昭和21）5月10日、来日したアメリカ陸軍参謀総長のドワイド・D・アイゼンハワー元帥（右）を出迎えた、連合国軍最高司令官ダグラス・マッカーサー。両「元帥」がかぶっている軍帽の違いに注目されたい（写真提供／読売新聞社）

「フィリピン国軍元帥」のものだった。いや正確に言えば、実体の無いフィリピン国軍には正式な制服や軍帽は無かった。マッカーサー自身が勝手に作った軍帽なのである。そして彼は、日本のマスコミには「オレは元帥だ」と盛んに主張したらしい。服務規程違反だと言っても日本には彼より階級が上の軍人はいないのだから、まさに「お山の大将」でやりたい放題だった。だからこそ日本のマスコミは、彼を「マ元帥」と呼んだのである。

とにかく、注意すべきはロシアに対する勝利が確定し、その「果実」である満洲と韓国を「領分」として確定するにあたって、日本はそれまでいくらかは保持していた「アジアの解放を目指す」という路線を放棄した、という点である。もちろん完全に放棄したわけでは無く、その後も日本は国際社会の場で人種差別撤廃などを訴えていくことにはなるのだが、少なくとも勝海舟が理想とした「日本、朝鮮、中国が一体となって欧米列強に対抗する」という路線は、完全に放棄されたと言っていいだろう。別の言葉で言えば、日本も欧米列強グループの一員になれたということだ。

■日本側が「大勝利」を収めたポーツマスにおける「日露講和」

日本海海戦で日本が完璧な勝利を収めたのが一九〇五年（明治38）五月二十七日だが、日本は早くも六月一日には駐米公使高平小五郎《たかひらこごろう》に電信で指令を伝え、アメリカのセオドア・ルーズベルト大統領に日露講和の斡旋を要望していた。そして早々と講和の条件についてもまとめ上げ、六月三十日には閣議決定に漕ぎ着けていた。

その内容は「絶対的必要条件（譲れない条件）」と「比較的必要条件（交渉によっては譲って

もいい条件）」の二種類に分かれていた。その具体的な内容を述べると、まず「絶対的必要条件」は次の三項目であった。

①韓国を日本が自由に「処分」することをロシアに認めさせること。

②ロシアは満洲から撤兵すること。

③遼東《りようとう》半島の租借《そしやく》権およびロシアが満洲内に建設した鉄道（哈爾濱《ハルビン》〜旅順間）を日本へ譲渡すること。

三項目目にある遼東半島は日本が日清戦争に勝利した時に清国から獲得した領土だったが、ロシアが音頭を取った三国干渉《さんごくかんしよう》で泣く泣く清国に返還せざるを得なかった「いわくつき」の土地である。清国はその代償として日本に莫大な賠償金を支払った。その返済に苦しんでいる清国の窮状につけ込んで、ロシアは遼東半島を租借という形で「入手」した。いわゆる「借金のかたに巻き上げた」のだが、それを再び日本が取り返すというのがこの項目の趣旨である。また、三項目目の後半はロシアの満洲進出の中で建設された東清鉄道（シベリア鉄道と連結している清国領土内の路線）を、日本はロシアを満洲から完全に駆逐するという形で奪い取るということだ。この路線を日本は、後に南満洲鉄道（通称満鉄）と改称し大陸進出の足掛かりとしていくことになる。

一方、「比較的必要条件」は次の四項目であった。

①ロシアに賠償金を支払わせること。

②中立国の港湾に逃げ込んだロシア海軍の艦艇を日本に引き渡すこと。
③樺太《からふと》（サハリン）全島および周辺の島々を日本に割譲すること。
④沿海州沿岸の漁業権を認めさせること。

これには後に追加項目として、

⑤極東に展開するロシア海軍を縮小すること。
⑥ウラジオストク港を非武装化して国際貿易港とすること。

という二項目が付け加えられた。これは交渉の具合によって使える「取引材料」を増やしたということだが、全体を見て肝心なことは樺太以外に領土割譲要求は無く、遼東半島についても割譲では無く租借権の譲渡を求めたということ。それにもかかわらず、賠償金要求は「譲れない条件」としてはいないということだ。この戦争には数年分の国家予算に匹敵する「二十億円」という莫大な戦費をつぎ込んだのだから、本来ならばそれを一円でも回収したいところである。しかしそうしなかったのは、まさに日本の継戦能力が尽きており、「余裕」が無かったことを如実に示しているわけだ。日本政府内も、「戦争を一日も早く終わらせなければ」という冷静な判断で一致していた。だからこそ、「ロシアに奪われた」遼東半島すら割譲までの要求はしなかった。それに、もともと遼東半島は清国の領土だから、租借権の譲渡で無く割譲となると清国の了承も得なければならない。当然話は長引くし、あまり強硬な要求を出すとまとまる話もまとまらなくなる。ただし、樺太についてはロシア側も防衛する余裕を失っていたので、日本軍は最後の力を振り絞って樺太に上陸し占領した。七月二十九日のことだ。つまり占領という既成事実を作り、あわよくば樺太全島を日本領にしようとしたのである。

先に紹介したように、日本の要請を受けたルーズベルト大統領は七月に入ってフィリピンを訪問する予定だったウィリアム・タフト陸軍長官に急遽東京へ向かうように命じ、桂・タフト協定を成立させた。そして日本がこれ以上フィリピンに手出しをしないことを確認したうえで、ルーズベルトは講和の斡旋に乗り出した。この間、日本は八月にイギリスとも交渉し日英同盟を改定していた。この「根回し」は、要するに韓国に対する日本の「優先権」を英米に認めさせるものであった。

ルーズベルトは、アメリカ合衆国ニューハンプシャー州のポーツマスを日露講和談判の地に指定した。日本からは全権大使として小村《こむら》寿《じゅ》太郎《たろう》外相が交渉にあたり、ロシア側の全権大使はあのセルゲイ・ウィッテ元蔵相であった。この交渉について、多くの日本人はロシア側の抵抗で難航したという印象を抱いているが、

日露講和会議は10回の本会議に加え、非公式の予備会議や秘密会議を重ねて調印に漕ぎつけた。写真はポーツマスにおける第3回本会議(1905年8月14日)の様子。手前列中央が日本側全権小村寿太郎、奥列中央がロシア側全権セルゲイ・ウィッテ(写真提供/読売新聞社)

実際はそうでも無かった。いや、それどころか戦争にたとえれば日本の勝利、それも辛勝では無く大勝であったと評してもいい。と言うのは、もう一度「譲れない項目」と「譲ってもいい項目」とを見ていただきたい。交渉は具体的には八月十日から始まりほぼ連日行なわれたのだが、十七日の第六回会議の段階で日本側はすべての「譲れない項目」についてロシア側の承認を取りつけていたのだ。一般的に交渉というのは、外交に限らずすべてについて言えることだが「譲れない項目」についても譲歩を迫られることが少なくない。ところが、この場合はそれをすべて達成したのだから、交渉としては大成功なのである。「譲ってもいい項目」の中には、「ウラジオストク港を非武装化」など日本側が自ら撤回したものもあった。結局、この後最後までもめた問題は、日本側が樺太全島の割譲（あるいはそれに代わる賠償金の支払い）を求めたのに対し、ロシアが断固として拒否したことだ。ロシアも日本はもう継戦能力が無いという情報は把握し、これ以上妥協する必要は無いと考えており、しかも全権大使ウィッテは皇帝ニコライ2世からロシアの領土を寸土たりとも譲るなという指示を受けていたから、そういう態度に出たのである。

ここで、日本と日英同盟を強化したイギリスの『タイムズ』紙が、またしても日本を「アシスト」した。

八月二二日付の英紙『タイムズ』は、交渉が決裂の恐れがあると報じた。そして、交渉が決裂すれば、百万の日本軍が満洲のロシア軍に襲いかかり、「ロシア軍に大打撃を与えるに違いない」と論じた。

（『戦争の日本史20　世界史の中の日露戦争』山田朗著　吉川弘文館刊）

もちろん、これは希望的観測であって的確な予測とは言えない。『タイムズ』は現代の日本にも存在しないクオリティ・ペーパーではあるが、それは紙面で必ずしも公平客観の立場を貫くということでは無い。むしろ、時々の国益に沿う報道をするのは当然のことである。そしてこの場合の国益とは、日本が極東においてロシアの領域を少しでも奪うことによって、結果的にロシアのアジアに対する影響力を少しでも弱体化させようというものだった。そもそも日英同盟を締結して日本とロシアを戦う方向へ導いたのも、このことが目的だったことはすでに述べたとおりだ。

この「アシスト」は非常に効果があった。それまで寸土も日本には割譲しないという方針だったロシア側が、この「国際世論工作」にまんまと引っ掛かり、「樺太の南半分なら割譲に応じてもよい」と態度を軟化させたのである。そして日本もその提案を受け入れ、最終的には「南樺太（北緯50度以南）をもらう。ただし賠償金は一切請求しない」というところで妥協が成立し、九月五日、講和条約の調印式がポーツマスで行なわれた。もう一度繰り返すが、日本は「譲れない項目」はすべて認めさせ、「譲ってもいい項目」の中でも領土（南樺太）の獲得は実現した。そして賠償金の獲得は最初から「譲ってもいい」ことだったから、この交渉は日本側の大勝利に終わったと言っても過言では無い。

■あきらかに誤った情報を国民に与え国家滅亡の危機に導いたマスコミの責任

ところが日本の世論は、これは「負け」であり「屈辱」であるととらえた。実態とはまるで反対の認識である。なぜこんなことになってしまったのだろうか。

まず、日本国民の常識が誤っていた。欧米列強は帝国主義時代に入って何度も戦争を繰り返し、勝利も苦い敗戦も味わっている。国民は戦争に慣れており、当然ながら戦争の常識もわきまえていた。具体例を言えば、戦争に勝ったからと言って「必ず領土を奪えるとは限らない」あるいは「賠償金を取れるとは限らない」である。しかし、近代に入った日本がそれまでに経験した「大戦」と言えば日清戦争しかない。その日清戦争では勝つことによって台湾や遼東半島といった領土も取れたし、多額の賠償金も得ることができた。つまり「日本の常識は世界の非常識」ということで、早い話が国民は日露戦争の勝利でも「領土と賠償金は当然獲得できる」と思い込んでしまったのである。皮肉なことに、その思いに拍車を掛けたのが前出の『タイムズ』の記事だった。国民の多くは『タイムズ』など読めないが、読める知識階級やそれを知らされたマスコミ人は「あのイギリスもまだまだ日本は戦えると認めている」と思い込んでしまったのである。「まだまだ戦える」ならば、「樺太は半分でいい」あるいは「賠償金などいらない」という態度に出ることは「敵に屈した」ということになる。全権大使の小村は全国民から憎まれる存在になってしまった。

さてこの後、大日本帝国は「十万の英霊、二十億の国帑」で獲得した満洲を「生命線」として維持するためにあらゆる努力を傾注し、最終的には中国、英米との対立を招いて大戦争に突入し滅亡するわけだが、そうした事態を招いた最大の責任はどこにあるのだろうか?

「陸軍あるいは軍部の横暴」「それを可能ならしめた天皇制」等々様々な意見があるが、私は日本のマスコミあるいはジャーナリズムの責任がきわめて大きいと考える者である。マスコミあるいはジャーナリズムの使命とは、国家を動かす主体である国民が正しい判断ができるように的確な情報を提供することにある。戦前の日本を独裁国家のように断じる人もいるが、曲がりなりにも大日本帝国は立憲君主国家であり、様々な制限はあっても国民の代表である議会が決定権を持っている国家である。陸軍が戦争するのも立憲国家においては議会の承認が必要だ。とくに予算を承認しなければ、国家に属する組織は何もできない。そして制限的民主主義とは言え議会の代表は国民から選ばれるのだから、戦前の日本は少なくとも軍事独裁国家では無い。そして軍事独裁国家では無い以上、北朝鮮とは違うのだからマスコミは国民の「耳目」となって、判断の材料を提供していかなければならない。

しかしこの時、日本のマスコミはあきらかに誤った情報を国民に与えていた。ちょうど戦後の朝日新聞が「北朝鮮はまともな国家だ」と誤認させるような情報を国民に与え続け、その結果北朝鮮に日本全土を射程に収めるミサイル網をみすみす完成させてしまったように、この時の日本の新聞（当時はまだラジオもテレビも無い）は「日本はもう戦えない」という正確な情報を国民に与えなかった。だからこそ、国民は本来ヒーローとして迎えるべき小村寿太郎を「殺せ」と息巻いたし、「屈辱的な講和条約」に怒って大暴動を起こした。日比谷焼打事件《ひびややきうちじけん》である。

日比谷焼打事件　ひびややきうちじけん
日露講和条約に反対する民衆暴動。日露講和反対運動は１９０５年8月末、講和会議の内容が報道されて以降、約1カ月間全国的展開をみたが、その頂点となった、都市型暴動の最初の事件である。

ポーツマス条約に不満を抱く国民の一部は、かねて20億円の償金、沿海州の割地などを主張しており、《万朝報》《大阪朝日新聞》をはじめ各紙は条約破棄の論調に終始した。条約締結日の9月5日、対露同志会、黒竜会を中心とする対外強硬論者の9団体が主催して東京日比谷公園で〈講和条約反対国民大会〉を計画した。政府は治安警察法によって大会を禁止したが、会場周辺には数万の民衆がつめかけ、警官隊と衝突して公園内になだれ込んだ。大会幹部は開会を宣言し、憲政本党の河野広中が座長をつとめ〈講和条約破棄決議〉〈満州各軍に打電すべき決議〉〈枢密顧問官に対する決議〉を採択し約30分で終わった。散会後民衆は自然発生的に暴動化した。うちつづく戦勝の報道と過大な講和条件への期待を裏切られ、加えて戦争で多大な犠牲が生じたことに民衆が怒りを爆発させたのである。(以下略)

(『世界大百科事典』平凡社刊　項目執筆者橋本哲哉)

この事件、民衆が藩閥専制政治に抵抗した運動であり、それが後の大正デモクラシーにつながったなどという肯定的な評価もあるのだが、私に言わせれば完全な思い違いで、これはまさに大日本帝国滅亡への分岐点となった大事件だと考えている。

■「日比谷焼打事件」が「大日本帝国破滅への分岐点」と言える理由

日露講和条約反対を叫んだ近代日本の最大級の民衆暴動「日比谷焼打事件」。

先に紹介した『世界大百科事典』(平凡社刊)では、この項目の最後に「これは国民とくに都市民衆による排外主義・膨張主義的行動の全国的あらわれであったが、他面では藩閥専制に対する抵抗運動でもあり、大正デモクラシー運動の出発を意味するものであった」(項目執筆者橋本哲哉)と書いてある。

じつは、これは日本歴史学界の定説でもあるようだ。その証拠にもう一つの日本を代表する百科事典『日本大百科全書〈ニッポニカ〉』（小学館刊）にも、この事件の評価については「参加者は職工、職人、人足など戦争のしわ寄せをもっとも受けた都市無産大衆で、日比谷焼打事件は一面で排外主義の要素をもつものの、藩閥専制政治に抗した運動であり、この後の大正デモクラシー運動の出発点に位置するといえる」（項目執筆者成田龍一）とある。

だが、そんな見方に異を唱えるのが小説家にして歴史家でもある司馬遼太郎である。私は第二章において、司馬の小説『坂の上の雲』に描かれた乃木希典像が実際とは違うと手厳しく批判した。しかしそれはそれとして、司馬がきわめて優秀な歴史家であることは間違い無い。その司馬が、「日比谷焼打事件」こそ近代日本史の分岐点だ、と指摘している。ここは司馬がどうしてそう思ったのか、実際の言葉を引用したい。まず、司馬はこの日比谷焼打事件は江戸時代の一揆《いっき》とは違い、「政府批判」という「観念」を掲げた「大群衆」によって起こされたものであり、そういう意味では「日本史上最初の現象」であると指摘する。その点は通説と同じだが、そのうえで司馬は次のように言う。

調子狂いは、ここからはじまった。大群衆の叫びは、平和の値段が安すぎるというものであった。講和条約を破棄せよ、戦争を継続せよ、と叫んだ。「国民新聞」をのぞく各新聞はこぞってこの気分を煽《あお》りたてた。ついに日比谷公園でひらかれた全国大会は、参集するもの三万といわれた。かれらは暴徒化し、警察署二、交番二一九、教会一三、民家五三を焼き、一時は無政府状態におちいった。政府はついに戒厳令を布《し》かざるをえなくなったほどであった。

私は、この大会と暴動こそ、むこう四十年の魔の季節への出発点ではなかったかと考えている。この大群衆の熱気が多量に——たとえば参謀本部に——蓄電されて、以後の国家的妄動のエネルギーになったように思えてならない。

（『この国のかたち 一』文藝春秋刊）

「むこう四十年の魔の季節」とは、この年一九〇五年（明治38）から一九四五年（昭和20）まで、まさに参謀本部（陸軍）が主導した満洲事変、ノモンハン事件そして大東亜《だいとうあ》戦争（太平洋戦争）という「国家的妄動」により、この国が大破綻した時期を示している。通常、この事態を招いたのは陸軍（軍部）のまさに「妄動」である、というのが日本人の一般的歴史常識だろう。しかし、その原因がこの日比谷焼打事件であったとする論者は、私の知る限り司馬だけだ。

かつて司馬は新聞記者だった。にもかかわらず、その日本の新聞に対する評価はじつに辛辣《しんらつ》である。

日本においては新聞は必ずしも叡智《えいち》と良心を代表しない。むしろ流行を代表するものであり、新聞は満州における戦勝を野放図に報道しつづけて国民を煽っているうちに、煽られた国民から逆に煽られるはめになり、日本が無敵であるという悲惨な錯覚をいだくようになった。（中略）日本の新聞はいつの時代にも外交問題には冷静を欠く刊行物であり、そのことは日本の国民性の濃厚な反射でもあるが、つねに一方に片寄ることのすきな日本の新聞とその国民性が、その後も日本をつねに危機に追い込んだ。

（『坂の上の雲　第七部』文藝春秋刊）

また、こうも言っている。

新聞がつくりあげたこのときのこの気分がのちには太平洋戦争にまで日本を持ちこんでゆくことになり、さらには持ちこんでゆくための原体質を、この戦勝報道のなかで新聞自身がつくりあげ、しかも新聞は自体の体質変化にすこしも気づかなかった。

（引用前掲書）

言うまでも無く、「このときのこの気分」とは「日本が無敵であるという悲惨な錯覚」であり、これが日比谷焼打事件を起こした「大群衆の熱気」につながったということだが、この指摘がきわめて重要なことはおわかりだろう。司馬の言葉では無いが、俗な表現を使えば「日本を破滅に追い込んだ〝A級戦犯〟は新聞である」ということなのだ。

確かに、直接的に日本を破滅に追い込んだのは陸軍参謀本部に代表される軍部であることには間違い無い。司馬もその点は認めている。しかし、その参謀本部の行動の「エネルギー」は、日比谷焼打事件の「大群衆の熱気」によってもたらされた。だからこそ、最大の責任者はその「大群衆の熱気」を「つくりあげた」新聞である、というのである。

耳を疑う人も多いだろう。だが、私は司馬のこの見解に全面的に同意する。それにしても日比谷焼打事件を「大正デモクラシーの出発点」と見るか、「大日本帝国破滅への分岐点」と見るかでは、天と地のようにまったく正反対な見解に見えるかもしれないが、そうでもない。

そもそもデモクラシーつまり民主主義（大正時代の日本人はこれを民本主義と訳したが）とは、国家の意思を最終的に国民が決定する政治システムのことだ。そして大日本帝国憲法制定以来、昭和二十年の敗戦まで大日本帝国は曲がりなりにも立憲民主制の国家であった。確かに帝国の終焉《しゅうえん》を決めたポツダム宣言受諾は昭和天皇の「御聖断」によるものだが、これはきわめて異例の措置であったことは誰もが認めるところである。その大破綻を招いた満洲事変から対米戦争へ向かっての一連の国策は確かに軍部の主導によって行なわれたが、軍部は初めから国全体を牛耳《ぎゅうじ》るほどの強い力を持っていたわけでは無い。それは、大正から昭和初期にかけての、まさに「国民が国家意思を決定できる」時代に成立したこと、いや国民が支持して成立させたこと、なのである。アドルフ・ヒトラーの率いるナチスは絶頂期には軍事独裁体制だったが、そもそもそれを許したのは民主的な選挙でナチスに投票し政権を担当させた国民である。それが同じ軍事独裁体制でも北朝鮮とまるで違うところだ。逆に相違点は数多くあるが、国民がその意思で成立させたという点では日本とドイツの事情は同じである、と私は思う。そして日本の場合、国民が軍部の意向を支持するようになったのは新聞の「煽り」が原因なのだから、新聞こそ最大の「戦犯」だということになるわけだ。

■頑迷な歴史学者たちの根拠無き「錯覚」そして「驕り」

私が「正反対な見解に見えるかもしれないが、そうでもない」と述べた理由はおわかりだろう。それにしても、歴史学者の分析のほうが正しいのではないか、と思われる方もいるかもしれない。

確かに、歴史学者というのは歴史の専門家である。それは否定しないが、そうであるがゆえに、残念なことではあるが自分たちは森羅万象すべての問題の専門家であると錯覚する人々がいる。素人には読めない「当時の史料」が読めるがゆえに、それが読めない人間を「専門外」だと無視し、そう錯覚するのである。と言ってもわかりにくいだろうから、実例を挙げよう。

一九九四年（平成6）というから、今から四半世紀以上前の話である。当時私は、後に『逆説の日本史 第三巻 古代言霊《コトダマ》編』（小学館刊）として一冊にまとめられる部分を『週刊ポスト』誌上で連載していた。そこで私が繰り返し強調していたことは、「平城京《へいじょうきょう》から平安京《へいあんきょう》への遷都は怨《おん》霊《りょう》信仰によるもの（少なくともその影響が大）である」ということだった。ところが、当時の歴史学者の人々は怨霊信仰はあまり関係無い、と否定していたのである。今はともかく昔は明確に怨霊信仰が存在したのだから、「キリスト教の影響によってビザンティン文化が生まれた」と主張するのと同じことで、その主張自体は非科学的でも何でも無いはずだが、当時の有力な歴史学者たちは怨霊信仰に言及しながらも「怨霊の力は強大だから場所の移動（つまり遷都《せんと》）で封じることはできない」と一方的に断定し、躍起になって遷都の原因から外そうとしていた。その「非科学的態度（笑）」は、改めてこの第三巻を読んでいただければよくわかるが、あまりに頑迷なその姿勢に堪り兼ね、私は次のように批判した。

これは歴史の問題ではない。宗教学（あるいは民俗学）の問題だ。

今更言うまでもないが、怨霊の存在を信じていなくても「怨霊学」という学問、つまり怨霊信仰とその影響を科学的に研究することは可能だ。同じように、信仰や祟りあるいは悪運といった問題も、研究の対象にはできるし専門家もいる。
ではなぜそういう専門家（学者）に「怨霊の祟りは場所の移動で封じることができますか（そういう考え方がありましたか）」と聞いてから、論文を書かないのか。

（引用前掲書）

要点はおわかりだろう。私は若いころジャーナリストをやっていた。取材対象は様々で、ほとんどの場合そのことに対する専門知識は無いから「専門家に話を聞く」のは、当たり前だった。常識以前の常識と言ってもいい。ところが、日本にはそれをやらない人たちがいる。日本史の専門学者である。もちろん誇張したりデタラメを言っているわけでは無い。具体例を他にも挙げれば、孝明《こうめい》天皇の死の情況である。孝明天皇は天然痘《てんねんとう》に罹患《りかん》して崩御したとされるが、それまで朝敵とされていた長州《ちょうしゅう》にとってはじつに「好都合」な死だったので、歴史学界の中にもそれは暗殺ではないか、という見方が根強くあった。決して「トンデモ学説」でも「陰謀説」でも無い。とくに昭和二十年以降、皇室に関する研究が「自由」になってから昭和の間数十年間、暗殺説はまともな論争の対象だった。ところが現在、暗殺説は下火になっている。それは平成に入って原口《はらぐち》清《きよし》名城《めいじょう》大学名誉教授が天然痘という病気を詳しく検証し、天然痘の罹患死に間違い無いと結論づけ、多くの学者がそれを受け入れたからだ（反対説もある）。しかし、原口名誉教授は歴史学者であって医学者では無い。ということは、この論文を書くにあたって医者から取材したということだ。論点はおわかりだろうか？　つまり「原口以前」の数十年間、歴史学者たちはきちんと医学者の意見を聞いていなかった、ということなのである。ちなみに私は、「死因は天然痘で間違い無いが、人為的に感染させられた」という「暗殺説」だ。興味のある方は、『逆説の日本史　第二十五巻　明治風雲編』の最終章に改めて述べておいたので見ていただきたい。

また、織田信長《おだのぶなが》の「髑髏《どくろ》盃を作らせた」などの様々な奇行も心理学あるいは精神病理学の分野の問題であって、少なくとも歴史学者がそうした専門家の意見を拝聴すれば、「本能寺《ほんのうじ》の変を起こした明智光秀《あけちみつひで》の心理」の追究等にも利するところがあるだろう。ところが、そうしたこともほとんど行なわれていない。「常識中の常識」がなぜ実行できないかと言えば、「自分たちはすべての専門家である」という根拠の無い「錯覚」あるいは「驕《おご》り」があるからではないか。そうで無ければ幸いだが。

さて、話を日比谷焼打事件に戻そう。司馬遼太郎は作家であると同時に十数年の記者経験がある。すなわち、マスコミ論あるいはジャーナリズム論の専門家でもある。その気になれば大学のマスコミ論の講座を担当することもできただろう。一方、歴史学者は歴史の専門家であってもマスコミ論の専門家では無い。それでも、原口名誉教授のように専門家の意見を聞くならいいが、この暴動を「大正デモクラシーの出発点」などとする論者は、残念ながらあきらかにマスコミ論の専門家の意見を聞いていないと思われる。なぜそう言えるか？

私もマスコミ論の著書は何冊か出しているし、『逆説の日本史　第二十三巻　明治揺籃編』の第一章は、現代マスコミ批判でもある。つまり、司馬や私のようにマスコミ論を語れる「専門家」から見ると、この日比谷焼打事件はマスコミの情報操作、要するに「大誤報（虚報）」が最大の問題であるからだ。

■ニューヨークタイムズはなぜ拠点を東京では無くソウルに移したのか

日本の歴史学界それも近代史の分野では、かつて「左翼全盛」だった。たとえば朝鮮戦争は北朝鮮の奇襲攻撃によって始まったものなのに、七〇年代には「韓国が先に攻撃した」というデタラメな「学説」が「一流大学」の歴史学専門の教授によって堂々と語られていた。それに呼応するように、報道の分野では朝日新聞などの「一流新聞」が「北朝鮮は労働者の天国」「日本人拉致《らち》などあり得ない」というデタラメ「記事」をタレ流していた。最近の若い歴史学者の中には、とくに近代史の分野でこういうインチキ学者が幅を利かせていたのを知らないのか、知っていて目を逸《そ》らしているのか、自分たちだけが歴史の専門家で絶対正しいという態度で他者を批判する人々がいるのは残念である。

「どちらが戦争を仕掛けたか」という事実ですらきちんと確定できない人々に、歴史上の事件の的確な評価ができるはずも無い。この日比谷焼打事件もそうで、これを「大正デモクラシーの第一歩」などと肯定的にとらえる評価や分析にはまったく納得できない。これはむしろ、現在でも欧米先進国に比べたらきわめてレベルの低いマスコミが、日本という国に対してもたらした「害毒史」の第一歩として認識すべきものなのだ。

こんなことを言うと、欧米先進国にはおよばないにしても日本のマスコミは少なくともアジアの中では一流ではないか、と思う読者が少なからずいるだろう。残念ながら、それは事実では無い。その証拠をお目に掛けよう。

NYタイムズ香港《ホンコン》拠点を韓国ソウルに移転へ

中国が香港国家安全維持法を施行したことを受け、アメリカの有力紙ニューヨークタイムズは、香港の拠点を韓国・ソウルに移転する方針を明かしました。

ニューヨークタイムズは14日、電子版の記事で、香港にあるデジタルニュースの拠点を韓国・ソウルに移す方針を明らかにしました。中国が香港で反政府行為などを取り締まる「香港国家安全維持法」を施行したことを受けた措置で、（中略）この拠点はロンドン、ニューヨークと並ぶデジタルニュース部門の3大拠点のひとつで、現地取材などをする一定数の記者らは今後も香港に残すということです。

移転先には東京も候補にあがっていたということですが、外国企業に友好的でアジアの主要なニュースで中心的な役割を果たしているソウルに決めたとしています。

（日テレNEWS24　電子版　2020年7月16日　15：31配信）

香港が中国の国家安全維持法の施行で、自由な報道の拠点では無くなった。そこでニューヨークタイムズは、東南アジアか東アジアのどこかにデジタルニュースの拠点を移そうとした。そこで選ばれたのは東京では無くソウルだった、ということなのだ。この『逆説の日本史』シリーズの読者はよくご存じのように、韓国ではいまだに「国内の歴史に関する言論の自由」が無い。客観的なデータに基づく論文でも、日本を少しでも評価すると「親日的」と糾弾され、場合によっては裁判で訴えられる。また、『週刊ポスト』二〇一九年一月四日号掲載のソウルからのスペシャルレポートでお伝えしたように、現在の文在寅《ムンジェイン》政権は「歴史の証人」である石碑の文面を塗り潰してしまうような、まさに文明国にはあるまじき態度を続けている政権でもある。
ところが、この日テレNEWS24電子版の記事中にある「ニューヨークタイムズ14日、電子版の記事」では、ソウルに決めた理由を次のように述べている。

The Times, in seeking a suitable location outside Hong Kong, considered Bangkok, Seoul,Singapore, Tokyo and other cities in the Asia-Pacific region. South Korea proved attractive,among other reasons, for its friendliness to foreign business, independent press, and its central role in several major Asian news stories.

〈大意〉
ニューヨークタイムズは、香港以外の適切な拠点を求めて、バンコク、ソウル、シンガポール、東京、およびアジア太平洋地域の他の都市を検討の対象にしましたが、中でも韓国がもっとも魅力的であることが判明しました。外国のビジネスに対して友好的であり、独立した報道体制が確立し、主要なアジアのニュース記事での中心的な役割を果たしているからです。

「原典」と「日テレNEWS24」の記事内容をよくよく比較していただきたい。ポイントは、ニューヨークタイムズがデジタルニュースの拠点をソウルに決めた理由だ。じつは三つあるのだが、日本の記事では（これは「日テレNEWS24」だけで無く、ほとんどの日本のマスコミは同じく）、そのうちの一つが欠落しているのである。independent press（独立した報道体制）だ。

つまり、世界の一流マスコミであるニューヨークタイムズの評価では、この点において日本より韓国のほうが「上」なのである。耳を疑う人も多いだろうが、これが現実なのだ。

そしてもっとも問題なのは、この評価に不満であろうとなかろうとニューヨークタイムズがそう評価したのは紛れも無い事実なのだから、その事実に関してはきちんと報道しなければいけない。しかし、その事実を「欠落」させているのが日本のマスコミなのである。報道機関として最低の義務である「事実の正確な報道」すらできていないということだ。「欧米先進国に比べたらきわめてレベルの低いマスコミ」というのは、決して昔の話では無い。今もそうだということが、おわかりだろう。ではなぜ、そんな情けない情況なのか。

戦前はともかく、戦後における日本のマスコミの堕落の最大の理由は、「記者クラブ」という官庁とマスコミの癒着体制がいまだに解消されていないからである。私はこの「記者クラブ」問題をずっと追及してきた。昔からの読者はよくご存じのように、私はかつてTBS（東京放送）の記者で現役時代は複数の記者クラブに所属していた。つまり「記者クラブ体制」にどっぷりと浸かっていたわけだが、幸いにも途中退職しフリーランスになったおかげで、その問題点をはっきり認識するようになった。「記者クラブ」の問題点は、官庁よりもマスコミ側にある。「記者クラブ」というメンバー以外のマスコミの記者を排除することによって、ニュースソースを独占できるからだ。もちろん官庁側にもマスコミ対策がしやすいという利点があるから、この癒着関係はなかなか無くならないのだが、こんな「ガラパゴス体制」を一刻も早く解消しないと、日本は世界から取り残されることになる。いや、すでに取り残されている。デジタルニュース部門のみとは言え、ニューヨークタイムズのアジア拠点は東京では無くソウルなのだから。

■記者クラブという利権に胡坐し世界から取り残された日本マスコミ「害毒史」

これはどちらかと言うと現代史の問題であるが、日本マスコミ「害毒史」の視点から見ると総合的に検討すべき問題なので、もう少し触れておきたい。ひょっとしたら、こういうことを初めて耳にする若い読者もいるかもしれないからだ。じつはこの問題は私や一部の心ある人がずっと昔から追及しているにもかかわらず、ほとんど改善が見られない。次の宣言を見ていただきたい。

新聞・テレビなどの報道機関は、遺憾ながら今なお、排他的、閉鎖的な記者クラブを通して、官公庁など機関からの公式発表情報に少なからず依存し、それらが提供する経済的便益さえ享受している。(中略)われわれは、この現状を改めるために、次のような改善策の実行を求める。

1. 新聞・テレビなどの報道機関は、記者クラブを全てのジャーナリストが取材できるように改めるとともに、情報公開制度を活用するなどして、真実に基づき問題の本質に迫る取材と報道を行い、市民の知る権利に奉仕するよう努めること。(以下略)

さて、これは何かと言えば、日本弁護士連合会(日弁連)主催の人権擁護大会の終了にあたってシンポジウムなどの成果も踏まえ出された決議文である。記者クラブ問題が日本のマスコミの宿痾《しゅくあ》で「治療」すべき課題であることは、決して私の個人的偏見によるもので無いことがわかっていただけるだろう。まともな人間から見れば「誰が見てもそう」なのである。では、ここでクイズを出したい。この宣言が出されたのは、いったいいつの話か?

二〇一五年？　二〇〇五年？　なんと驚くなかれ、一九九九年（平成11）なのである。二十世紀の話なのだ。具体的には、一九九九年十月十四・十五日に群馬《ぐんま》県前橋《まえばし》市で開かれた大会の決議文の一部抜粋である。この時も「まったく同じこと」が起こった。朝日、毎日、読売の三大紙はこの人権擁護大会自体については報道したものの、そこでこのような記者クラブ問題改善宣言が出されたことにはまったく触れなかったのだ。自分たちにとって都合の悪い情報はカットするという悪癖も、昔からのことだと理解していただけるだろう。このあたりの事情についてはマスコミ評論『逆説のニッポン歴史観』（小学館刊）に詳しく述べておいたので、興味のある方はご覧いただきたい。とにかく、日本のマスコミは国民に正確な情報を伝えるという義務を果たしていない。

この後、フリージャーナリスト上杉隆《うえすぎたかし》記者の努力で一部こうした体制に「風穴」が開いたのだが、結局現状はほぼ二十年前と同じ状況に戻ってしまった。こうした大手マスコミの現状に見切りをつけた上杉記者は、インターネットの世界でニュースサイト『ニューズ・オプエド』を起こし、記者クラブ体制に惑わされないフリーな形でのニュース発信を続けている。私もこれには協力しているが、これはYou Tubeで無料で見られるので『井沢さんの10円玉』という動画と併せて見ていただければ、この問題の問題点をより深く理解していただけるだろう。

たとえば、朝日新聞は日本では「反安倍」の新聞として定評がある。これに異論を唱える人はいないだろう。しかし、「外」から見ると「反安倍とは言うが、一方でその安倍の『秘蔵っ子』である検察幹部の黒川某や、論調のまったく違う産経新聞の記者と一緒に賭けマージャンという犯罪行為を秘かにやっていたではないか。要するに日本のマスコミは同じ穴のムジナであって、反安倍なんてのはポーズなんだろう」と思われても仕方が無い、ということだ。いや、黒川某とマージャンをやっていたのは社員だが記者では無い、などと言い訳しても逆の立場になって考えてみればいいのだ。逆の立場なら、そんな言い訳は受け入れないだろう。もしこういう見方が心外であると思うならば、明日にでも全省庁の記者クラブから記者を引き上げ、今後はフリーのジャーナリストすべてが自由に取材できる体制を構築すべく努力すると宣言すればいい。そうすれば、少なくとも朝日新聞社の国際的信用性は高まる。要するに、今から二十年以上も前に日弁連が提言していたことを実行に移せばいいのである。

　しかし残念ながら、おそらくはそれは不可能だろう。これは朝日だけでは無いが、長年築いてきた「利権」を手放す勇気は無いと思う。もちろん、ニューヨークタイムズもそのように判断した。だからこそソウルに拠点を移したのだ。ちなみに、韓国青瓦台《せいがだい》における大統領会見は、一定の実績があるジャーナリストなら申請すれば基本的に取材パスが下りると聞いている。ここで重要なのは「実績」であって、日本なら大学を卒業しただけでまったく取材経験が無い人間でもマスコミに入社し「記者」として現場に配属され、配属先の省庁の記者クラブのメンバーに登録されれば、その日から会見に出て大臣に質問ができる。一方、とくに外国人だといかに優秀なジャーナリストで実績があっても基本的にこうした会見に出席できない。記者クラブのメンバーならどんな「ド素人」でも大臣会見に出席ができ、メンバーで無ければどんなに優秀な実績のある「プロ」でも出席できない。それが日本の現状で、韓国はまるで逆である。この点では、韓国のほうが国際的水準に達している。あなたがニューヨークタイムズの担当者なら、どちらを選ぶか。言うまでも無いことだろう。

歴史学者の先生方はマスコミ論の専門家では無い。だから、こうした国際的視野あるいは常識から見た日本のマスコミの現状は、たぶんご存じないと思う。だが、それではこうしたマスコミの「原点」とも言うべき日比谷焼打事件の的確な評価・分析はできない。

この問題の最大のポイントは、「新聞が事実とはまったく反対のデタラメの情報を流し、国民を煽動し暴動に至らしめた」ことにある。

■事実を把握しながら国民の不安を煽り煽動した新聞ジャーナリズムの大罪

それにしても一九〇五年、日露戦争に勝利し世界の列強のメンバーとなった大日本帝国が、原爆二発を投下され他の都市も空襲で壊滅状態となり数百万人の犠牲者を出して大崩壊したのが一九四五年。この間わずか四十年である。こんな短期間でこれほど激しい歴史の浮き沈みを経験した民族あるいは国家は、世界史的に見ても珍しい。

まさに「むこう四十年間の魔の季節」（司馬遼太郎）であり、司馬はこの年一九〇五年に起こった日比谷焼打事件がその「出発点」だと考えていた。その理由についてはすでに述べたが、簡単に繰り返せば当時のマスコミの「すべて」と言ってもいい新聞（雑誌ジャーナリズムはあったが、テレビもラジオもネットも無い）が国民に戦争の実態を知らせず、政府がポーツマス講和条約の中で当時としては最大限の成果を上げたことも評価せず、逆に国民の不満を煽って徹底的に煽動することによって暴動を起こさせ、民主主義社会において国民の耳目となるべきマスコミの任務を放棄したことにある。

この点について司馬は、「当時の新聞がもし知っていて煽ったとすれば、以後の歴史に対する大きな犯罪だったといっていい」(『この国のかたち 一』文藝春秋刊)と、相変わらず関西人らしく(笑)断定的には述べていないが、代わって私が申し上げよう。最近の歴史学界の研究成果も踏まえれば、「当時の新聞は知っていて煽った。つまり、歴史に対する大きな犯罪を犯した」のである。

以下、詳しく解説しよう。

じつは私も初めてこの問題に取り組んだころは、当時の新聞人は戦争の実態を知らなかったのだと思い込んでいた。確かに政府は戦争の実態を国民に知らせようとはしていなかった。いや、むしろ隠していた。そういう意味では当時の政府は国民を百パーセント信頼してはおらず、たとえば奉天《ほうてん》大会戦は勝つには勝ったが戦力を使い果たしロシア軍を追撃する能力は無かったということも、できるだけ国民の目から隠そうとした。本来の民主主義国家なら、政府は実態を公表し国民の理解を求め協力を要請するところである。しかし、当時の日本はまだそういう国家に成長していなかった。

また、味方の能力が白日の下に晒《さら》されるということは「軍事機密上、問題だ」という古い考え方もあった。「古い」というのは、外国の新聞は特派員などを通じて状況を正確に把握しており、とくに欧米では正確な情報が報道されていたから、そこから情報は「筒抜け」になっていたからである。つまり、ジャーナリストで無い一般の日本人でも、外国語の基本的知識があれば戦況は正確に認識できたということだ。外国まで行く必要も無い。横浜や神戸には外国人居留地がある。そこには船便で定期的に外国の新聞が運ばれてくる。そういうところに友人や伝手《つて》があれば、素人でも正確な情報が入手できたということだ。ましてやプロである新聞人が正確な情報を入手できないわけが無い。当たり前の話だが、各新聞社にはそれぞれ練達の記者がおり独自の情報網もある。今と同様、政府高官や高級軍人に情報源を確保していた記者もいたはずだ。それに日本軍は現地の戦場に記者が入って取材することも認めていた。乃木希典と敵将ステッセルの「和解」が世界に打電されたのも、現地で記者会見が開かれたからだ。現場に行けば軍や政府の公式発表とは違うナマの情報も耳に入ってくる。おわかりだろう、軍や政府が「日本にはもう継戦能力が無い」という基本的事実を隠蔽しようとしたことは事実だが、そんな情報工作が上手くいったはずが無いということだ。何度も述べたように、アメリカが講和の斡旋に乗り出したのも、この基本的事実が大前提にあったからで、そのことはアメリカをちょっと取材するだけでも容易にわかる話である。現に『國民新聞《こくみんしんぶん》』はそうした正確な情報を認識し、社説でも「ポーツマスでの講和交渉は大成功だ」という評価をしていた。国民が的確な判断を下すために必要かつじゅうぶんな情報を、少なくとも『國民新聞』だけはしっかりと国民に提供していたのである。しかし、他のすべての新聞は違った。「これ以上戦うのは不可能」という事実を把握しながら、「この条件で講和すべきでは無い。戦争を継続すべきだ」と国民を煽動した。つまり、「新聞は知っていて煽った」のである。

では、なぜそんな「犯罪」を犯したのか？　その背景にあったのは、新聞の激しい部数獲得競争であった。『日露戦争と新聞――「世界の中の日本」をどう論じたか』（講談社刊）の著者片山《かたやま》慶隆《よしたか》は、日本戦争の時代、日本の新聞は「百家争鳴《ひやっかそうめい》・百花繚乱《ひやっかりょうらん》」であり「新聞の黄金期」であったと述べている。

当時は、一方では、福澤諭吉《ふくざわゆきち》（一九〇一年二月没）以来の伝統を誇る『時事新報』や、陸羯南《くがかつなん》の率いる『日本』のような一八八〇年代に創刊されたクオリティ・ペーパー（格式のある高級紙）が存在した。また、一八七二年以来もっとも長い歴史を持ち、元農商務大臣の伊東巳代治《いとうみよじ》が経営する政府系の『東京日日新聞』、徳富蘇峰《とくとみそほう》が主導する『国民新聞』や池辺三山《いけべさんざん》が主筆を務める『東京朝日新聞』のように、第一次桂太郎《かつらたろう》内閣（一九〇一年六月〜一九〇六年一月）と近い関係にある新聞もあった。

他方、大隈重信《おおくましげのぶ》が党首を務める憲政本党の機関紙であった『報知新聞《ほうち》』や島田三郎《しまださぶろう》が社長であった『毎日新聞』のように、政府に批判的な民権派の新聞も存在している。さらに、同じく政府に批判的ではあるが、一八九〇年代には従来の新聞とは性格が異なる新聞も登場した。それは、有名人の女性問題や金銭問題を追及するイエロー・ジャーナリズムでありながら、当時としては「リベラル」な論調であった『萬朝報《よろずちょうほう》』や『二六新報《にろくしんぽう》』（後の『東京二六新聞』）のように、主に労働者に読まれていた安価な新聞である。

（引用前掲書）

なぜ、このような「百花繚乱」状態になったのか。その理由を説明する前に、「クオリティ・ペーパー」について解説を付け加えておきたい。マスコミ論を語るためにこの概念は非常に重要なのだが、一般的に日本人はこの世界的常識に対する知識が不足していると私は感じているからだ。詳しい定義を紹介すれば次のようなものである。

クオリティ・ペーパー
高級紙のこと。クオリティ・プレスquality pressともいう。ポピュラー・ペーパー popular paper（大衆紙）に対する新聞として、イギリスで始まった。19世紀末の工業化と教育の普及に伴い、新聞は新たに労働者階層向けの大衆紙と、従来からの知識層向けの高級紙との二極分化が生じた。後者には『タイムズ』『ガーディアン』が属し、発行部数は大衆紙に比べはるかに少ないが、社会の指導者層に大きな影響力をもった。高級紙は、論説・ニュースの内容が優れ、影響力が大きく、自由・独立の一般紙であることが基本的な条件である。センセーショナルに大衆の感情に訴える新聞とは区別されるほか、たとえ影響力が強くても、政府や特定政治力に従属する新聞あるいは経済専門紙は、有力紙ではあっても高級紙とはよばない。報道志向の『ニューヨーク・タイムズ』（アメリカ）、評論中心の『ル・モンド』（フランス）などが代表例である。

（『日本大百科全書〈ニッポニカ〉』小学館刊　項目執筆者小松原久夫）

まず、冷厳な事実を言おう。現在日本には世界的水準で「クオリティ・ペーパー」と呼べるものは一つも無い、ということだ。『読売新聞』は発行部数が多過ぎるし、『朝日新聞』がそうだという日本人もいるが、世界的水準から見たら『毎日新聞』も含めて発行部数が多過ぎ、「高級紙」と呼ぶには私は躊躇を覚える。全国紙は他に『産経新聞』と『日本経済新聞』があるが、『産経』も『読売』『朝日』『毎日』に比べて規模は小さいもののやはり日本独特の「大衆紙」と呼ぶべき存在だろう。経済専門紙の『日経』はそもそもクオリティ・ペーパー足り得ない。日本の「新聞史」

は幕末から数えても二百年に満たないのだが、その最大の問題点は日本には世界に誇れる「クオリティ・ペーパー」がほとんどの時期存在せず、現代もその例外では無いということだ。これは日本民族にとっても大きな不幸である。何度も述べたことだが、民主主義社会において国民が的確な判断を下すための「耳目」となるのがマスコミの役目である。そして新聞においては、クオリティ・ペーパーが一番重責をもってその任にあたる。ところがそれが「無い」というのだから、いかに重大な問題かわかるだろう。もちろん、日本と欧米の社会構造の違いがその原因の一つであることは疑い無い。日本は昔から大衆化社会で、とくにヨーロッパのようにエリート層と庶民が画然と分かれてはいない。だから当然新聞のターゲットも絞りにくくなるのは事実だが、そうした事情を勘案してもやはりこの点はきわめて重大な問題で、「日本新聞史」の重大項目であることは認識していただきたい。

■「クオリティ・ペーパー」とは真逆の道を進むようになった日本の新聞

さて、なぜ日露戦争の時代に日本の新聞が「百花繚乱」になったのか。その直接的理由は、新聞に対する政府の統制が緩和されたからである。具体的には、この時期「新聞紙条例」が改正され自由民権運動が盛んな時代には当たり前だった、政府が一方的に新聞の発行を停止にできる権限が事実上廃止された。確かに政府はこの時点でも国民をあまり信用しない政権ではあったが、徐々に言論弾圧の姿勢を改めていく方向性は保持していた。もちろん忘れてはならないのは、明治以降政府がきわめて重視した、すべての国民に基礎教育を受けさせるという政策が大成功していたことだ。「字が読める」国民が増えたからこそ、新聞は商品として大量に売れるようになったのである。だが、これは日本人にとって不幸の始まりでもあった。新聞を商品として売るためにもっとも安易で即効性があるのは、大衆の好みに迎合することである。ほとんどの新聞がその方向性を目指した。つまり、クオリティ・ペーパーとはまったく逆の道を日本の新聞は進むようになったのだ。

この時代の日本において、辛うじてクオリティ・ペーパーと評価できるのは『國民新聞』だけであった。念のためだが、この時点の『國民新聞』は確かに政府系新聞ではあったが御用《ごよう》新聞では無かった。どうもこの時代の研究を読んでいると、誤解している向きもあるようなので言っておこう。政府系新聞というのは時の政権と密接なかかわりを持ち、場合によってはその政権の代弁者的立場を取る新聞のことだ。ところが御用新聞とは、「時の政府の保護を受けて、その政策の擁護・宣伝になるような報道に努める新聞（『デジタル大辞泉』）」のことで、もっと露骨に言えば「政府から利益を得て政府が有利になるようデタラメな情報を流す」新聞のことだ。もっとも、明治の初期にはそうでは無かった。御用新聞とは「政府御用達」の新聞、つまり政府の仕事を手伝っている新聞というニュアンスがあり、これは民間の事業に対する「ホメ言葉」だったからだ。しかし、日本の民主主義、国民意識の発達とともに「政府べったり」の姿勢は悪いことだと批判されるようになる、そこで御用新聞という言葉も悪口になった。しかし、それはあくまで国民の利益を無視して政府の立場に立ち、場合によってはデタラメな情報を流して世論も操作しようとする新聞のことである。たとえば太平洋戦争末期のころの日本の新聞は、デタラメ情報である軍部の「大本営発表」をそのまま「事実」として報道していた。だから、この時期の日本の新聞は『朝日』も『毎日』も、まさに御用新聞だった。

しかし、ポーツマス講和条約締結時の『國民新聞』はそうでは無い。その報道内容は正確であり、条約自体に対する評価も的確であった。政府系新聞ではあっても御用新聞では無い。

新聞報道の評論について一番大切なことは、その新聞が政府系か大衆系かなどということでは無い。その報道内容が正確でニュースに対する評価が的確かどうか、これがもっとも重大でほとんど唯一と言っていい評価の基準である。「誰が」では無く、「何が」報道されたかが問題なのだ。それゆえ、「政府系の新聞だから云々」などという評価はマスコミ評論の根本がわかっていない、まさに素人の論議だと断じても差し支え無いだろう。

■「デタラメ新聞」に煽られた暴徒たちに否定された『國民新聞』の的確な提言

安倍晋三《あべしんぞう》首相の突然の辞任（2020年9月16日）には驚かされた。安倍政権の評価はいずれ取り上げることになるだろうが、とりあえずは「お疲れさまでした」と言っておこう。安倍首相はこの直前に首相としての連続在職日数の新記録（2799日）を達成したのだが、前年の二〇一九年（平成31／令和《れいわ》元）には前回の政権を含む首相の通算在職日数の新記録（2887日）をすでに達成していた。

では、それまでの首相としての通算在職日数の記録保持者は誰かと言えば、まさにポーツマス条約締結時の「日露戦争に勝った男」桂太郎なのである。桂はこの後、日韓併合も成し遂げきわめて異例の「陞爵《しょうしゃく》」を二度も受けた人物でもある。この言葉、『広辞苑』には載っていないという読者からの指摘があったが、漢和辞典なら載っているはずで「爵位を上げる」ことである。男爵の家に生まれたら男爵、子爵の家に生まれたら生涯子爵というのが貴族社会の常識で、たとえ大きな功績を挙げても最高位の勲章を与えればいいので「陞爵」は滅多にあることでは無い。桂はもともと軍人で日清戦争の功で子爵となったが、この日露戦争の功で侯爵、日韓併合の功で公爵と、人生二度の陞爵を受けたわけだ。こんな例は他にもあったかもしれないが、とりあえずは思いつかない。それほどきわめて異例なことなのである。それなのに、「安倍新記録の報道」で「それまでの最長は桂太郎」という報道があった時の日本人の大方の反応は、「桂って誰?」であった。桂は「大逆事件《たいぎゃく》」で幸徳秋水《こうとくしゅうすい》ら十二名が死刑に処せられた時の首相でもあり、近代日本の方向性を決めた人物としてもっと注目されるべきだろう。

その「日露戦争に勝った男」ですら、一時は政権を投げ出さざるを得なかったきっかけとなったのが、日比谷焼打事件なのである。この事件の重大性は、その点からも認識できるだろう。それも再三言うように「大正デモクラシーの出発点」などという肯定的な評価では無く、「日本新聞史(マスコミ史)」の、しかも間違った方向性を決定づけた「第一歩」として評価すべきものなのである。こう言っては失礼だが、日本の歴史学界にはどんな形であれ「反政府暴動」を肯定的に評価する気風があるのではないか。かつて「安保反対」を絶対の正義としていた「後遺症」ではないか、などという「邪推」も浮かぶ。もっとも、若い人には何を言っているのかわからないかもしれないが、いずれ詳しく解説する機会もあるだろう。とりあえずここで頭に入れていただきたいのが、一九〇五年(明治38)九月五日に起きた日比谷焼打事件は、単なる反政府暴動では無く日本の新聞で唯一、正確な報道と的確な論評を行なってきた『國民新聞』が、それ以外の新聞のデタラメ報道によって煽動された暴徒によって焼き打ちされた、報道弾圧事件でもあるということだ。これも私の「邪推」かもしれないが、日本の歴史学界には「政府系新聞とは、御用新聞である」という偏見というか先入観があるような気がする。すでに述べたように、この二つは似て非なるものだし、マスコミ関係の事件の評価および分析においてもっとも大切なのは、その新聞が「どこ系か？」ではなく「報道内容が正確で論評が的確だったか？」なのであり、この日比谷焼打事件においては「國民新聞VSその他すべての新聞」というきわめてわかりやすい対立の構図があるのだから、まず『國民新聞』のこの時点での報道の内容を詳しく分析すべきだろう。お気づきのように、これまでの日露戦争史の解説書では、そこの部分がなおざりにされている例が多い。もっとも肝心なことなのに、である。そこで、国会図書館に保存されている『國民新聞』のバックナンバーの記事を原文で紹介しよう。

まず、焼打事件の四日前、九月一日付（この時代はすべて朝刊で、号外はあったが夕刊はまだ無い）の「講和成立」という記事である。

我《わ》が日本國民《にほんこくみん》は、好戰國民《かうせんこくみん》にあらず。其《そ》の戰《たゝか》ふや、戰《たゝか》はんが爲《た》めに、戰《たゝか》ふにあらず。或《あ》る目的《もくてき》を達《たつ》せんが爲《た》

徳富蘇峰が創刊した日刊紙『國民新聞』は大正中期には発行部数20万〜25万部を誇ったが、関東大震災で被災し経営が悪化。1942年（昭和17）に戦時体制下の新聞統合で『都新聞』と合併し『東京新聞』となった。写真は1905年（明治38）9月5日、日比谷焼打事件で講和反対派から投石される國民新聞社屋（写真提供／毎日新聞社）

めに戰《たゝか》ふ也。既《すで》に其《そ》の目的《もくてき》を達《たつ》す、是《こ》れ戰爭《せんそう》の必要《ひつえう》なき也。其《そ》の戰《たゝか》ふや、固《もと》より止《や》むを得《え》ずして戰《たゝか》ふたる也。若《も》し其《そ》の目的《もくてき》だに達《たつ》し、然《しか》も和《わ》す可《べ》き機會《きくわい》だにあらば、何時《なんどき》にても、和《わ》す可《べ》きは、必然《ひつぜん》の經路《けいろ》のみ。故《ゆゑ》に若《も》し今回《こんくわい》の講和《かうわ》の利害如何《りがいいかん》を知《し》らんと欲《ほっ》せば、須《すべか》らく宣戰當初《せんせんたうしよ》の目的《もくてき》に溯《さかのぼ》りて、之《これ》を繹《たづ》ぬるを要《えう》す

原文にもこのようにすべての漢字にルビが振られている。思いの他読みやすいと思うのだが、いかがだろう? このような前置きの後、記事は次のように続く。

日露開戰《にちろかいせん》の理由《りいう》は、炳《へい》として宣戰《せんせん》の詔勅《せうちよく》に麗《あきら》かなり。其《そ》の要《えう》を摘《つ》めば、露國《ろこく》が滿洲《まんしう》を押領《あふりやう》し、韓國《かんこく》を侵害《しんがい》し、延《ひ》いて帝國《ていこく》の存立《そんりつ》を危《あやふ》くせんとしたるが爲《た》めに。帝國《ていこく》は露國《ろこく》に向《むかつ》て、交讓的《かうじやうてき》精神《せいしん》を以《もつ》て、其《そ》の平和的解決《へいわてきかいけつ》を試《こゝろ》みたるに拘《かゝは》らず、露國《ろこく》の頑《ぐわん》として之《これ》に應《おう》ぜざりしが爲《た》めに、寔《まこと》に已《や》むを得《え》ず、干戈《かんくわ》を動《うご》かしたる也。是《こ》れ我《わ》が五千萬同胞《どうはう》の知《し》る所《ところ》たるのみならず、世界《せかい》を擧《あ》げて、皆《みな》之《これ》を知《し》り、且《か》つ之《これ》を諒《りやう》とせざるはなし。是《こ》れ宣戰《せんせん》の言正名順《げんせいめいじゅん》なりし所以《ゆゑん》也。今《いま》や吾人《ごじん》は戰勝《せんしよう》の結果《けつくわ》として、平和條約《へいわでうやく》に於《おい》て、其目的《そのもくてき》を達《たつ》したり。悉《ことごと》く之《これ》を達《たつ》し、總《すべ》て之《これ》を達《たつ》し、全《まつた》く之《これ》を達《たつ》したるのみならず。其《そ》の以上《いじやう》の獲物《えもの》を握《にぎ》れり。看《み》よ韓國《かんこく》に於《おい》ては、我《わ》が保護《ほご》權《けん》を、設立《せつりつ》したるにあらずや。滿洲《まんしう》に於《おい》ては、露國《ろこく》を撤兵《てつぺい》せしめ、門戸開放《もんこかいほう》を承認《しようにん》せしめたるにあらずや。此《かく》の如《ごと》く韓滿兩國《かんまんりやうこく》に關《くわん》する、我《わ》が當初《たうしよ》の目的《もくてき》を達《たつ》したるのみならず。我《われ》は旅順《りよじゆん》、大連《たいれん》の借租《しやくそ》を得《え》たり、我《われ》は東清鐵道《とうしんてつだう》の無條件《むでうけん》、無報償《むほうしやう》の割讓《かつじやう》を得《え》たり。我《われ》は樺太《からふと》の最《もつと》も豐饒《ほうじやう》なる、且《か》つ我《わ》が歴史的因緣《れきしてきいんえん》ある部分《ぶぶん》を得《え》たり。我《われ》は樺太《からふと》より沿海州《えんかいしう》一帶《たい》の漁業權《ぎよぎふけん》を得《え》たり。

是《こ》れ實《じつ》に宣戰當初《せんせんたうしよ》の目的《もくてき》以上《いじやう》の副産物《ふくさんぶつ》と謂《い》はざる可《べか》らず。既《すで》に其目的《そのもくてき》を達《たつ》し、且《か》つ其《そ》の以上《いじやう》を得《え》たり。吾人《ごじん》は單《たん》に平和《へいわ》の成立《せいりつ》を慶《けい》するのみならず、併《あは》せて光譽《くわうよ》（＝名誉　引用者註）と伴《とも》なひ、利益《りえき》を伴《ともな》ふ所《ところ》の平和《へいわ》を得《え》たるを慶《けい》す可《べ》きは、是《こ》れ當然《たうぜん》の事《こと》にあらずや。

文意は明快である。そもそも日露戦争の戦争目的はすべて達せられた、そればかりか「其の以上の獲物」として、旅順、大連の租借、東清鉄道の割譲なども得られたのだから、このポーツマス条約を受け入れて平和を祝おうではないか、と主張している。

■激高した民衆たちの標的となった『國民新聞』とキリスト教会

もちろん、これが歴史的に見てとても正しい判断、条約に対する的確な評価だったことは異論の余地が無いことだ。にもかかわらず、この主張はデタラメ新聞に煽動された暴徒の焼き打ちによって社屋ごと否定されたのである。しかもそれは、この記事が出たわずか四日後のことである。もちろん、そんな「気運」が短期間で盛り上がるわけがない。すなわち、『國民新聞』以外のデタラメ新聞はかなり前から読者の煽動を続けていた。当然そのことは『國民新聞』も理解しているから、記事の中でそうした傾向に繰り返し警鐘を鳴らしている。上記の記事に続く部分である。

人或《ひとあるひ》は樺太全部《からふとぜんぶ》の割譲《かつじやう》、若《も》くは償金《しやうきん》を得《え》ざるを以《もつ》て、戰爭《せんさう》の結果《けつくわ》を皆無《かいむ》にしたりと云《い》ひ、若《も》くは屈辱《くつぢよく》の平和《へいわ》を講《かう》じたりと云《い》ふ。是《こ》れ思《おも》はざるの甚《はなは》だしきのみ。吾人《ごじん》と雖《いへど》も若《も》し出來得可《できうべ》くんば、或《あ》る極端《きよくたん》なる論者《ろんじや》（＝いわゆる七博士のこと　引用者註）の如《ごと》く、樺太《からふと》のみならず、沿海《えんかい》州《しう》を割取《かつしゆ》し、バイカル湖《こ》を以《もつ》て、其《そ》の分堺《ぶんかい》とせんことを欲《ほつ》せざるにあらず。償金《しやうきん》の如《ごと》きも、三十億《おく》以上《いじやう》を得《え》んことを好《この》まざるにあらず。然《しか》れども是《こ》れ赫々《かくく》たる戰功《せんかう》より幻生《げんせい》したる空想《くうそう》にして。之《これ》を實現《じつげん》せざるが爲《た》めに、直《たゞ》ちに平和條約《へいわでうやく》を詛《のろ》ふが如《ごと》きは、是《こ》れ寧《むし》ろ狂漢《きやうかん》に類《るい》せずや。吾人《ごじん》と雖《いへど》も、戰功《せんかう》の偉大《ゐたい》なるに刺戟《しげき》せられたる、我《わ》が理想《りそう》の平和條件《へいわでうけん》を以《もつ》て、所謂《いはゆ》る實際《じつさい》の條件《でうけん》と對比《たいひ》すれば、聊《いさゝ》か慊焉《けんえん》の情《じやう》なきにあらず。固《もと》より遺憾《ゐかん》は卽《すなは》ち遺憾《ゐかん》也。然《しか》も其《そ》の悉《ことごと》く我意《わがい》の如《ごと》くならざるが爲《た》めに、直《たゞ》ちに屈辱《くつぢよく》と云《い》ひ、戰功《せんこう》を無《む》にすると云《い》ふが如《ごと》きは、畢竟何《ひつきやうなん》の爲《た》めに日本《にほん》は開戰《かいせん》したる乎の本領《ほんりやう》を忘却《ばうきやく》したるの徒《と》のみ。夫《そ》れ遺憾《ゐかん》と云《い》ひ、不満《ふまん》と云《い》ふも、目的以外《もくてきいぐわい》の獲物《えもの》の輕重大小《けいてうだいせう》に關《くわん》しての論《ろん》のみ。目的《もくてき》は既《すで》に達《たつ》したり、否目的以上《いなもくてきいじやう》を達《たつ》したり。是《こ》れ戰功《せんこう》の結果《けつくわ》也、是《こ》れ利益《りえき》と光譽《くわうよ》の平和《へいわ》也。知《し》らず何《なに》を以《もつ》て屈辱《くつぢよく》と云《い》ひ、何《なに》を以《もつ》て戰功《せんこう》を無《む》にすると謂《い》ふ乎。

もう一度言うが、当時の状況から見てこの判断あるいは国民への建言は的確である。これ以外に方法は無かったし、それゆえこうするべきだった。そして政府はそのように問題を処理したのだから、国民はそれに不満を唱えず確立された平和を祝うべきだった。しかし、実際は『國民新聞』以外のすべての新聞は、この記事にあるようにポーツマス条約は「屈辱」であり、戦争を継続してもっと「果実」を得るべきだという「世論」を盛り上げ、そちらのほうがはるかに優勢だったのである。「樺太は全部取れ」「賠償金も取れ」というのが、その「狂漢」たちの主張だった。

煽動された民衆たちを何とか鎮めようと考えたのだろう。『國民新聞』は九月三日付の号で、巻頭に「償金なき講和」という社説を掲載している。これはまず、「如何《いか》なる講和談判《こうわだんぱん》に於《おい》ても、一方《ばう》の要求《えうきう》が、悉《ことご》く他《た》の一方《ばう》に承諾《しようだく》せられたるの例《れい》なく」「今日《こんにち》の戰爭《せんさう》は、戰勝《たゝかひか》ちたりとて、必《かなら》ず其占領地《そのせんりやうち》を分割《ぶんかつ》するものにあらざると同《おな》じく。此《こゝ》に戰爭《せんさう》あれば、必《かなら》ず此《こゝ》に償金《しやうきん》ありと云《い》ふべからず」と、世界の常識を述べている。日本人はこの常識がわかっていなかった。「日本の常識は世界の非常識」と言われるが、まさにこの時代からそうだったのである。それも国民の耳目であるべきマスコミ（当時は新聞社）の責任であると私は考えている。

ただし、この『國民新聞』の社説では普墺《ふおう》戦争や米西戦争の実例を紹介し、フィリピン領有に際しては戦勝国のアメリカが敗戦国のスペインにカネを払った例すらあるとたしなめているのだが、このような冷静な論議はもはや通用する状況では無かった。

そして運命の九月五日、ポーツマス条約に不満を抱く人々たちに向けて結集を呼び掛けるビラが撒《ま》かれた。

その内容はたいていの新聞史の資料には載っているが、次のようなものである。

來れ愛國の士

十万《まん》の忠魂《ちうこん》と二十億《おく》の負擔《ふたん》とを犧牲《ぎせい》にしたる戰捷《せんせふ》の結果《けつくわ》は千載《ざい》拭《ぬぐ》ふ可《べか》らざる屈辱《くつじよく》と列國《れつこく》四圍《ゐ》の嘲笑《ちうせう》とのみ嗚呼《あゝ》是《こ》れ果《はた》して何人《なんびと》の罪《つみ》ぞや
吾人《ごじん》は永遠平和《えいえんへいわ》の聖旨《せいし》に基《もとづ》き今《いま》や一大《だい》覺悟《かくご》を爲《な》すべきの時《とき》となれり（中略）貴賤《きせん》と老若《らうにやく》とを問《とは》ず苟《いやしく》も愛國《あいこく》の 志《こゝろざし》あるもの奮《ふる》つて來會《らいくわい》せよ

明治卅八年九月

國民大會發起者

こんなメッセージを受けて「参加しない」などと言ったら、「非国民」にされてしまう。当日午後、まず野党議員たちが主催者となって講和条約反対の決起集会を開こうとした。しかし警視庁は大混乱を予想し集会には禁止令を出し、なおかつ警察隊を動員して数か所ある公園入り口を封鎖した。しかし、この措置がかえって裏目に出た。激高した民衆は警官隊の封鎖網を突破し、集会を開いて気勢を上げた。こうした場合、「警官隊に勝った」と民衆たちに思わせてはいけない。戒厳令でも敷いて首都治安のために軍隊が出動をすべきだったが、政府側にもそうした経験は皆無で、簡単に言えば民衆の行動力を甘く見ていた。

とりあえずの主催者となったのは野党議員だが、日比谷公園ではこれまでにも何度か政府の弱腰を糾弾する集会が各新聞社主導で開かれていた。また、野党以外にも政府に不満を持ち戦争をやめるべきではないという国家主義者たちがいた。結果的にこの日、日比谷公園でそうした不満分子が大集結し大いに気勢を上げるということになった。また、集会に集まった民衆はこうした反政府勢力に徹底的に煽動された。

そこで暴徒と化した民衆が政府機関だけでは無く、唯一的確な報道をしていた『國民新聞』やロシアを象徴するものと考えられていたキリスト教会に焼き打ちを掛けるという、とんでもないことになったのだ。

それにしても、新聞はなぜここまで民衆を煽動したのか？

■大衆を煽り「儲かる商品」になった新聞はマスコミ本来の使命を失っていった

それは、売れるからである。

民衆を煽れば煽るほど発行部数は伸び、新聞は売れる。売れれば、当然の話だが儲かる。社主の懐も潤うし、記者（社員）も豊かになる。だから、『國民新聞』以外の新聞はポーツマス条約のことを「屈辱条約」と呼び、「樺太は全部取れ」「賠償金も取れ」、それが達成されるまでは「戦争をやめるべきではない」と国民を激しく煽動したのである。

ところで、私が何度も指摘しているように現在の韓国の教育の問題点は「とにかく日本が悪い」という「印象」を子供のころから頭に「刷り込む」ところにある。善悪の判断力が育つ前の小学校低学年に、日本人官憲が韓国人女性を拷問しているようなジオラマを見せつけるようなやり方である。これでは日本が嫌いになって当たり前だ。これはもちろん、民主主義国家の教育としてはやってはいけない「禁じ手」である。

では、日本はそのようなことをやっていないのか？　私はやっていると思う。それは戦争に対する「悪印象」を子供のころから刷り込む教育である。こう言っただけで、ひょっとしたら私に反感を持つ読者もいるのではないか。念のために言っておくが、私は戦争を礼賛するつもりは毛頭無い。戦争とは「殺し合いで物事を解決する」ことであり、もっとも野蛮で忌避《きひ》すべき事態である。とくに現代は核兵器というとんでもないものがあり、本気で戦争したら人類が滅亡する可能性すらある。極力、戦争を避けるべきであることは、個人にとっても国家にとっても当然の目標である。しかし、だからと言って、戦争の本質を理解させること無く、とにかく「戦争嫌い」

になるように「洗脳」するやり方は民主主義国家の教育とは言えないし、本当の意味で戦争を抑止できるような人材は育たない。病気と同じで、その本質と特徴を知ってこそ予防や治療ができる。しかし、日本は少し前まで「自衛隊は人殺し集団で国家に必要無い」などと堂々と教えていた教育者がいた。これでは真の歴史も理解できない。

前にも述べたことだが、戦争の持つきわめて重大で直視しなければならない性質とは、「人間を熱狂させる」ということなのである。とくに「勝ち戦《いくさ》」の場合はそうだ。どんな勝利でも味方に犠牲が出ないということはあり得ない。ところが、人間は戦争に勝つと犠牲者の家族の悲しみなど忘れてしまい、大いにハシャギまくる動物なのである。とくに「野次馬」はそうだ。召集され戦地に赴いた兵士はいくら戦いに勝っていても明日は死ぬかも知れないのだから、それほど熱狂しない。また、戦場で冷静さを失うことは死の危険を意味する。しかし、「銃後」の安全な場所にいる人間は、男も女も「応援団」となって戦闘に「参加」する。「参加」と言っても、それは精神的なものであり、死ぬ危険も一切無いから熱狂はますます高まる。そして、これが人間心理の面白いところだが、自分は死ぬ危険が無くても現場の兵士はそうであることを知れば知るほど、彼らに感情移入して熱狂は深まる。こうしたところも「戦争と人間」の常識である。こうした常識を学ぶことが真の歴史を学ぶことにつながり、ひいては将来の戦争を防止するために役立つ知識となる。

すでに述べたように、この時代は新聞への規制が緩められ、教育の成果によって国民の識字率も向上し、新聞は百花繚乱の時代を迎えた。競争の時代と言ってもいい。他社より一部でも売れるにはどうしたらいいか、とほとんどの新聞社は考えた。問題は、読者に質の高い情報を与えることによって部数を伸ばすという、報道機関の本道とも言うべき考え方があまり見られなかったことだろう。手っ取り早く有名人のゴシップなどを取り上げて部数を伸ばしたのが、『萬朝報』や『二六新報』(後の『東京二六新聞』)である。これは大衆紙と言っていいだろう。これに対して『時事新報』や『日本』のような高級紙があり、立場は違えども中間的な存在である『東京日日新聞』『東京朝日新聞』『報知新聞』『毎日新聞』があり、『國民新聞』があった。重要なのは大衆紙の代表とも言うべき『萬朝報』は当初日露戦争開戦に反対していたが、途中で開戦賛成に転じたことである。この方針に反対して幸徳秋水らが退社して『平民新聞《へいみん》』を始めたわけだが、ここでのポイントは最大の大衆紙が「戦争に賛成しなければ部数は伸びない」と判断したことである。

そして戦争が始まってみると、失敗に終わったものの旅順港閉塞作戦における「軍神廣瀬中佐《ぐんしんひろせ》」の活躍、そして黄海海戦《こうかい》、旅順要塞攻防戦、奉天大会戦など、日本が勝利すると新聞が売れに売れた。一昔前、野球ファンが自分の贔屓《ひいき》チームが勝つと翌日のスポーツ新聞を何種類も買って読んだように、いやそれ以上に日本の運命がかかっていた日露戦争は大きな「勝ち戦」となり、新聞を「儲かる商品」にした。この時代はテレビもラジオも無いから、新聞のライバルはいない。また新聞も號外《ごうがい》(号外)を大量に配布して、速報性という点で読者の期待に大いに応えた。號外は無料だが、概略だけだ。そこに「日本海海戦大勝利」などと報じられていれば、当然詳しい情況を知りたくなるが、ラジオすらないのだから有料の本紙を読むしかない。すなわち、また新聞が売れるというわけだ。

戦線が膠着《こうちゃく》状態であったり、一区切りついたりしてネタ切れの時、各新聞社は競って「戦況報告会」や「(局地戦での)戦勝祝賀会」を催した。読者に対し弁士が、日本がいかに強いか熱烈に語って読者を引きつけ、日本軍が勝利すれば提灯《ちょうちん》行列を挙行した。提灯行列は明治以降の日本で発達した独特のパレード行事である。起源を調べてみると、当時のアメリカでお祝いごとがあったとき、各人が松明《たいまつ》を掲げて行進するという「トーチライト・プロセッション」という風習があった。これが留学生によって日本に持ち帰られたのだが、日本ではとくに都市部では松明が簡単に入手できないということで、最初は大学などでカンテラ(携帯用ランプ)が代用されたが、もっと安くて簡単に入手できる提灯が使われるようになった。それも最初は「参加者は提灯持参のうえ現地集合」という形だったのが、そのうち新聞社主催の「戦勝祝賀会」の後に「奉祝」などと書かれた新聞社特製の提灯を持って行進するようになった。

現代でも、新聞社主催のマラソン大会などで紙製の小旗が配られることがあるが、そうした風習の始まりがこの提灯行列だったのである。

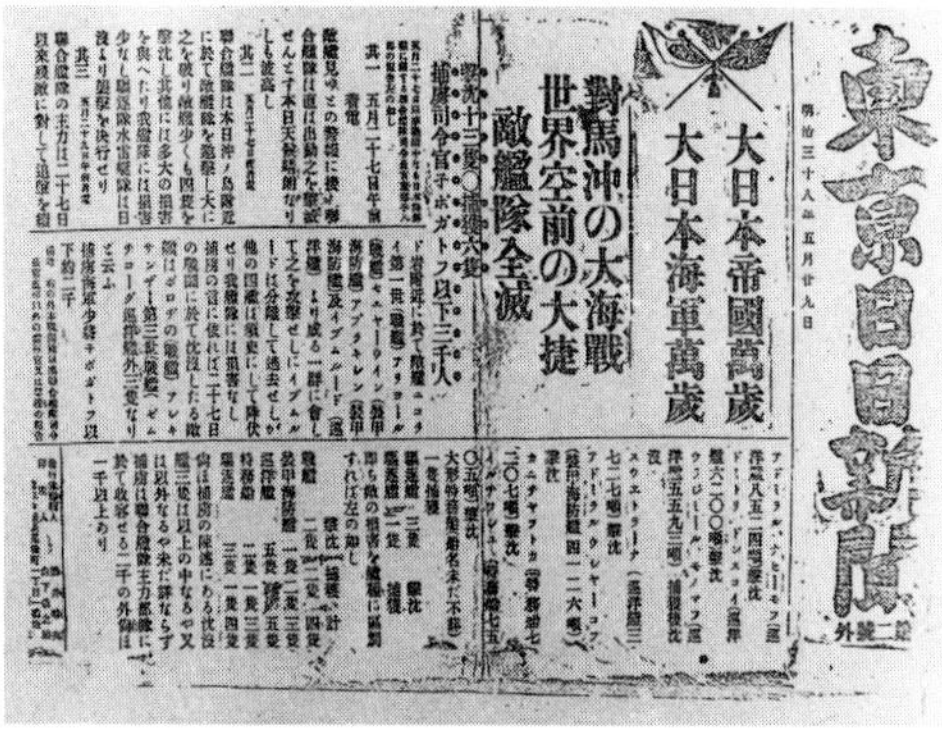
東京日日新聞

号外第二

明治三十八年五月廿九日

大日本帝國萬歳

大日本海軍萬歳

對馬沖の大海戰

世界空前の大捷

敵艦隊全滅

捕虜司令官ネボガトフ以下三千人

我が国初の「號外(号外)」は、1868年(慶応4)5月16日付『別段中外新聞』が上野彰義隊事件を報道したものとされる。日露戦争では各紙が激しい號外合戦を展開し、旅順陥落や日露講和会議の際は「予想号外」まで準備して速報を競った。写真は日本海海戦の勝利を報じる1905年(明治38)5月29日付『東京日日新聞』號外(写真提供/毎日新聞社)

■「昭和史でもっとも愚かな声明」の背景にあった新聞により煽られた世論とは？

こうした流れの中で、ほとんどの日本の新聞は戦況を客観的に報道し、国民に国家の進むべき道を考察するヒントを与えるという、マスコミ本来の使命を失っていった。先に小説『坂の上の雲』から作者司馬遼太郎の日本の新聞に対する名言を紹介した。「新聞は満州における戦勝を野放図に報道しつづけて国民を煽っているうちに、煽られた国民から逆に煽られるはめになり」「新聞がつくりあげたこのときのこの気分がのちには太平洋戦争にまで日本を持ちこんでゆくことに」なった。ということだ。太平洋戦争にまで、というのは少し大げさ過ぎると感じる読者もいるかもしれない。しかし、これもすでに述べたようにアメリカ、イギリス等連合国との戦争当時の日本の内閣総理大臣東條英機《とうじょうひでき》が開戦を決断したのは、わかりやすく言えば満洲は絶対手放せないと思ったからである。だから、世界一広い中国大陸で中国と戦争を継続しながら（停戦するならともかく）、今度は世界一広い太平洋で連合国と闘うという、まともな国家なら絶対にあり得ない行動に出た。

中国との戦争（当時は支《し》那《な》事変と呼び、軍も国も正式な戦争と認めていなかった）を停止する、つまり停戦の絶好のチャンスはあった。一九三七年（昭和12）、日本が当時の中国（中華民国）の首都である南京《なんきん》を陥落させた時である、中国のような広い大陸で戦う場合、どこで勝利を確定するかは非常に難しい。しかし、首都を陥落させたというのは一つの大きなメドであり、まさに日露戦争の折のセオドア・ルーズベルト大統領のアメリカのような第三国も仲介にも入りやすい。実際この時、オスカー・トラウトマン駐華ドイツ大使が「時の氏神」として日華和平工作を推進した。しかしこの時、日本は勝てば勝つほど要求を加重するという、まさに「ポーツマス以来の悪い癖」が出てしまった。皮肉なことに、この時は陸軍参謀本部の事実上のトップである多田《ただ》駿《はやお》次長（本部長は皇族）が、日露戦争の時の児玉源太郎のように「和平すべきだ」と断固主張していたにもかかわらず、海軍や政府の反対によって和平はならず、翌年近衛《このえ》文麿《ふみまろ》首相は「国民政府（蔣介石《しょうかいせき》政権）を対手とせず」という、私に言わせれば、昭和史でもっとも愚かな政府声明を発表した。対手（相手）がいなければ和平交渉あるいは停戦などまったくあり得ないということになるのだが、その背景にあったのは、まさに新聞によって煽られた「戦争をやめるべきではない」という強硬な世論であった。このことはいずれ詳しく検証しよう。

これまで述べてきたことでおわかりのように、「日比谷焼打事件」はあの時点で日本では唯一クオリティ・ペーパー的報道をしていた『國民新聞』が、煽動報道をしていた他のすべての新聞の悪影響を受けた一般市民によって社屋に焼き打ちを掛けられ、すべての財産（幸いにも死者は出なかった）を失ってしまったという出来事だったのである。「大正デモクラシーへの第一歩」どころか、日本マスコミ史が誤った方向性を持つ原因となった重大事件であることは理解していただけたかと思う。

ここで、当時の『國民新聞』の記者、あるいは良心的なジャーナリストの気持ちになって考えていただきたい。容易に想像できるはずだ。「日本人は冷静で客観的な報道を受け付けない」ということだ。一番まともな報道をしていた新聞社が国民の支持を受けるどころか、最大の損失をこうむったのである。それでも「国民に嫌われても的確な判断ができるように耳の痛い情報でも提供すべきである」と考える新聞人もいただろうか。そんな人間はそれこそ百人に一人であろう。

ほとんどの新聞人は、大衆の好み（それはじつは新聞自身が煽動によって作り上げたものなのだが）に迎合し、平たく言えば「もっと戦争を続けろ」と煽り続けることが「繁栄への道」だと思い込むようになった。新聞記者とは言え、人間だ、自分も食べていかなければならないし、妻子持ちならなおのことである。マスコミだって「商売」には違いない。ただ問題は、その「商売」が国民や国家の「ためになるか」どうかだ。残念ながら日本の新聞はそうではなかった。

これもすでに述べたことだが、「満洲は日本の生命線」という内容の『満州行進曲』を社の事業で世に送り大いに流行させせて、言葉を変えて言えば「戦争に訴えても満洲は守らねばならない」という強固な世論を作り上げたのは戦前の『朝日新聞』であって、陸軍参謀本部では無い。そもそも参謀本部はマスコミでも無いし宣伝機関でも無い。世論の醸成にもっとも影響力があるのは、今も昔もマスコミなのである。だから参謀本部のトップが「戦争やめろ」と言っているのに、それが実現しないということにもなったのだ。

ここで改めて、しつこいようだが司馬遼太郎の文章を再度引用したい。失礼ながら、多くの読者は先に引用した部分の深い意味が理解できていないだろうなと、私が感じるからである。これから引用するのは、すでに引用した「新聞がつくりあげたこのときのこの気分がのちには太平洋戦争にまで日本を持ちこんでゆくことになり」に続く部分である。

さらには持ちこんでゆくための原体質を、この戦勝報道のなかで新聞自身がつくりあげ、しかも新聞は自体の体質変化にすこしも気づかなかった。

（『坂の上の雲　第七部』文藝春秋刊）

おわかりいただけただろうか？　まさに司馬遼太郎は炯眼《けいがん》の持ち主と言えるだろう。そして、この日露戦争当時にも、アメリカには恐るべき炯眼の持ち主がいた。セオドア・ルーズベルト大統領である。

■ルーズベルト大統領がきわめて的確に予言していた「日米対立」という未来

じつは、セオドア・ルーズベルト大統領が炯眼の持ち主であることも、すでに司馬遼太郎が指摘している。それも他ならぬ『坂の上の雲』に、おいてである。これまで述べてきたように、事実を無視した新聞の煽動「報道」が日本を誤った方向に導いたわけだが、「それ」についてルーズベルトは次のように述べているのである。

ルーズヴェルトが、「日本の新聞の右翼化」という言葉をつかってそれを警戒し、すでに奉天会戦の以前の二月六日付の駐伊アメリカ大使のマイヤーに対してそのことを書き送っている。「日本人は戦争に勝てば得意になって威張り、米国やドイツその他の国に反抗するようになるだろう」というものであった。

（『坂の上の雲　第七部』文藝春秋刊）

ここのところ原文を、多くのルーズベルトの手紙が保存してあるアーカイブ（Theodore Roosevelt Center at DICKINSON STATE UNIVERSITY）で見てみると、次のようになっていた。

(I like the Japanese), but of course I hold myself in readiness to see them get puffed up with pride if they are victorious, and turn against us, or the Germans,or any one else.

「米国やドイツその他の国に反抗するようになるだろう」というところは、「readiness to see」以下だから、私なら「日本人が米国に反抗するのを見る用意は出来ている」（そうなる可能性もある）と、少しニュアンスを弱めて訳すだろうが、いずれにせよ「日本に対して好意をもった世界史上最初の外国元首」（司馬遼太郎の表現）であるルーズベルトが、一方できわめて冷静に的確に日本人を分析し、ある程度未来まで予測していることには、驚かざるを得ない。

そして、私自身がさらに注目すべきだと思うのは、この文章に続く次の部分である。

However,I do not believe that any alliance with, or implicit trust in, any foreign power will ever save this country from trouble. We must rely upon our fighting power in the first place, and upon being just and fair in our dealings with other nations, in the second place.

これは私の拙訳では、

「もとより私は、いかなる軍事同盟あるいは外国への信頼がアメリカをトラブルから救うと信じてはいません。我々が頼るべきは第一にまず軍事力、そして第二に他国との公正な取引などの関係です」
となる。ちょっと意訳しすぎかもしれないが、これはアメリカ合衆国という国家の国是を大統領が自ら語ったという点で、大変貴重なものだと思うのだ。そしてこれは、第四十五代アメリカ大統領ドナルド・トランプが常々口にしていたことと同じである。彼が重視したのはまずアメリカの軍事力の充実であり、次に重視したのは公正な貿易であった。少なくとも彼自身は行動でそれを示していた。そして中国がその公正さを踏みにじっていることに怒り、数々の対抗措置を発令し、それを少なからずのアメリカ人が支持していたことも事実である。昔、アメリカ通の日本人から「アメリカ人を怒らせるにはどうすればいいか」そのコツを聞いたことがある。話は簡単で、「お前はフェアじゃない」と言えばいいのだそうだ。そうすれば、相手は必ず怒り反発してくるという。日本人が考える以上にfairness(公正さ)というのは、アメリカ人にとって重要なのだ。

近代以前の武士にケンカを売るなら、「卑怯者」か「臆病者」と言えばよかった。では、現代の日本人は何と言われたら一番怒るだろうか。おそらくは、「キタナイ奴」あるいは「お前のやり方はキタナイ」だろう。これが「お前は風呂に入っていない不潔な人間だ」という非難で無い

セオドア・ルーズベルトはハーバード大に学んだ後、若くして政界に入った。マッキンリー大統領の副大統領を経て、1901年に第26代大統領に就任。日露戦争では講和を積極的に斡旋し、その功により1906年、ノーベル平和賞を受賞した。写真はポーツマスで日露両代表の間に立つルーズベルト(中央。右隣りは小村寿太郎、左端はセルゲイ・ウィッテ。写真提供/毎日新聞社)

ことは、中学生以上の日本人ならわかるだろう。では、その「キタナサ」とは何かと言えば、結局「ケガレ」ているということであり、『古事記《こじき》』以来の日本人の「ケガレ忌避信仰（ケガレがあらゆる不幸や災厄の原因だから除去しなければならない）」がもたらすものであることは、この『逆説の日本史』シリーズの愛読者ならおわかりだろう。アメリカは九十パーセント以上がキリスト教徒の国とは言うが、たとえば堕胎を認めるかどうかでは真っ二つに分かれており、賛成派が民主党で反対派が共和党の支持者である。しかし、どちらの党の支持者であれ「フェアじゃないぞ！」と言われれば怒るわけで、仏教徒やイスラム教徒も含めたアメリカ人全体に共通する「宗教」は、「公正教」ではないか。「宗教」というのがオーバーなら、「公正道」とでも言おうか。それは、近代以前の武士が仏教徒であれキリスト教徒であれ「武士道」は守らなければいけないと考えたのと同じ状態だからである。

この『逆説の日本史』シリーズの愛読者なら日本の歴史学界が、あるいは日本人がいかに「宗教オンチ」か痛感されていると思うのだが、このルーズベルトが「予言」していた日米対立、またこれまで縷々《るる》述べて来た、日本のマスコミの方向性を完全に歪めた「日比谷焼打事件」のいずれにも、宗教（あるいは「道」）が深くかかわっていることにお気づきだろうか？

「日比谷焼打事件」は再度強調する必要も無いと思うが、「大正デモクラシーの第一歩」などでは無く、デモクラシー（民主主義）社会では国家意思について最終的な決定権を持つ国民の「耳目」となって働くべきマスコミ（新聞）が、完全にその方向性を誤り戦争を煽動する「機関」となってしまった、まさに歴史の分岐点でもある重大事件なのである。

■日本に巣くう「犠牲者の死を絶対に無駄にしてはならない教」

では、新聞はなぜそうなってしまったのか？　結局、新聞がそうなったことによって、大日本帝国は徹底的な戦争遂行という破滅への道を突っ走ることになったわけだが、いったいなぜそんな愚かな選択を当時の新聞人は行ない、国民はそれを支持したのか？

その理由について、私はすでに「煽れば売れるからだ」という説明をした。しかし、じつはこれは完全な説明にはなっていない。「なぜ日本では、戦争を煽るほうが新聞が売れるのか？」その理由を解明しないと、本当の説明にはならないからだ。「日本では」とあえて言ったのは一種のヒントで、たぶん「イギリスでは」あるいは「アメリカでは」はそうはならないと、日本人としては大変残念だが、思うからだ。英米ならば当時の日本の状況と同じ場合「すでに我が軍には継戦能力が無い」とか「賠償金を取るなど不可能である」という冷厳な事実が、デタラメな煽動「報道」よりも国民に支持されるに違いない、ということだ。

当たり前の話だが、事実は本来虚報よりも「強い」はずではないか。ところが日本は「虚報」に「事実」が負けてしまった。なぜこんな不合理なことが起こるのか？　こう言えば、このことも「ヒント」になっていることにお気づきだろうか？　そう、人間あるいは民族がどう考えても不合理な判断をする時は、その根っこのところに宗教がある、ということだ。この宗教についてはすでに何度も述べているところだが、要するに「犠牲者の死を絶対に無駄にしてはならない」という宗教である。これだけ聞くと「結構なことじゃないか」と思われる人もいるかもしれないが、何事も「過ぎたるは猶及ばざるがごとし」で一九四一年（昭和16）、平和を望む昭和天皇の意向に反してまで東條英機首相が英米等の連合国との開戦を決断したのは、アメリカが「ハル・ノート」（当時のコーデル・ハル国務長官の覚書）で、「支那（中国）からの完全撤兵」を要求してきたからである。その要求に従うことは、「十万の英霊」の尊い犠牲によって獲得した満洲国も失うことになる。だから「英霊に申し訳ないから撤兵できない」、開戦ということになった。その結果、三百万人を超える戦争犠牲者が出るという惨憺たることになったが、今度はその「犠牲者の死を絶対に無駄にしてはならない」という形で日本国憲法が「満洲国」になってしまった。「絶対に守らねばならないもの」だ。

日本国憲法は、政府が軍事力で日本人と日本国を守るのを許していない（第9条）。民主主義社会における政府は憲法を遵守する義務があるから、日本国憲法とは政府が誠心誠意憲法を守ろうとすればするほど国民も国土も守れなくなる欠陥憲法である。論理的合理的あるいは英米的（笑）に考えればこれ以外の結論は無いはずで、本来なら中学生でもわかる理屈のはずである。だが、わからない、いやわかろうとしない人々が政治家や一般国民のみならず、憲法学者や法律の専門家であるはずの弁護士などにもいる。このきわめて不可解で不合理な現象も、彼らが「犠牲者の死を絶対に無駄にしてはならない教」という宗教の信者であると考えれば説明できる。そして、これは近代になってできたものでは無く、そもそも強い思いを抱いて死んだ人を蔑《ないがし》ろにすると怨霊となり不幸にするという、「ケガレ忌避信仰」と並んで古くからある「怨霊信仰」に基づくものであることは、今さら言うまでも無いだろう。

ちなみに、この信仰の信徒たちの読む「宗教新聞」が『朝日新聞』であると私は考える。戦前は「満洲は日本の生命線」という形で戦争を煽り、戦後は「護憲」という形で平和を唱えている、まるで正反対の方向に転向したように見えるが、じつは朝日はこの宗教の信仰にもっとも忠実な新聞なのである。だから『読売新聞』に部数で抜かれても多くの人が「朝日は日本の良識を代表している」と考えている。「ソビエトは理想の国家」「中国の文化大革命は人類の壮挙」「北朝鮮は労働者の天国」などという虚報を連発しても、英米ならば当然廃刊に追い込まれるが朝日はびくともしない。宗教新聞だからである。それが「日比谷焼打事件」から本格的に始まった「日本新聞史」の現実である。

ところで、日露戦争を完全に終わらせた講和条約のポーツマス条約を成立させた第一の功労者は、やはり小村寿太郎だろう。この人物はやはり外交の天才と言うべきで、他にも数々の功績がある。しかし、小村は最後にとんでもないミス、いやミスなどという生易しい言葉で表現できない、大失策を犯している。それは、ほぼ成立しかけていた「桂・ハリマン協定」を途中から妨害し破棄させたことだ。

では、桂・ハリマン協定とは何か。

明治三十八年（一九〇五）桂《かつら》太郎《たろう》首相と米国資本家ハリマンE.H.Harrimanとの間に東京で締結された南満洲鉄道経営のためのシンジケート組織に関する予備覚書を一般に桂・ハリマン協定と呼んでいる。ポーツマス条約で日本がロシアから譲渡された長春《ちょうしゅん》―旅順口《りょじゅんこう》間鉄道の復旧整備および南満洲の開発に、元老井上馨《いのうえかおる》らは米国資本を導入することを企図した。疲弊した日本の戦後財政では、満洲開発のための資本投下が困難とみられたのみならず、ロシアの脅威、および中国の国権回復の風潮に対抗するためにもアメリカの満洲経営への参加を有利とする判断が日本の一部にはあった。一方ハリマンも、念願とする世界一周交通路実現のため満鉄への経営参加に積極的であった。十月十二日桂首相とハリマンは、日米が平等の権利をもつシンジケートを組織し、南満洲鉄道の買収、諸企業の開発にあたることに同意する覚書を作成した。

（以下略）

（『国史大辞典』吉川弘文館刊　項目執筆者臼井勝美）

要するに、話はとんとん拍子で進んでいたのである。双方の利益になることだからだ。時期はポーツマス条約が締結された直後である。ここには書かれていないが、元老の伊藤博文もこの計画に賛成していた。じつは、ハリマンは日比谷焼打事件の時点ですでに来日していたのである。小村はその時ポーツマスにいたので、二人はちょうど入れ違う形で母国に帰った。そしてハリマンとの協定の存在を初めて知った小村は、慌てて協定潰しに全力を挙げ桂首相を説得し覚書を破棄させた。この行動に対して、日本が多大の犠牲を払って獲得した利権をカネでアメリカに譲るという愚行を阻止した、というプラスの評価もある。また、小村はあくまでハリマンを排除しようとしたのであり、アメリカのもっと有利な条件の融資には積極的だったという説もある。しかし、結果的には小村の行動はアメリカを満洲の利権から全面的に排除することになった。

アメリカは「公正」にこだわる国家である。列強の一員としての独善的な公正さの要求ではあるが、中国に対しては「門戸開放宣言」を出している。思い出していただきたいが、じつは日英同盟前文も、この「門戸開放宣言」に配慮した内容になっている。そしてアメリカは、日本の軍備調達を助け講和の仲介までしてくれた。だが、その最終結果が「アメリカよ、満洲からは手を引け」である。アメリカがどう思ったか、もうおわかりだろう。
「日本はフェアでは無い」ということだ。

■満洲から締め出す「裏切り」に「突き飛ばし」——日本人はアメリカの歴史をほとんど知らない

先に、『坂の上の雲』（文藝春秋刊）で著者の司馬遼太郎が「日本の右傾化」について、当時のセオドア・ルーズベルト大統領がイタリア駐在大使ジョージ・マイヤー宛に書いた一九〇五年（明治38）二月六日付の手紙を引用していたことを紹介した。ここで、同じ部分で引用されている五月十五日付の上院議員のヘンリー・キャボット・ロッジ宛の手紙の原文を紹介しよう。この原文は、マイヤー宛の手紙が記録されていた先のアーカイブ（Theodore Roosevelt Center at DICKINSON STATE UNIVERSITY）には収録されていなかったので探すのに手間取ったが、国会図書館の蔵書（『Selections from the Correspondence of Theodore Roosevelt and Henry Cabot Lodge, 1884–1918』Charles R. Lingley編著）の中に発見することができた。

Just as Russia suffered from cockiness, and has good cause to rue her refusal to take my advice and make peace after Port Arthur fell, so Japan made an error in becoming over-elated in turn after Mukden and then rejecting my advice to make peace. Takahira, and I think the Japanese Foreign Office, agreed with my position, but the war party, including the Army and the Navy, insisted upon an indemnity and cession of territory, and rather than accept such terms the Russians preferred to have another try with Rojestvensky's fleet.

これに対応する『坂の上の雲』の「訳文」は、厳密には三つのパートに分かれて掲載されているが、まとめると次のようになる。

自分はロシアに対し、旅順《りょじゅん》陥落後ただちに講和に入ったほうが有利であると説いたが、ロシアはこの忠告をしりぞけて奉天《ほうてん》会戦の苦痛をなめてしまった。このことをロシアは後悔しているようである。日本は従来、この自分に講和の斡旋をさせようと焦慮してきた。ところが、奉天会戦の勝利が日本人を逆上させてしまい、この会戦のあと自分が日本に講和せよと勧告したところ、逆にこれをしりぞけるという過失を犯した。自分の推理では、日本の軍人は償金と割地を要求すべく主張している。ところがロシアは、日本に償金を払ったり割地をしたりする屈辱を嫌い、いま航海中のロジェストウェンスキー提督の艦隊が日本海軍に対して打撃を与えることを期待している。

ちなみに、Port Arthurは旅順、Mukdenは奉天のことで、訳文では省略されているTakahiraとは、当時アメリカにおける日本外務省（the Japanese Foreign office）の代表だった駐米公使高平小五郎のことである。念のためだが、前にも説明したように日本は不平等条約のせいで欧米諸国には大使は置けず、講和の全権大使小村寿太郎を除けば公使が外交官の最高位であった。

さて、問題は「Japan made an error in becoming over-elated in turn after Mukden and then rejecting my advice to make peace.」の「over-elated」だ。私なら「有頂点」と訳すところで、「逆

上」という言葉の持つマイナスイメージは加えないが、そもそも『坂の上の雲』のこの部分は「日比谷焼打事件」に代表される、あまりにも情緒的な日本人の資質に言及したところで、ルーズベルト大統領はそれを見通していたのだから「逆上した」と訳すのが結果的には正しいかもしれない。

話を戻そう。アメリカは南北戦争で中国に対する植民地的進出が遅れた。そこで「門戸開放宣言」を出して「フェアじゃないぞ。オレも仲間に入れろ」と列強に要求した。この言葉、英語では「Open Door Notes」である。であるから最近は「門戸開放通牒」とすべきだ、という見解がある。確かに中国以外の国が中国市場の「開放」を「宣言」するのもおかしな話である。これは当時のアメリカ国務長官ジョン・ヘイが帝国主義国家群（＝ヨーロッパ列強）に対し「オレも仲間に入れてくれ」と通牒（文書による正式な告知）したのだから、こう訳すのが正しいのではないか。一九四一年（昭和16）、日本がアメリカと開戦するきっかけとなったアメリカ側の事実上の「最後通牒」ハル・ノートも、英語では「Hull Note」で、当時の国務長官コーデル・ハルが「通牒」したものだ。もっとも、これは正式な通牒というよりはハル個人の覚書に近いので「ハル覚書」と訳すべきだという意見もある。このあたりは外交用語の統一基準が必要ではないか。基準が作れないから「ハル・ノート」と呼んでおけというなら、この「門戸開放宣言」も「オープン・ドア・ノート」と呼ぶべきだ。そのほうが少なくともアメリカ側では両方とも「note」（「門戸開放」のほうは相手国が複数なので複数形）と呼んでいる事実がわかる。語学というのは何かと面倒くさいものではあるが、あまり「訳し分け」をすると「相手の視点」が見えなくなる。心すべきだろう。

また、ハルをしてこれを出さしめた当時の大統領は、「日本に対して好意をもった世界史上最初の外国元首」（司馬遼太郎）セオドア・ルーズベルト大統領の一族（遠い親戚）であり、セオドアの姪エレノアの夫でもあった第三十二代フランクリン・ルーズベルト大統領であった。日本にもっとも好意的だった大統領ともっとも敵対的だった大統領が、同じ一族から出たというのも皮肉な話である。もっともアメリカの名門ルーズベルト家は途中で二系統に分かれ、支持政党も民主党と共和党に分かれていた。セオドアは共和党で、フランクリンが民主党だ。いがみ合っていたわけでは無い。それなら、エレノアはフランクリンに嫁いだりしなかっただろう。とにかく、この内容を読んでいただければ、多くの日本人が「最重要な関係」であるはずのアメリカの歴史をほとんど知らないという、とんでもない事実に気がついていただけると思う。よく日本人は間違えるが、奴隷解放した第十六代エイブラハム（アブラハム）・リンカーンの所属政党も、日本への原爆投下に反対したのも、ともに共和党であって民主党では無い。

■イギリスと異なり「きわめて丁重」で「紳士的」だったアメリカ

再度、話を「門戸開放通牒」に戻そう。この内容、つまり「清国の利権獲得競争はフェアじゃない（アンフェアだ）。領土分割などせず通商権・関税などを平等とし各国に機会を均等に与えるべきだ」というのも、帝国主義国家群（＝ヨーロッパ列強）に対しての、中国の言い分を無視したアメリカのひとりよがりな言い分に過ぎないのだが、少なくとも「列強のルール」の中では理屈としては通る。そして重要なのは、この通牒が送られた六か国の中にヨーロッパ以外の国が一つだけ入っていたことだ。おわかりだろう、日本である（他の5か国は、英、独、露、仏、伊）。

つまり、アメリカは日本を「列強扱い」してくれていた、ということなのだ。この当時のアメリカ大統領にも触れておこう。第二十五代ウィリアム・マッキンリーである。この大統領の外交上の業績について『日本大百科全書〈ニッポニカ〉』（小学館刊）は次のように述べている。

98年アメリカ・スペイン戦争を遂行し、フィリピン、プエルト・リコ、グアム、ハワイなどの併合を達成し、また、中国に対しては門戸開放政策を追求するなど、帝国主義列強としてのアメリカの地位を決定づけた。１９００年再選を果たしたものの、01年9月14日アナキストにより暗殺された。

（項目執筆者横山良）

そしてこの後、第二十六代大統領として選ばれたのがセオドア・ルーズベルトだったのだが、アメリカの外交政策がこうなった歴史的背景についても触れておこう。アメリカ合衆国とは、そもそも信仰の違いで弾圧されたイギリス人の清教徒（ピューリタン）が現在のアメリカ東海岸に移住して生まれた国家である。最初はイギリスの植民地だったが、本国の圧迫を嫌って独立戦争を起こし勝利してアメリカ合衆国が誕生した。しかし、その時点では現在のアメリカの東半分だけが領土だった。しかし、その後アメリカは、スペインの植民地から独立したメキシコの領土カリフォルニアなど西海岸の土地を、米墨《べいぼく》戦争（１８４６〜48）の勝利によって自国のものとした。これで念願の西海岸進出を果たしたわけだ。東海岸が面している大西洋は強力なイギリス海軍の「縄張り」であり、アメリカが独立したアジアとの通商ルートを開拓するためには西海岸の先に大きく開ける「列強手つかずの海」太平洋に進出することが絶対に必要であった。ここで、アメリカの発展を進めるために必要となったのが、ハワイ王国であり日本である。イギリスからアジアへは中近東からインドを経て行かねばならない。その先に清国があり、極東つまり「アジアの終着駅」は日本だった。

しかし、アメリカの西海岸からだと話はまるで逆になる。太平洋の真ん中にハワイがあり、その先の「アジアの入り口」が日本になる。だから、アメリカはこれ以後太平洋進出そしてアジア市場開拓の大きな流れの中でハワイ王国を五十番目の州として併合し、日本に対してはきわめて丁重に国交を求めた。

『逆説の日本史』シリーズの愛読者ならあり得ないと思うが、この「きわめて丁重」という言葉に引っかかり「アメリカは乱暴なペリーを派遣し日本を無理矢理開国させたではないか」と思う向きには、この際認識を改めていただきたい。少なくともアメリカは、当初きわめて紳士的であった。当時の第十二代ザカリー・テイラー大統領の意を受けて日本の浦賀《うらが》に来航し「貴国とぜひ国交を開き通商して互いに利益を上げたい」という趣旨の申し入れをしたアメリカ海軍のジェームズ・ビッドル提督を、連絡の手違いがあったとは言え警護に当たっていた武士が突き飛ばしている。イギリスならここで戦争になるところだ。しかし、ビッドルは事を荒立てずそのまま帰国した。友好親善を求めていたからである。このあたりは、拙著『コミック版 逆説の日本史 江戸大改革編』(小学館刊)にも詳しく述べておいたので、興味のある方はご覧いただきたい。しかし、このままでは道は開けない。そこでビッドルの後任マシュー・ペリー代将は、最新の蒸気船で来航し艦砲射撃で日本を威嚇した。だが肝心なことは、この時ペリーは日本人を一人も殺していないことだ。イギリスがアヘン戦争でどれぐらいの清国人を殺したか、ご存じだろうか？　それと比べれば、アメリカの態度がいかに「紳士的」かわかるはずである。

もちろん、アメリカにも大きな「アンフェア」はある。任期途中で病死したテイラー大統領の跡を継ぎ副大統領から第十三代大統領になったミラード・フィルモアはペリーを日本に派遣した政治家だが、国内ではネイティブ・アメリカン（アメリカ・インディアン）に対する差別政策を推進し、彼らの土地を奪った。また、現在まで解消されていない黒人差別問題もある。しかし一方で、太平洋に進出していたアメリカ人の捕鯨船長に救われたジョン万次郎《まんじろう》（中濱萬次郎《なかはままんじろう》）はネイティブ・アメリカンそっくりの日本人であるにもかかわらず、保護を受けて学校にも通わせてもらった。そういう風土の中から「日本びいき」のセオドア・ルーズベルトも出てきたのである。

日本もロシアに勝つためには、何としてでも世界一の国家になりつつあったアメリカを引き込まねばならない。そこで日英同盟を結ぶ際に、アメリカの「門戸開放」要求にも配慮したことはすでに述べた。改めて紹介すれば、同盟の前文に日英両国は「清帝國及韓帝國ノ獨立ト領土保全トヲ維持スルコト及該二國ニ於テ各國ノ商工業ヲシテ均等ノ機會ヲ得セシムル」とある。「清帝国の独立、領土保全の維持」および「各国の商工業をして均等の機会を得せしむる」というところは、あきらかにアメリカの「門戸開放」に配慮した部分である。それゆえアメリカは日露戦争において日本に「味方」した。ヤコブ・シフらアメリカ人の資本家が日本の外債を買うことによって資金援助してくれたのも、ロシア国内のポグロム（ユダヤ人弾圧）を軽減させることだけが目的では無い。日本が勝てば、アメリカの建国当時からの念願である中国市場進出が果たされるからである。

だからこそ、日本のロシアへの勝利は決まったが、まだポーツマス講和条約が結ばれていない時点でアメリカの鉄道王エドワード・ハリマンが来日し、「南満洲鉄道」の共同経営を日本側にもちかけ、日本側の元老伊藤博文や桂太郎首相も賛成したのだ。戦費を使い果たした日本にはカネが無いが、アメリカ側がそれを負担してくれるという願ってもない話だったし、そもそもアメリカを誘ったのは日本なのである。

ところが、ポーツマスから帰国した小村寿太郎はこの合意をぶち壊し白紙に戻した。さすがの外交手腕と言いたいところだが、その後ハリマン以外のアメリカ資本を受け入れたなら話はわかる。しかし、結果的にこの行為はアメリカを満洲から完全に締め出す形となった。アメリカから見れば日本は散々美味しいことを言って自分を騙した、アンフェアな国になってしまったのだ。ひょっとしたら反日派のフランクリンは、親日派のセオドアに「あなたは昔、さんざん世話をした日本に裏切られたじゃないですか。あんなアンフェアな国はない!」と言ったかもしれないのである。

その「裏切り」も「突き飛ばし」も、きれいに忘れているのが今の日本人である。おわかりだろう。多くの日本人はアメリカの歴史をほとんど知らないのである。

■一九四五年の大破綻へのスタートラインとなった「桂・ハリマン協定」破棄

練達の外交官である小村寿太郎は、桂・ハリマン協定を潰した。そのやり方はさすがに見事なもので、ポーツマス条約の規定を逆手に取り「第三国であるアメリカが満洲で鉄道の経営に加わることには清国の同意を必要とするのに、同意を得ていない」とクレームをつけて協定を白紙に戻したのである。しかしこの行為が、最終的にアメリカを満洲から締め出す形となった。これは日本のアメリカに対する背信行為である。小村は、この結果日米関係が悪化するに違いないことを認識していなかったのだろうか?

していなかったはずはない。当時の世界的水準で見ても、小村はきわめて優秀な外交官であった。そもそもポーツマス条約を見事に成約にもっていったのも小村である。何か表に出ていない事情が考えられるとすれば、協定の内容が日本側に著しく不利でアメリカ側を利するものであった場合だ。しかし、それならそれで別の形でアメリカに便宜を図る、具体的に言えばアメリカ資本が満洲に参入できるような方策を取らねばならない。なぜならば、すでに述べたように、日本はアメリカが日露戦争で味方につけば満洲への参入を歓迎する、とアメリカに信じさせていたからである。しかし、元老伊藤博文や桂太郎首相すら説得できた小村が、この後そうした動きを見せた形跡は無い。やはり小村は背信行為だと意識しながら、アメリカを満洲から締め出したのである。

この責任はきわめて重大だ。司馬遼太郎の言う「むこう四十年の魔の季節」、つまり一九〇五年(明治38)から一九四五年(昭和20)にかけ日本が中国大陸に「進出」して最終的に大破綻した「季節」のスタートラインは、国民の立場から見れば「日比谷焼打事件」で、政府の立場から見ればこの「桂・ハリマン協定の破棄」であると、私は考えている。最終的に日本、いや大日本帝国にとどめを刺したのはアメリカである。逆に言えば、アメリカと決定的な対立を招かなければ一九四五年の大破綻は無かった。そのきっかけを作ったのが小村の「ぶち壊し」だから、私は小村の「罪」は重いと断ぜざるを得ない。

これまでもしばしば引用した『日露戦争と新聞――「世界の中の日本」をどう論じたか』の著者片山慶隆は、その著『小村寿太郎』(中央公論新社刊)で私とは逆の見方をしている。

彼は、日本が排他的に満州権益を独占することを意図していたわけではない。また、日本が死活的な利益を持っていると考え、支配を進めていた韓国の隣接地にアメリカが介入してくることは、日米衝突を早める危険性もあった。しかもハリマンは、日本が支配を進めている韓国の鉄道経営にも参加する野心を持ち、衝突は避けられなかっただろう。いずれにせよ、「桂・ハリマン協定」破棄の問題で小村を批判するのは一面的だといえる。小村の推し進めた外交政策は、たしかに帝国主義的だった。だが、数十年後に起きた戦争とつなげるのは短絡的である。

そうだろうか? 失礼ながら、練達の外交官である小村はこれをアメリカは背信行為と取るに違いないと認識していたはず、という感覚が薄いのではないか。そして小村は、その後他のアメリカ資本導入にも動いていないのである。日本が満洲権益を独占しアメリカを締め出したのは歴史的事実で、その結果責任はやはり小村にあるのではないだろうか。

戦争は様々な理由で起こるが、その重要な要因の一つに相手に対する憎悪がある。現に、背信行為に怒ったとしか考えられないアメリカはその後日本人移民排斥など、あきらかにこの報復と見られる行動に出る。そのこと自体は「悪」であるから、今度は日本がアメリカを憎悪するようになる。憎悪の積み重ねが「鬼畜米英」「イエロージャップ」という罵《ののし》り合いに発展したのだと、私は考える。個人の対立関係でもそうではないか。きっかけは何十年も前の子供時代のささいな行き違いであることは珍しいことではない。

小村は、留学をしたアメリカをはじめ、どの国の贔屓《ひいき》もせず、距離をとって国際情勢を冷静に判断することができた。彼のように、日本と関係の深い外国での勤務をすべて経験しながら、広く公平な視野を持ち続けた外交家は珍しかっただろう。

（引用前掲同書）

確かに著者の言うとおりだと私も思う。だからこそ、この「ぶち壊し」だけは小村の行動としてはきわめて突出して異常で類例の無いものであることに気がついていただきたいのだ。外交は「ギブ・アンド・テイク」の世界である。「ぶち壊し」というムチをくれたのなら、アメリカには何らかのアメを与えるのが外交であり、それが「公平」ということだろう。しかし、小村はアメリカには何の「アメ」も与えなかった。それで日米関係が悪化することは確実に予測できたはずなのに、である。この「ムチ」を単に「帝国主義的」という言葉で総括していいものだろうか。乱暴な措置であることは間違い無いが。

■怨霊信仰を「リニューアル」する形で確立した「満洲教」という英霊信仰

私には別の解釈がある。それは、この『逆説の日本史』シリーズの愛読者ならば容易に想像がつくだろう。合理的で優秀な人間が突出して異常な行動に出る時は、その決断の背景には宗教

（思想）がある。これは日本史、世界史を問わず人類の鉄則でもある。小村の不合理にして非論理的な行動には、「十万の英霊の死を決して無駄にしてはならない」という日本人特有の宗教、つまり怨霊信仰があったということだ。

「むこう四十年の魔の季節」の出発点である「日比谷焼打事件」と「桂・ハリマン協定破棄」の共通点は何かと言えば、日本古来の怨霊信仰が「英霊信仰」という形でリニューアルされたことだ。そして守るべき最大の「御神体」が満洲になったのである。再三述べてきことだが、日本人は誤った歴史教育の影響もあって、自分たちが特別な宗教の信徒であるという自覚が無い。だから、たとえば原発問題でも万葉の昔からある言霊の影響を受け不合理な行動を取る。「日比谷焼打事件」の時も、もっとも冷静で的確な報道をしていた『國民新聞』は社屋を破壊され、「ポーツマス条約を結ぶことは英霊の死を無駄にすることになる」と国民を煽動した新聞が売れに売れた。日本の報道の方向性が「満洲教」で固まったということだ。怨霊信仰も、日本という国が誕生する以前から民族の心の中にある。「死者の強い願いに反してはならない。そんなことをすれば死者は怨霊になりあらゆる災厄をもたらす」ということだ。だから「十万」という有史以来の大きな犠牲者を出した戦争の結果、その死をもって獲得したものは何が何でも守らなければならないという「満洲教（＝英霊信仰）」が伝統的な怨霊信仰のリニューアルとして確立したのである。そして、その何が何でも満洲を手放してはならないという信仰が、中国と戦争しつつ米英とも同時に戦争するという、日本以外の国家では絶対にあり得ない非合理な決断につながり大破綻を招いた。

その戦争の結果、今度は「三百万」という史上最大の犠牲者が出たことによって、信仰の対象が「満洲」から「平和憲法」になった、「何が何でも守らなければならない御神体」である。だから戦前の陸軍軍人は、「中国と戦争しつつ米英とも同時に戦争するなんて狂気の沙汰ですよ」という合理的な意見に耳を貸さなかったし、戦後の護憲派は「この憲法では日本人も日本国も守れませんよ」という合理的な意見に激しく反発する。理由は同じで、「犠牲者の死を無駄にできない」からだ。しかし、本当に大切なのは「これからいかに犠牲者を出さないか」なのだが、怨霊信仰の信者（＝普通の日本人）は信仰に縛られているから合理的な判断ができない。だから改憲派がまるで悪人のように批判される。こうした状態から脱却するためには、まず歴史教育で日本には昔から怨霊信仰や言霊信仰があるという事実を教えることだろう。そうすれば、日本人は自分の宗教を客観的に把握することができ、無自覚で縛られることなく合理的な判断もできるようになる。しかしお気づきのように、日本の歴史教育はそういうことをしていない。だから誤った歴史教育なのである。

元老伊藤博文や桂太郎首相は「満洲教」の信者にはならなかった。ハリマンとの協定に賛成したのがその証拠である。ポーツマス条約反対運動については「日本人はなぜ合理的な判断ができないのだろう」と嘆いたに違いない小村も、結局は「満洲教」に取り込まれてしまったのに、なぜ伊藤や桂はそうはならなかったのだろう。不思議ではないか。その理由は、伊藤や桂が実戦の経験者だったからだろう。伊藤は言うまでも無く歴戦の強者であるし、桂も幕府の長州征伐の時から戦っている。児玉源太郎や戦国時代の武将もそうだが、実戦の経験者は合理的で客観的な判断ができる。そうで無ければ生き残れないからだ。しかし、小村は「新世代」で根本的なところでは伊藤のようなリアリストになっていない。だから「十万もの戦死」という有史以来の大事件に接して、それまで抑えていたはずの怨霊信仰に縛られてしまったのだろう。

もっとも、「小村のぶち壊し」が無かったら日米戦争は必ず回避できたかと言えば、そうとも言えない。これが歴史の興味深いところで、桂・ハリマン協定が破棄されずにアメリカが満洲の権益に食い込むことができた結果、満洲という「韓国の隣接地にアメリカが介入してくることは、日米衝突を早める危険性もあった」（引用前掲書）のである。これは「歴史ｉｆ《イフ》」である。「もしも本能寺の変で織田信長が死ななかったら、その後の歴史はどうなったか？」等を考えるもので、歴史学界にはこれを邪道と見る頭の固い人々もいるようだが、それは間違った態度であることはすでに述べたとおりだ。簡単に繰り返せば、「幕末、井伊直弼《いいなおすけ》が開国を決断した」という歴史的事実を的確に評価するためには、「もしも、あの時点で開国しなければどうなっていたか？」、つまり「歴史ｉｆ」を考えなければ評価のしようが無い。だからこそこれをしないのは誤りで、やるのは大いに結構なのだが、どうせやるならもっと徹底的に様々な可能性を考えていただきたい。自己の主張の補強材料として、ネガティブな影響だけ想定するのはフェアでは無いからだ。つまり、上手くいった場合、桂・ハリマン協定が日米友好を促進し日米戦争が回避された場合の「ｉｆ」も考えなければ、公正な歴史評論とは言えないだろう。それをやってみよう。

当然、日米友好が進み日本移民排斥運動など日本がアメリカを憎悪する動きは減殺されるだろう。そうした動きが起こったのは独自の事情もあるから、まったく起こらなかったとは決して言えないが、国家間に基本的な友好関係があれば問題は解決の方向へ向かうものである。実際の歴史ではそれはまったく逆の方向に行き、日米開戦後にはアメリカ市民となっていた日系人が、財産も住居も奪われ収容所に押し込まれるということになったが、この場合日米友好は確保される。

その要因となるのは、ソビエト連邦の存在である。ロシア帝国が解体され共産主義国家のソビエト連邦になることは避けられないことだったが、本来、無神論で独裁国家のソビエト連邦は、キリスト教徒によって建国され自由をもっとも大切にするアメリカ合衆国とは水と油の存在である。従って、大日本帝国とアメリカ合衆国は共通の敵ソビエト連邦に対抗し団結を深めるという形になる。

もちろん、すべてが「めでたし」になったと言っているのでは無い。その結果三百万人の犠牲者は出さなくても済んだかもしれないが、日本の朝鮮半島支配はますます強化されることになる。日本は日露戦争後、日韓併合という名の「大日本帝国による大韓帝国の吸収合併」に踏み切るわけだが、一九四五年の大破綻が無くなれば、現在でも朝鮮半島が日本の領土だということもあり得た。それが朝鮮民族にとって幸福なことかと言えば、むしろ不幸だと考える人間のほうが多いだろう。「あちらを立てればこちらが立たず」それが歴史である。ただし、将来の破綻を防ぐためにはやはり歴史に学ぶことが必要なのである。

第四章

徹底検証　日露戦争Ⅱ

軍医森林太郎の功罪

傲慢なエリートか？
それとも稀代の考証学者か？

■「日露戦争における日本最大の敵はロシア軍では無く『脚気』だった」という意外な事実

日露戦争においてもっとも日本の兵士を「殺したもの」は何か、ご存じだろうか？　じつは、ロシア軍の将軍や兵器などでは無い。それは、病気であった。そして、その事態を招いたのは一人の陸軍軍人であった。その人物のペンネームは森鷗外《もりおうがい》という。

歴史を見る最大のコツの一つは、「その当時の人々の気持ちになって考える」ことだ。

しかし口で言うのは簡単だが、これほど難しいことは無い。もし日本のすべての歴史学者がこの「極意」を身につけていたら、本来は素人の私が『逆説の日本史』を書く必要などまったく無かった。

古くからの愛読者ならば当然ご存じのことだが、実例を一つ二つ挙げると、たとえば「豊臣秀《とよとみひで》吉《よし》の侵略戦争（海外出兵）に日本人のほとんどは反対していた」というのが少なくともこれまでは歴史学界の定説だったが、これは明白な誤りである。「当時の人々の気持ち」になって考えれば、むしろ「戦争やるべし」だったろう。アドルフ・ヒトラーが「世界征服」に乗り出した時と同じである。あの時はドイツ国民の固い支持があった。ドイツ人の大多数が本当にヒトラーを批判するようになったのは、「戦争に負けてから」である。このことは『逆説の日本史　第十一巻　戦国乱世編』に詳しく書いたし、『コミック版　逆説の日本史　戦国三英傑編』にも書いた。読んでいただければ、どちらが正しいかわかるだろう。

「徳川綱吉《とくがわつなよし》は犬狂いのバカ殿」という歴史学界の定説もそうだ。綱吉はバカ殿どころか、日本史上屈指の名君である。大政治家とも言ってもいい。それがまったく反対の結論になるのは、「当時の人々の気持ち」で考えないからだ。これも同じく『コミック版　逆説の日本史　江戸大改革編』に詳しく書いた。これも読んでいただければ、私の結論にほとんどの人が納得するはずである。

これから述べることもじつはその類の話で、そのことをより明確に理解していただくため、別の話をしよう。ガン（癌）の話である。ガンは治療法が進歩し、早期発見すればかなりの確率で治癒すると言われるようになった。しかし、それでも恐怖の対象であることは間違い無い。「あなたはガンです」と医者に告知（ちなみに昔は「宣告」と言った。なぜ言い換えるようになったかと言えば、言霊《コトダマ》信仰である）されれば、「目の前が真っ暗」になる人も少なくないだろう。おわかりだろうか、これが二〇二〇年（令和《れいわ》2）の「当時の人々の気持ち」である。しかしこれは断言できることだが、近未来にはガンの完全な予防法ないし治療法が開発され、「恐怖」は完全に「過去」のものとなるだろう。たとえば、ダイエットのために「人工的にガンになろう」などと考える人も出てくるかもしれない。読者の中には、かけがえのない人をガンで喪《うしな》い、この病気に対して激しい憎悪を抱いている人がいるかもしれない。そういう人には私の言葉が不快に聞こえるかもしれない。だが、ちょっと待っていただきたい。あえて言わせていただければ、そういう身近な人間の死と歴史上の考察を混同してはいけない。それを安易に結びつけるのが日本人の悪い癖である。とくに前章で紹介した、小村寿太郎《こむらじゅたろう》がなぜ「ぶち壊し」をしたのか、もう一度読んでいただければ私の言わんとするところがわかっていただけるはずである。

つまり、あくまで論理的に冷静に考えれば、今でこそガンは恐怖の対象だがいずれそうで無くなる可能性が高いと未来予測的推論ができる。ということは、過去の病気についてもそういうものがあったのではないかという歴史的推論もできる、ということなのである。ずばり、その病気とは脚気《かっけ》であった。

脚気という病気がこの世に存在することを、若い人はどれぐらい知っているのだろうか。この病気には有名な診断がある。椅子に座らせた患者の膝《ひざ》を組ませて医師がそこを木槌《きづち》のようなもので軽く叩く。それでぴくりと足先が動けば脚気では無い、というものだ。脚気は全身に浮腫《ふしゅ》（むくみ）ができ、激しい苦痛と倦怠《けんたい》感で徐々に体が動かなくなり、最後は心停止に至る（これを脚気衝心《しょうしん》と呼ぶ）ものだが、浮腫ができていれば足先が反応することは無いのでこれは今でも有効な診断法である。私が子供のころは誰もが知っていた。お笑いタレントがギャグのネタにしていた記憶もあるのだが、どうも最近の若い人は知らないようだ。だがこの病気が、かつて「二〇二〇年におけるガン」以上に日本人に恐れられていたことは、歴史上の事実である。なぜなら、予防法も治療法も不明だったからだ。それに通常の病気なら富裕な階層は罹《かか》りにくいし治りやすい。ところがこの病気は、まったく逆であった。むしろ高貴な人ほど罹患した。江戸幕府十三代将軍徳川家定《いえさだ》も、十四代将軍家茂《いえもち》も死因は脚気だと言われている（異説もある）。家茂夫人の和宮《かずのみや》は医師の診断を聞いて「目の前が真っ暗」になったはずだ。現代ではそんな人は一人もいないだろうが、「当時の人々の気持ち」ではそうだった。「不治の病」であり「死病」なのだ。そして、さらに脚気を恐れさせる要因があった。西洋医学でも治らない、ということだ。幕末、西洋医学の導入によって脚気以上に恐れられていた天然痘《てんねんとう》は種痘《しゅとう》という予防法が確立されたし、必ず死ぬから「コロリ」と呼ばれたコレラも治療によっては回復させられるようになった。しかし、脚気は外国人の医者もまさに「匙《さじ》を投げた」。欧米にはこんな病気は存在しなかったからだ。治療法が無く死に至る病としては労咳《ろうがい》（結核）もあったが、この病気の進行は緩やかで養生次第によっては長生きもできる。しかし、脚気は進行が早く重症化すると手の打ちようが無かった。当時最高の医療を受けることができたはずの徳川将軍も二代にわたってそれで死んでいるのだ。将軍家茂の享年は二十一である。体力があり最高の食事を摂っているはずの若い将軍ですら、この病には勝てなかった。「当時の人々の気持ち」いや「恐怖」が少しはわかっていただけただろうか？

■外国人に「酒に酔って戦争している」と評された旅順攻略作戦の日本兵

江戸時代の統計は明確ではないが、衛生面など国民の生活が旧幕時代に比べて著しく向上したはずの明治においても、毎年一万人を超す日本人が脚気に命を奪われていた。そして日露戦争においても脚気による死者は、科学史家の板倉聖宣《いたくらきよのぶ》の推計（『脚気の歴史』仮説社刊）によれば約二万八千人である。いわゆる戦没者（戦死、戦傷死、戦病死）の総計は約八万八千人なのだから、日露戦争の戦没者の三割強は脚気で死んでいたことになる。最大の激戦であった旅順《りよじゆん》攻囲戦でも日本軍の戦死者は約一万五千人だったのだから、いかにもの凄い数の人間が脚気の犠牲になったかわかるだろう。

現在、新型コロナウイルスの流行に悩まされている日本人にとっては、死者がそれだけいるのだから罹患《りかん》した人間はその何倍もいることは予想がつくはずだ。そう、約二十一万二千人（前掲『脚気の歴史』）もいたのだ。ひょっとしたら、死者に比べて感染者は意外に少ないなと思った人もいるかもしれない。確かにこの稿を書いている二〇二〇年（令和2）十一月中旬の時点での日本国内の新型コロナウイルスの感染実態は、内閣官房の発表によれば死者約千九百人に対し感染者総数は約十二万二千人である。だが、気づいていただきたい。つまり、脚気は新型コロナウイルスに比べてはるかに致死率が高いということだ。日露戦争に投じた日本側の総兵力は約三十万人だから、何と過半数どころか三分の二が脚気に罹り、そのうち十人に一人は死んだということである。

最近少しは知られるようになったとは言え、この事実つまり「日露戦争における日本最大の敵はロシア軍では無く脚気だった」は、あまり国民の常識となっていない。本巻を書くにあたってたびたび引用した国民作家司馬遼太郎《しばりようたろう》の小説『坂の上の雲』でも、脚気問題は重要視されていない。その理由は、おそらく明治の人々が「坂の上の雲」という「希望」を求める物語だったからかもしれない。小説はあくまで小説であって、歴史上の事実そのものではないのだ。

では、この事実を書いた作家はいなかったのか。じつはいた。今でこそ司馬遼太郎ほど有名ではないが、日本の自然文学を代表する作家であると同時に、何よりも従軍作家として自分の眼で現場を見た人間である。田山花袋《たやまかたい》という。その作品『一兵卒《いっぺいそつ》』も小説ではあるが、歴史上の事実にきわめて近いものであると言えるだろう。なぜなら、田山は日露戦争の華々しい勝利の陰にそのような悲惨な事実があったことを後世に伝えるべきだという目的意識のもと、「その当時の人々の気持ちになって」作品を書いているからだ。

その書き出しは次のようなものである。

渠《かれ》は歩き出した。

銃が重い、背嚢《はいのう》が重い、脚《あし》が重い、アルミニューム製の金椀《かなわん》が腰の剣に当ってカタカタと鳴る。その音が興奮した神経を夥《おびただ》しく刺戟《しげき》するので、幾度《いくたび》かそれを直して見たが、どうしても鳴る、カタカタと鳴る。もう厭《いや》になってしまった。

病気はほんとうに治ったのでないから、呼吸が非常に切れる。全身には悪熱悪寒《あくねつおかん》が絶えず往来する。頭脳《あたま》が火のように熱して、顳顬《こめかみ》が烈《はげ》しい脈を打つ。何故《なぜ》、病院を出た？　軍医が後が大切だと言ってあれほど留めたのに、何故病院を出た？

「渠」が病院を出たのは、あまりに不衛生だったからだ。そこで病状を隠して退院した。だから一人で原隊に徒歩で戻らねばならない。しかし、力尽きた「渠」は途中の補給拠点に倒れ込んだ。そして、おぼろげな意識の中で自分を見下ろす二人の兵士の声を聞く。


「脚気ですナ、脚気衝心《しょうしん》ですナ。」

「衝心？」

「とても助からんですナ。」

「それア、気の毒だ。兵站部に軍医がいるだろう？」

「いますがナ……こんな遅く、来てくれやしませんよ。」

（中略）


苦痛がまた押寄せて来た。唸声、叫声が堪え難い悲鳴に続く。

「気の毒だナ。」
「本当に可哀そうです。何処《どこ》の者でしょう。」
(中略)

黎明《あけがた》に兵站部の軍医が来た。けれどその一時間前に、渠《かれ》は既に死んでいた。一番の汽車が開路開路の懸声《かけごえ》とともに、鞍山站《あんざんたん》に向って発車した頃は、その残月が薄く白けて、淋《さび》しく空に懸っていた。
暫くして砲声が盛《さかん》に聞え出した。九月一日の遼陽攻撃は始まった。

(『蒲団・一兵卒』岩波書店刊)

これは決して特殊な例では無い。板倉は次のように述べている。

旅順攻撃を視察した外国人は、「日本の兵隊は酒に酔って戦争をしている」などと評した。ところが、それは「脚気で脚の不自由な兵隊がよろめきながら突撃した」のを誤って判断したのであった。

(引用前掲書)

ここは読者の皆さんの感想をうかがいたいところだが、もしこの引用文が本章の冒頭にあったら、皆さんは歴史上本当にこのようなことがあったと率直に信じただろうか。日露戦争は映画やテレビドラマとして何度も映像化されているが、私の知る限り田山の描いたような兵士は登場したことは無い。おそらくは本当かなと思った人のほうが多いのではないか。もちろん「私は知っていた」と胸を張る人もいるだろう、この話はすでに一九九六年(平成《へいせい》8)二月に、NHKの歴史番組『ライバル日本史』で取り上げられているからだ。「さすがNHK」と言いたいところだが、その後がいけない。『坂の上の雲』をテレビドラマ化したのもNHKだが、「脚気問題」に一度は触れなければいけないと思ったのだろう。原作に無いシーンを付け加えた。そのこと自体が悪いというのではない、問題は、それを軍医森林《もりりん》太郎《たろう》(森鷗外)の傍観者的セリフで言わせたことだ。せっかくの名作に傷をつけてしまったと私は思う。

なぜそう思うか? 前記『ライバル日本史』のタイトルは「日清・日露 軍医鷗外の大敗北~高木《たかき》兼寛《かねひろ》と森鷗外」というのだが、じつは海軍では脚気による死者はほとんど無く、その功労者は高木兼寛であるのに対し、陸軍が約二万八千人もの死者を出したことの最大の責任は森林太郎にあったからである。

■兵士の脚気罹患問題で差がついた「和食絶対」陸軍と「洋食容認」海軍

司馬遼太郎の小説『坂の上の雲』には、主人公の一人である正岡子規《まさおかしき》が日清戦争の従軍記者として清国に行く場面があり、次のように書かれている。

子規の従軍は、結局はこどものあそびのようなものにおわった。

広島で待機し、四月のはじめ、御用船に乗るべく宇品港へ出かけた。

（中略）

大連に入港した。

そのあと、柳樹屯《りゅうじゅとん》、金州城、旅順へゆき、さらに金州城に帰った。すでに戦いはなく、いわば新戦場の見学旅行のようなかたちになった。

（『司馬遼太郎全集　第二十四巻　坂の上の雲　一　第四部　須磨の灯』文藝春秋刊）


これを映像化したNHKのスペシャルドラマ『坂の上の雲』では、この柳樹屯で子規（演・香《か》川照之《がわてるゆき》）と兵站《へいたん》軍医部長の森林太郎（演・榎木孝明《えのきたかあき》）が出会う。そして森が子規に「戦場の現実」を述べる場面がある。


現実はこうだ。今回の戦死者およそ八千、そのうち三分の二は病死じゃ。脚気、赤痢《せきり》、コレラ、凍傷。わが軍は戦わずして悲惨な病に倒れた。残念ながらわが軍の医療体制の不備をさらけ出すことになってしまった。自分の医者としての無力さを思い知らされました」

（脚本・野沢尚《のざわひさし》、柴田岳志《しばたたけし》、佐藤幹夫《さとうみきお》）


原作に無いシーンを付け加えたこと自体は悪くない。実際、この場面はなかなか良くできていて、演出も俳優の演技も見応えのあるものだ。だが、大きな問題が二つある。一つは、他の病気を脚気と同格のように列挙してしまったことだ。日清でも日露でも、病死者の大部分は脚気による死亡者なのである。赤痢やコレラや凍傷では無い。それに洒落《しやれ》るつもりは無いが、「これら」はすべて予防法も治療法も確立されている病気だが、脚気にはそれが無い不治の病であることが最大の問題なのだ。だから、これでは「脚気問題」を正面から取り上げたことにはならない。

そしてもう一つは、先に述べたとおり、とくに日露戦争で陸軍の兵士八万人以上が脚気で亡くなった責任の大半は森林太郎にあるのだから、このセリフは森では無く、そう言わせるなら海軍でそうした事態を防止し死者をほとんど出さなかった高木兼寛であるべきだった。大変残念なことである。

それにしても読者の中には、私があまりにも森林太郎に厳しすぎると思われる向きもあるかもしれない。何でも一人で決められる戦国時代とは違って、森も陸軍という巨大な組織の一員だから「責任の大半がある」などという言い方は不正確だと思う読者もいるだろう。そうしたセンスは大切にしていただきたいが、じつはこの問題に限ってはそうでは無いのだ。そういう意味ではじつに興味深い問題である。

ところで、脚気には治療法が無いと今まで述べてきたが、それは正確に言えば「西洋医学の理論に基づく治療法は無い」ということで、東洋医学（漢方）なら「治療法」はあった。「麦飯や豆類を食べること」である。漢方とはじつに不思議な体系である。たとえば「この草の汁を塗れば傷が治る」とか、「この木の根っこを煎《せん》じて飲めば胃病に効く」などということを、いったい誰が発見したのか？　これが西洋医学ならば、植物を分析し薬効成分を突き止め薬を造る。つまり、薬理《やくり》（薬が生体にどのように影響を与えるか）をもとに、すべての薬に説明がつく。

しかし、漢方にはそういう理論は無い。これも正確に言えば、「この病気は体の冷えが原因だ。

だから体を温めるこの薬草が効果がある」などという「後付け」の理屈はあったが、それはむしろ「説明のための説明」で、西洋医学の薬理とはまったく違うものだ。

神農《しんのう》という伝説上の人物をご存じだろうか？

中国の「皇帝」という称号のもととなった八人の帝王「三皇五帝《さんこうごてい》」の一人で、「初めて農耕を教え、種々の植物の滋味や飲料水の良否を調べ、その鑑別を知らしめた。これによって神農は1日に70回も中毒した」（『世界人名大辞典』岩波書店刊）という医薬の神さまだ。そしてこの話は、「古代中国人の数限りない経験の集積を一人物の業になぞらえ神話化したもの」（引用前掲書）である。つまり、中国人も漢方薬（あるいは漢方療法）は理屈では無く、経験の積み重ねによるものだと認識していたということである。そうした中、脚気についても治療法が発見されていた。

■東大医学部絶対主義者たちに「迷信」信者と嘲笑された「麦飯派」

そもそも脚気は、なぜ欧米には存在しないのか？　主食である米と麦の違いに問題があった。米は玄米の状態では大量にビタミンBを含むのだが、精製して白米にするとほとんど失われてしまう。ところが、麦は精製しても本体にかなりの部分ビタミンBが残るのである。脚気の原因はビタミンB欠乏症なのだから、米と違って麦（パン）を主食としている限り脚気になりようがない。また、中国においても脚気は深刻な病気では無かった。これは私の推測だが、中国人はビタミンBが豊富に含まれている豚肉を庶民から上流階級に至るまで好んで食べるので、脚気に悩まされることは無かったのではないか。それでも、肉食が普及していなかった古代中国では脚気は重病であった。そもそも「脚気」という言葉自体、中国語である。しかし、さすがは何でも食べる世界一の雑食民族（笑）の国である。中国では、すでに古代に（ビタミンBを豊富に含む）麦や豆類がこの病に効果があるというのがわかっていた。それに注目したのが近代以前の日本の漢方医で、これを「秘伝」として処方していた。これが東洋医学の悪いところで、せっかく治療法を開発してもそれが「公有財産」にはならないのである。しかし、その秘伝に救われた超大物がいた。明治天皇である。江戸幕府十三代将軍徳川家定、十四代将軍家茂と同じく白米しか食べない天皇は脚気を患《わずら》った（ちなみに15代将軍慶喜《よしのぶ》が罹患しなかったのは、「豚一《ぶたいち》」と呼ばれるほど豚肉が好きだったからだろう）。天皇の叔母にあたる家茂夫人和宮まで罹患し、結局彼女は脚気衝心で亡くなった。もちろん西洋医学による手厚い治療を受けていたのだが、奏功しなかった。明治天皇が西洋医学から距離を置き、漢方を見直したのはこの時からだろう。結局、天皇は漢方医のアドバイスを聞き脚気を克服した。

一方、何度も名前を出した高木兼寛は宮崎の出身。海軍で一貫して医学畑を歩き最終的には海軍軍医総監に上り詰めたから、陸軍軍医総監となった森林太郎とはまさに「ライバル」というわけだが、実際には高木のほうが十三歳年上であった。注目すべきは森の留学先がドイツであったのに対し、同じ医学を志した高木の留学先がイギリスであったことだ。当時、ドイツ医学のほうが優れていると一般的には考えられていた。法律面で比較してみるとよくわかるが、ドイツは条文を重んじ法典をきちんと整備するが、イギリスは成文化された法典を持たず判例を重視する。つまり、不文法・慣習法の世界であり、経験をもっとも重要視する漢方の世界と一脈通じるものがある、と言ったらコジツケと言われるだろうか。とにかく、高木は帰国後陸軍と同じように悩まされていた海軍の「兵士の脚気罹患」問題を解決するため、漢方の世界では「効果がある」とされていた麦飯を兵士の食事に取り入れることを始めたのである。

ここのところも正確に言えば、高木は脚気の原因つまり「ビタミンB欠乏症」に気がついていたわけではない。ただ何となく、白米中心の兵食が現代の表現で言うならば「栄養のバランスが悪い」と考えていた。だから、「和食」から「洋食」に切り替えるべきだとまず考えたのだ。しかし、ここには思わぬ障害があった。兵士自身が白米を食べることを熱烈に望んでいたことだ。当時、とくに下層階級にとって軍隊に入る「最大の楽しみ」は、「銀シャリを好きなだけ食べられる」ということだった。確かに玄米や麦飯に比べて白米はきわめて美味だ。とくに貧しい家庭に生まれた者にとっては、毎日白米が食べられるということは夢のような話であった。だから陸軍は苦しい軍務に就かせる見返りとして白米の供給量を増やした。それに対して海軍が麦飯に切り替えることは、兵士の不満を招く恐れがあった。ちなみに、白米を使ってなお栄養価に富んだ食事を作るための工夫がカレーライスだという説がある。調べてみると必ずしもカレーライスは海軍発祥では無いようだが、手軽な栄養食として「海軍カレー」が大いに奨励され流行したのは事実のようだ。わかりやすく言えば、「和食絶対」の陸軍に対して海軍は「洋食容認」の姿勢を取ったということだ。

医者としての森林太郎とは何であったか？　これも、わかりやすく言えば「元祖　白い巨塔」であり、別の言葉で言えば東大医学部絶対主義の権化であったということだ。脚気は欧米にはほとんど存在しない病気である。ということは西洋医学の法則を杓子定規に当てはめるのでは無く、もっとフレキシブルに原因を考えなければいけない。そうすることで新しい学問の方向性が見出される可能性もあった。

しかし、森は頑《かたく》なに、頑迷固陋《がんめいころう》と言ってもいいほどの態度でドイツ医学にこだわり続けた。現代風に言えば「脚気に麦飯が効く」などという話は、薬理上なんの「エビデンス（証拠）」も無い「思い込み」に過ぎない。そんな怪しげな「民間療法」は無視して、一刻も早く病気の原因を突き止めるべきなのである。そして森を中心とした東大医学部の面々は、「脚気は伝染病である」と考えていた。その病源菌を一刻も早く発見することが治療への最短ルートだ、と考えていたのである。

実際、森の東大医学部の先輩にあたる緒方正規《おがたまさのり》は一八八五年（明治18）に、脚気病原菌を「発見」している。そんなものがこの世に存在するはずが無いのだが、何しろドイツ帰りの東大医学部の「先生」が言うことである。一時は盛大に「祝賀会」が開かれ、「迷信」の信者である高木ら「麦飯派」は嘲笑された。同じドイツ留学組でも、東大医学部出身ながらフレキシブルな頭脳を持っていた北里柴三郎《きたざとしばさぶろう》は緒方の「脚気伝染病説」を批判したが、そのことによって北里は東大医学部から目の敵《かたき》にされる存在となった。じつは、北里のドイツ留学をバックアップしたのは緒方だったのだが、それゆえに東大医学部は「恩義ある緒方先生を批判するとは！」と非難したのである。北里の批判は、

津和野藩代々の御典医の家に生まれた森林太郎（鷗外）は東大医学部を卒業後、陸軍省に入り軍医となった。1884年（明治17）から4年間ドイツに留学し衛生学を学んで帰国。日露戦争では第2軍軍医部長として出征し、後に陸軍軍医の実質上のトップである陸軍省医務局長に就任している（写真提供／毎日新聞社）

学問上のもので、しかも結果的に北里のほうが正しかったのだが、東大医学部はそういう批判を許さない人々の集まりであった。北里はドイツでは世界的な細菌学者ロベルト・コッホに師事し、血清療法というノーベル賞級の伝染病治療法を開発した。現に同様の研究をした白人学者はノーベル医学賞を受賞している。北里はアジア人だから差別され受賞できなかったという説すらある。とにかく、この時代の北里は世界で通用する最優秀の細菌学者であった。ところが、その北里が帰国してみると活動の場がまったく無かった。東大医学部が徹底的に妨害したからである。やむを得ず北里は「私立研究所（北里大学の前身）」を設立せざるを得なかった。私がこの一連の出来事を「元祖　白い巨塔」と呼ぶのは、こういういきさつがあるからだ。そして、北里とは逆に緒方の「脚気伝染病説」を「師説」として継承し、「麦飯派」に徹底的な攻撃を加え撲滅しようとした「東大医学部」のリーダーにのし上がった人物こそ、森林太郎なのだ。

しかし、「麦飯派」は着々と勢力を増していた。たとえば刑務所において食事が白米から麦飯に代わったとたん脚気患者が激減した、などといったデータが次々に出てきたからである。また、陸軍の現場指揮官もこうした流れを見て麦飯を採用し始めた。現場の兵士が足元もおぼつかないようでは戦争など無理だからだ。

ところで、寺内正毅《てらうちまさたけ》という陸軍軍人を覚えておられるだろうか？　形式主義の権化、陸軍硬直化の元凶として司馬遼太郎が徹底的に批判した人物である（第二章参照）。しかし、この寺内ですら「麦飯派」であった。一度は脚気に罹り、漢方医のアドバイスによって麦飯に切り替え病気を克服した経験があったからである。そこで日清戦争の時、大本営《だいほんえい》の野戦通信長官であった寺内は現地の兵士に麦飯が届くよう手配しようとしたのだが、医療部門の強行な反対で断念した。

医療部門の担当者は誰かおわかりだろう。そう、森林太郎である。

■「東大出」「陸大出」で無い人間の意見は「劣った者の見解」なのか?

この「脚気問題」、調べれば調べるほどこんな事態が本当に起こっていたのか、信じられないという気分になる。確かに、当時世界の最先端を行くドイツ医学では、「脚気は麦飯によって防止できる」と証明できなかった。今では誰もが知っている常識「人間にはビタミンという栄養素が必要だ」が、まだ知られていなかったからである。

しかし、「経験」によるデータは多数蓄積していた。先に紹介した、刑務所の食事が麦飯に変わったとたん脚気患者が激減したという事実もそれで、陸軍と同じ形で日本人を兵として召集する海軍も、麦飯の採用によって脚気患者を劇的に減らしていた。どれぐらい「劇的」だったかと言えば、患者数万人の陸軍に対し数十人の海軍という形である。そもそも日本の頂点に立つ明治天皇さえも、麦飯で脚気を克服しているのである。

だが、陸軍軍医そして東大医学部の「リーダー」である森林太郎は決してその事実を認めようとはしなかった。「麦飯療法」は漢方では確立された治療法なのだが、森林太郎にとってはそれは「エビデンス(証拠)のまったく無い迷信」であった。ここのところ、少し弁護すれば幕末から生きてきた森にとっては、天然痘の予防法である種痘を「牛の血を原材料に使っているから体がケガレる」などと否定する「迷信の徒」と戦って西洋医学を広めてきたわけだから、そうした「迷信の徒」側にいた漢方医に好感は持てなかっただろう。それに、漢方の体系そのものが「薬理」では無く「経験」に立脚していたのも気に入らなかったに違いない。しかし、それでも全否定は無いよと思うのだが、森そして東大医学部の判断はまさにそれだった。

その結果が、日露戦争において陸軍で約二万八千人もの脚気死亡者を出すことになった。もちろん、海軍の脚気死亡者はその百分の一以下である。そこで戦争が終わって陸軍の担当者は、今後戦争が起こった時には戦地において麦飯が支給されるように規定を改めようとした。それまでは「死地に赴く兵にせめて腹一杯白米を食べさせてやりたい」という「温情」から、戦場での兵食には麦を混ぜない(「質を落とさない」)という規定があり、そのために麦飯にすることができなかったからである。ところが、この当然の進言に対し当時陸軍省医務局長に昇進していた森は、次のように答えた。

「ハア、君も麦飯迷信者の一人か。それは学問的にいって駄目だよ。実は、僕が医務局長になったとき、東大医学部長の青山胤通《たねみち》君がやってきて、〈君が医務局長になったからといって、脚気予防に麦飯が必要だなんていう俗論に応じやしないだろうね〉と釘をさしていったよ。青山君までがそういったがね、僕もそこまで俗化しちゃいないよ」

(『脚気の歴史 日本人の創造性をめぐる闘い』板倉聖宣 仮説社)

あきれて物が言えないというのは、このことではないだろうか。この本の著者の板倉聖宣も、これに続く部分で次のように慨嘆している。

森鷗外の意見も青山胤通の意見も、日露戦争のときの脚気の大量発生という手痛い経験を積んだあとでも、まったく変わっていなかったのである。彼らはあくまで「学理の人としての誇り」を捨てようとはしなかったのである。

ここのところ、「ノモンハン事件の手痛い敗戦の後でも、まったく変わらなかった。彼ら（陸軍参謀本部）は『軍理の人としての誇り』を捨てようとはしなかったのである」と書き換えれば、そのまま陸軍全体に対する批判になる。いや、陸軍だけの問題では無い。私がかつて「バカトップ」という造語を用いて、最高学府を卒業した「エリート」なのにマスコミ人として必須の常識を持っていない人物が朝日新聞の社長になってしまった事例を紹介した（『逆説の日本史 第23巻 明治揺籃編』）が、日本の教育は昔も今もどこかおかしいのである。だから、最高学府を出た優秀なはずの人間が中学生でも気づくような過ちを犯し続ける、という事態が発生する。この森林太郎そして東大医学部の実例がそれを示している。気鋭のジャーナリスト上杉隆《うえすぎたかし》は、「今も日本にはエリートバカがあちこちにいる」と喝破しているが、まさに言い得て妙の「エリートバカ」。戦国や幕末にはこんな人間はいなかった。出現したのは明治以降、日本が学歴社会となり、試験秀才が幅を利かすようになってからである。

なぜ、森林太郎陸軍軍医総監や青山胤通東大医学部部長のようなエリートバカが出現するのか？　その理由の一つは、試験の点数だけを絶対の尺度にしてしまうからだろう。これはあくまで目安に過ぎないし、過去の事例をどれだけ理解しているかがわかるだけで、新しい問題を柔軟な頭脳で解決していくこととはまるで無関係だ。だが、そうした「点取り虫」を国家や社会が珍重すれば、彼らは思い上がり誤ったプライドのかたまりとなり、たとえば東大医学部を出ていなければ、あるいは陸軍大学を出ていなければ「ダメ」という価値判断をするようになる。その結果、彼らは「東大出」あるいは「陸大出」では無い人間の意見は、「自分たちより劣った者の見解」と頭から決めてかかるようになる。

日本民族が肝に銘じなければいけないのは、こうしたエリートバカに国を委ねた結果、戦前の日本は惨憺たる敗戦の末に数百万の犠牲者を出したことだ。それなのに、その教訓がまったく生かされず、知識の多寡を競うだけのクイズ番組などで「東大出」をもてはやすような傾向が今も続いている。こんなことを言うだけで、「井沢は東大出身じゃないから僻《ひが》んでいるんだろう」と考える人はまだいるのだろうか？「まだ」というのは、筆者が子供のころにはまだそういう人間が大勢いたからなのだが、「まだ」そういう人がいるなら申し上げよう。「そういう人」が「東大出のエライ先生がおっしゃることなら間違い無い」と森林太郎を熱烈に支持し、結果的に何万人もの脚気患者を犬死にさせたのである。

教育において大切なのは、暗記では無い。知識の多寡でも無い。最低限の暗記や知識は必要だが、それはあくまで柔軟にフレキシブルに未来に対処できる能力を養うためである。目的と手段を混同してはいけない。そういうことができる人間こそ真に創造的な人間であり、そういう人間が一人でも育てば教育として私は成功だと考えている。ところが、日本が「エリート教育」（実質的にはそんなものは存在しないのだが）で育てているのはその真逆の「人材」だ。こんなことでは将来、日本は大日本帝国の轍《てつ》を踏むかもしれない。この試験秀才偏重は、国家の官僚を試験（科挙《かきょ》）で選んだ古代中国の朱子学《しゅしがく》体制に基づく偏見なのである。朱子学が国を滅ぼす哲学であったことは、これまで何度も述べた。日本はそれにどっぷり浸かった江戸時代から明治を経てその影響からかなり脱したのだが、最後まで残ったのがこの試験秀才偏重なのである。

■明治天皇も陸軍大臣もバカにし切った「エリートバカ」たちの恐ろしさ

それにしても、この試験秀才たち、言葉を換えて言えば「エリートバカ官僚」の「実力」を侮ってはいけない。何しろ、国を滅ぼすほどのパワーを持っている。この脚気問題でもそうだった。ここで改めて、脚気細菌原因派（反麦飯派）とはどういう人々か考えてみよう。陸軍の医務官僚と東大医学部である。この二つの組織のトップは誰か？　最終的には明治天皇であろう。天皇は大日本帝国の統治者であると同時に陸海軍の大元帥《だいげんすい》でもある。陸軍の医務官僚も東大つまり東京帝国大学医学部も、天皇の「忠実な臣下」のはずだ。当然その意向には従わなければいけない。また陸軍は軍事面と行政面に分かれるが、軍事面のトップが天皇なら行政面のトップは陸軍大臣だろう。つまり、論理的に言えばこの二人が同じ意向を持っていれば、本来その「臣下」に過ぎない官僚たちはこれに従わなければいけないはずである。ところが、そうではなかったのだから驚くではないか。

天皇が漢方の麦飯療法で脚気を克服したことは、すでに述べた。また、海軍でも同じやり方で脚気を克服した。従って天皇は、陸軍も当然そうしていると思い込んでいたのである。ところが、それがバレた。そのきっかけが面白い。世間では麦飯派が優勢になり、あらゆるところから陸軍への批判が浴びせられるようになった。そこで森は、「臨時脚気病調査会」という政府の諮問《しもん》委員会のようなものを作ろうとした。簡単に言えば、調査会を作ることによって世論の批判をかわし、時間を稼ごうとしたのである。ところがその動きが天皇の目に留まり、天皇は当然の疑問を抱いた。軍隊の脚気問題は、麦飯採用で確実に予防できるようになったのではなかったか。なぜ、今さらそのようなものを作るのか、という下問が降りてきたのである。ところが、何と森たちは言を左右にして事態をごまかし（どのような弁舌を使ったのか興味はあるが）、結局この下問を無視する形で「調査会」設立に漕ぎ着けたのである。

話はまだ続く、結局この臨時脚気病調査会は森自身が会長となり、一九〇八年（明治41）七月に発足したのだが、その開会式の時に来賓に招かれた陸軍大臣寺内正毅が、先に述べた「麦飯を戦地に届けようとしたのに森らに妨害された」という事実をバラしてしまったのだ。つまり、森たちのあまりの頑迷さに怒った寺内は、身内の顔に泥を塗ることとわかっていたが、あまりにも麦飯に対して否定的であると公衆の面前で非難したのである。今も昔もそうだが、そういうことは「内々にやれ」というのが「霞《かすみ》が関《せき》の掟《おきて》」である。しかも寺内は司馬遼太郎が徹底的に批判したように、形式主義の権化で「内部告発」などとは縁遠い人間だったにもかかわらず、それをやった。よほど腹に据えかねていたのだろう。ところが、それでも調査会は今のどこかの国の「委員会」のように無駄な審議を繰り返し結論を先送りにした。天皇と陸軍大臣の意向に背いて、である。なぜそんなことができるのかと言えば、彼らは歪んだエリート意識で自分たちが絶対正しいと思い込んでいるからだろう。だから「麦飯派が正しい」という「誤った」結論を絶対採用させないために、とにかく審議の形で時間を稼ぐのが最善ということになる。実際は本人たちのほうが「バカ」なのに、逆に自分たち以外のすべての人間のほうが「バカ」だと思い込む。これが歪んだエリート意識ということで、そういう意味では彼らは「天皇も陸軍大臣もバカにし切っている」。もっとも、彼らにはそういう意識はまるで無い。自分たちはあくまで天皇の「忠臣」のつもりなのである。しかし、自分たちの判断のほうが絶対に正しいと確信しているから、「お上《かみ》が覚醒されるまで時間を稼ぐのが正しい」という判断になる。先の話になるが、昭和の二・二六事件の陸軍青年将校たちにもこういう意識があったことは、昭和史を紐解いた人間なら頷《うなず》くところだろう。

この「時間稼ぎ」は成功したと言えるかもしれない。この委員会が解散したのは、何と大正も終わりの時期（1924年〈大正13〉）で、森はその少し前に死んでいた（1922年〈大正11〉没）。そのころ脚気はビタミンB（すでに発見されていた）欠乏症だと、誰もが認めていた。逆に言えば、森は「自分の目の黒いうち」にはその科学的真実を陸軍に正式採用させないことに成功したということだ。「エリートバカ」の恐ろしさが、少しはわかっていただけたろうか？

もちろん、彼ら「エリートバカ」の弊害はこれだけでは無い。たびたび引用した『脚気の歴史』の著者板倉聖宣は、次のような事実も紹介している。

昭和18年8月に「陸軍省医務局内陸軍軍医団」が発行した『軍陣医学提要』という全文三八八ページからなる文書の「21．脚気」の項に、「主食と本病との間に関係あることは森軍医総監の達見により主唱せられ、明治十七年以後、米食を逐次《ちくじ》米麦食に変えたるに、急激に軍隊の脚気の減少を見たる事実之《これ》を裏書きせり」と明記されていたのです。死ぬまで麦飯支給に反対していたことが明らかな森鷗外が麦飯支給を「主唱し軍隊の脚気を急激に減少させた」というのです。（中略）脚気急増の責任者であった陸軍省医務局がそう書いたのは、「歴史の偽造」を意図したものと断定せざるを得ません。

（引用前掲書）

歴史の捏造をやったのは「後輩」の仕業だが、なぜ「やった」かおわかりだろう。「我々は常に正しく、ミスなど絶対に犯さない」からである。

■実験データを偽造し「小便を飲んでも脚気は治る」と嘲笑した東大医学部の奇々怪々

ここまで述べてきて一般の読者が感じる率直な疑問は、東大医学部や陸軍医務局の中に「脚気は細菌が原因では無い」と考える学者や研究者はいなかったのか？　ということだろう。

もちろんいた。東大医学部出身ながら本流とそりが合わず北里柴三郎の私立研究所にいた志賀《しが》潔《きよし》は、赤痢菌の発見という世界的な功績を挙げた細菌学者だったが、脚気については「部分的栄養欠乏症説」を主張していた。また陸軍軍医の都築甚之助《つづきじんのすけ》も当初は「脚気細菌原因説」だったが、現場での声などに耳を傾けているうちに自分のほうが間違っているのではないかと気づき、密かにそれを確かめるための実験を始めた。具体的には、養鶏場で飼われている鳥が白米ばかり食べさせていると脚気と似た症状になるという医学的事実をもとに、玄米の主成分から精製した米糠《こめぬか》エキスを与えたらどうなるかを調べさせたのであった。効果は劇的だった。鳥の場合は脚気と言わず白米病と言ったのだが、この病気がほとんど根治したのである。ところが、この秘密実験がマスコミに嗅《か》ぎつけられ「脚気の特効薬ついに発見」と大々的に報道されてしまった。そこで造反者であることがバレてしまい、「臨時脚気病調査会」会長森林太郎は、それまでは会の委員であった都築をクビにしてしまった。さすがに軍医の地位まで奪われることにはならなかったが、事実上の左遷であった。これで他の委員は「脚気細菌原因説でなければならないのだな」と思ったことだろう。そもそもこの「調査会」の目的が「脚気の原因調査」では無く、「脚気が麦飯で治るという〈迷信〉を打破し、細菌が原因という〈真実〉が認識されるまでの時間稼ぎ」なのだから。この後も都築が自己の研究結果を発表する機会までは奪われなかったことから、「森は公平だった」などと考える向きもあるようだが、それは世間をごまかすことに長けた官僚の常套手段である。騙《だま》されてはいけない。この「調査会」は森が死ぬまでは「結論」を出せなかった、という事実を忘れてはならない。都築への「処罰」はまさに「一罰百戒」であった。森は公平さを装い世間を騙すためだろう、まず都築に北海道の炭鉱で調査をやらせた。炭鉱夫を「白米組」と「麦飯組」に分け、脚気の発生率を比較したのである。結果は歴然だった、あきらかに麦飯は効果があった。ところが、その後、科学的にはまったく有り得ないことが起こった。

その翌年、同じ炭鉱で今度は東京帝大医科大学を1～2番という優秀な成績で卒業して間もない学者たちが担当して調べたところ、今度は「食料による脚気発生率の違いは認めがたい」という結果になったのである。奇々怪々なことである。

（『脚気の歴史　日本人の創造性をめぐる闘い』板倉聖宣著　仮説社刊）

まさに「奇々怪々」。しかし、「麦飯派は正しかった」という歴史的事実をご存じの読者の皆さんには、この謎は容易に解明できるだろう。森が「細菌説」をあくまで貫くため、自分には絶対逆らわない「後輩」に「追試」をやらせた。「後輩」は「師説」を重んじ森の意向を「忖度《そんたく》」し、科学者としての良心は封印してデータを偽造し結果を捏造したに違いない。それ以外に考えられないし、注意すべきはここで都築の面目は丸潰れになり、「あの男の医者としての調査結果および見解は信用できない」ということになったであろうことだ。おわかりだろう。このために森は、都築を「生かして」おいたのだ。再び言う。官僚は人を追い落とすことには絶大な能力を持っている、騙されてはいけない。

しかし都築も男である。医者として多くの人を病から救いたいという使命感もある。とうとう彼は民間業者と組んで、米糠の成分を抽出し精製した治療薬アンチベリベリンを開発し、市場で売り出した。脚気は英語名を「ベリベリ」というので、このように命名されたのだが、この薬は大評判を取った。何しろ脚気が治るのだ。すべての患者に効いたわけでは無い（後述するが、それには医学的理由があった）が、人によっては劇的な効果があった。

ところが、そんな結果を直視するどころか、嘲笑したのが森および東大医学部であった。

「そんな馬鹿な。脚気が糠《ぬか》で治るものなら、小便を飲んでも脚気は治る」——東大医学部長の青山胤通は、米糠が脚気に効くという話を聞くと、そう口汚く罵《ののし》った。（中略）鈴木梅太郎《すずきうめたろう》も青山からじかにそう罵られたし、その言葉は当時の新聞にも紹介された。

（引用前掲書）

じつは、脚気の原因がビタミンB（正確にはビタミンB_1）欠乏症であることが判明した後も、脚気は根絶されるどころか毎年多くの日本人が命を奪われる国民病であった。その理由は、ビタミンB_1は経口で服用してもきわめて消化吸収されにくい物質であったからで、人によっては飲み薬はあまり効かないのである。つまり、アンチベリベリンはそこが弱点であった。もしすべての患者に効いていたら、さすがの青山東大医学部長も「小便を飲んでも脚気は治る」などとは言えなかっただろう。またこれは私の想像だが、森は都築のことを「あの男の調査は信用できません」などとあちこちで触れ回っていたのではないだろうか。これも官僚の「敵」を貶《おとし》める有力な手口である。記憶されたい。ちなみに、現在はニンニクの有効成分アリシンを使ってビタミンB_1を消化器から吸収しやすくする薬が開発されており、この問題は解決している。この薬、商品名は『アリナミン』(製造・販売=アリナミン製薬)と言うが、そもそも開発のきっかけは脚気の治療を意図した戦前の軍部からの要請である。薬一つにも歴史がある。

■いまだに丸山ワクチンが認可されない理由を考える

歴史と言えば、団塊の世代ならこのアンチベリベリンの話を聞いて想起する一つの薬があるのではないか。そう、丸山《まるやま》ワクチンである。若い読者はご存じ無いかもしれないので、一応紹介しておく。

日本医科大学皮膚科教授だった丸山千里《ちさと》が開発したがん免疫療法剤である。無色透明の皮下注射液で、主成分は、ヒト型結核菌から抽出されたリポアラビノマンナンという多糖体と核酸、脂質である。

1944年、丸山によって皮膚結核の治療のために開発され、その後、肺結核、ハンセン病の治療にも用いられた。支持者たちは末期のがん患者に効果があると主張しているが、薬効の証明の目処は立っていない。

1976年11月に、ゼリア新薬工業から厚生省に「抗悪性腫瘍剤」としての承認申請を行うが、1981年8月に厚生省が不承認とした。ただし、「引き続き研究継続をする」とし、異例の有償治験薬として患者に供給することを認め、現在に至る。2015年12月末までに、39万9787人のがん患者が丸山ワクチンを使用している。

（フリー百科事典「ウィキペディア」（wikipedia）日本版2021年6月現在の表記より一部抜粋）


まだ歴史的評価が定まらない薬であるし、私は医薬の専門家では無いので薬効などについて論評することはできない。また当然ながら、丸山ワクチンはすべてのガン患者に効くわけでも無いという「弱点」はある。しかし、同種の薬は認可されているのに丸山ワクチンの承認だけが著しく遅れているように見えるし、そう考えているのは決して私一人では無い、という事実は記しておこう。また、これはあくまで一私人の言葉であり真実かどうか確かめる術は今のところ無いのだが、かつて私が「丸山ワクチンはなぜ認可されないのか?」をある医学関係者に問うたところ、彼は絶対匿名を条件に次のように答えた。「丸山さんは東大医学部出身じゃないし、専門も皮膚科でしょ。だから（東大医学部の勢力が強い薬品認可部門で）認めたくないんですよ」。繰り返すが、これは「ウラの取れない」発言であり、逆に東大医学部を貶める意図を持ったウソかもしれない。その点はじゅうぶんに注意する必要があるが、それでもこの「証言」を記録し後世の判断を待つことにしたのはなぜか、おわかりだろう。東大医学部には「アンチベリベリンに対する青山発言」という「前科」があるからだ。ちなみに、都築は東大出身では無く、愛知医学校（名古屋大学医学部の前身）の出身である。

もっとも、「前科者は同じ犯罪を繰り返す」というのも排除すべき偏見であることは承知している。過去を厳しく反省し、二度と過ちを繰り返さないとするなら大丈夫だろう。現代の東大医学部がそうであることを祈るばかりだ。

しかし、この時代の東大医学部は陸軍医務局とともに「エリートバカ」の巣窟《そうくつ》であった。彼らは細菌原因説に固執し、東大の先生の言うことならと信じた善男善女を特効薬や麦飯から遠ざけ国民の多くを死に至らしめたばかりで無く、結果的に日本のいや人類の医療の進歩と発展を妨げた。これは誇張でも何でも無い、人類史の真実である。

二十世紀を代表する医学的業績は何かと言えば、抗生物質の発見や血清療法など数々あるが、ビタミンの発見もその一つに数えられることに異論のある人はいないだろう。では、ビタミンとは何か。改めて定義を紹介しよう。

生体内では合成することができず、またそれ自体は生体の主要構成成分やエネルギー源とはならないが、微量（㎎あるいは㎍の単位）で生理機能を調節して、代謝を円滑にさせる物質群で、食物などの形で摂取しなければならない有機化合物をいう。

（『世界大百科事典』平凡社刊　項目執筆者松田広）

そして、この項目の「ビタミン発見、研究の歴史」で松田は、前述の日本海軍軍医高木兼寛の「洋食採用」が海軍の脚気患者を激減させた功績を紹介した後、次のように述べている。

バタビア（ジャカルタ）の病理研究所長であったオランダのC．エイクマン（中略）は原因は白米中の毒素によるものと考えたが、弟子のグリーンスG.Grijnsは、米ぬかに未知の必須栄養素を含んでいるためと主張、１９０６年にエイクマンはこれを認め、白米がこの必須栄養素を欠くためと推定した。

同じころ、イギリスのF．G．ホプキンズもラットの飼育実験で、純粋な糖質、脂肪、タンパク質および塩類からなる飼料だけではその成長に不十分であり、全乳を添加すると完全になることを見いだし、全乳中に微量の〈副栄養素〉が含まれると発表した（１９０６）。

こうしたなかで、はじめて詳しい化学実験をしたのは鈴木梅太郎であった。１９１０年、彼は米ぬかから有効成分の単離に成功し、12年これにイネの学名Oryza sativaにちなんでオリザニンOrizaninと名づけた。

オランダのクリスティアーン・エイクマン、イギリスのフレデリック・ホプキンズはこの後一九二九年（昭和4）に、ともにノーベル医学・生理学賞を受賞している。受賞理由は「ビタミンの発見」である。前述のように青山東大医学部長にこの件で痛罵された鈴木梅太郎は、両者に比べれば少し「遅かった」。この必須栄養素を「ビタミン」と命名したユダヤ系ポーランド人化学者カシミール・フンクが受賞を逃したのも、同じ理由かもしれない。しかし、よく読んでいただきたい。エイクマンの弟子のグリーンスが「未知の必須栄養素」に気がついたから、エイクマンは大発見を成し遂げノーベル賞も受賞したのである。彼は「もしバタビアに赴任しなかったらこの幸運は得られなかったろう」と神に感謝したかもしれない。実際ヨーロッパには脚気も白米病も無いから、こんなことに気づくチャンスはまったく無い。しかし、日本は違う。日本中の医学者がその「チャンス」に恵まれていた。脚気は実質的には「日本にしか無い病気」で、「栄養状態の良いはずの上流階級のほうが罹患しやすい」という不思議な病気であった。だいたい伝染病は衛生状態の悪い下層階級で蔓延《まんえん》するのが常識なのに、脚気はなぜその常識が当てはまらないのか？　このように考えれば、「ノーベル賞まであと一歩」である。ところが、この「一歩」が異常に長かった。もっとも近くにいた鈴木梅太郎は、東大医学部の「妨害」さえ無かったら、エイクマンより早く研究を完成させていただろう。

読者は改めて不思議に思うかもしれない。なぜ、「優秀」なはずの東大医学部の面々が「ノーベル賞」を「妨害」するのか？　答えはすでに言った。彼らは単なる試験秀才、つまり「点取り虫」に過ぎないからだ。試験秀才は過去の事例には凄く詳しい「クイズ王」だが、何でもかでも教科書つまり過去の事例で解決しようとするから、まったく未知の事態には対応できない。対応できないから、対応しようとする人間を邪道と見て邪魔をする。しかも自分が優秀だと思っているから、そうした真に創造的な人間を評価できず、かえってバカにする。本当は自分のほうがバカなのにもかかわらず、である。これが「エリートバカ」であり、これではノーベル賞など獲れるわけがない。

■歴史的法則から引き出された「北京オリンピックボイコット」という主張の正しさ

私は別にノーベル賞を絶対的なものと考えているわけでは無い。人間のやることである以上は、どんなことでも絶対あるいは無謬《むびゅう》ということはあり得ない。早い話がこの時代、北里柴三郎はなぜノーベル医学賞を受賞できなかったのか？　確定的な証拠は無いが、ノーベル賞の選考者にアジア人に対する人種的偏見があったのではないかという疑いは捨て切れないし、鈴木梅太郎が結局医学賞を獲れなかったのも同じ理由かもしれない。

しかし、ノーベル賞には様々な欠点があるとは言え、人類の進歩の「道標」であることは間違いの無い事実だ。とくに科学分野の賞はそうで、それを獲るための絶対的な条件は過去の常識に縛られず、まったく未知の分野に対し柔軟な視点を持って対応することだ。

そう言えば思い出した。私の子供のころは「京大出はノーベル賞を獲れるが、東大出は獲れない」という「風評」があった。今では完全に言われなくなったことだが、確かに、この時代の青山胤通東大医学部長あるいは森林太郎陸軍軍医総監のような「過去の常識に呪縛され未知の分野に対応できない」態度では、ノーベル賞など獲れるわけがない。「火の無いところに煙は立たない」ということか。

念のためだが、私は官僚という存在を全否定しているのでも無い。行政を円滑に行なうためには、過去の事例に精通した官僚が絶対に必要だ。ただし、官僚はすべて試験秀才であるがゆえに新しい事態には対応できないし、新しいやり方で対応しようとする人間を妨害することすらある。それが官僚の最大の欠点で、であるからこそ創造的分野からは官僚的思考を排除しなければならないのである。ところが、それが絶対条件であるはずの医学研究で森や青山のやったことは、まさに官僚的行動そのものだった。だから「ダメ」なのである。

本章でしばしば引用している『脚気の歴史』の副題は、「日本人の創造性をめぐる闘い」だ。確かに幕末から明治にかけては、長かった鎖国の影響で「創造」とは反対の「模倣」に集中せざるを得なかった。しかし、そんな中で脚気という「日本人にしか無い病気」に、まさに「柔軟な視点を持って対応」すれば、日本人の新たな創造性の確立につながったかもしれないのに、結局その動きは官僚的行動で潰されてしまった。著者の科学史家板倉聖宣は、その経緯をしっかりと記録して後世の戒めにせねば、と考えたのだろう。ご本人の言葉を借りれば、

これからだって、私たちのまわりには物事を創造的に考える人々よりも、権威にしがみついて考える人々が沢山いて悩まされることでしょう。そういう人を一人ひとり説得したり排除していく気力がなければ、結局のところ私たちの創造性も発揮できないことを忘れてはいけないのです。

（引用前掲書）

まさに、ご説のとおりであろう。

これまで、森林太郎を徹底的に批判してきた。それは、陸軍医学部門のトップとして東大医学部と連携し脚気という国民病の治療法定着を遅らせ、結果的に死ななくてもいい多くの日本人、

とくに陸軍兵士を死に至らしめたからで、この責任についてはまったく弁解の余地も無いことだと確信している。しかし、先にも述べたように人間には「絶対」ということは無い。つまり「絶対の悪人」もいなければ、「絶対の善人」もいない。ユダヤ人を大量虐殺したアドルフ・ヒトラーは「絶対悪」とする人はいるだろうし妥当な見解だが、そもそもあんな人物をドイツ国民が熱狂的に支持したのも、第一次世界大戦で徹底的に破壊されたドイツ経済を完全に立て直したからである。もちろん、それゆえにヒトラーの罪が許されるというわけでは無い。だが、罪は罪だが功もある。それが人間だ、という歴史の法則を再認識していただきたいだけだ。

　歴史の法則と言えば、今から十四年前の二〇〇七年（平成19）、私は翌二〇〇八年の北京《ペキン》オリンピックを世界はボイコットすべきだと考え、その主張を著書『中国　地球人類の難題』（小学館刊）と題して上梓した。正直言って、「バカ扱い」「変人扱い」された。「平和の祭典」にイチャモンをつけるとは何事か、と「悪人扱い」もされた。とくに朝日新聞社発行の『ＡＥＲＡ《アエラ》』などでは名指しこそされなかったものの、「最近『北京オリンピックをボイコットせよ』などと書き立てる向きがあるが、こんな『中国嫌い』にも困ったものだ」という調子で強く批判された。私は「好き嫌い」でそんなことを主張したわけでは無い。ヒトラーのナチス・ドイツにベルリン・オリンピック（１９３６年〈昭和11〉）を開催させたことにより、それが大成功しドイツ国民はヒトラーを絶対的に支持するようになった。その結果ナチス・ドイツは世界征服に乗り出し、ホロコースト（ユダヤ人大虐殺）も大々的に実行された。かくして死ななくてもよかった人間が何百万人も犠牲になった。ここから引き出される歴史的法則を二〇〇七年に書いた私の文章そのままで述べれば、

「オリンピックが平和の祭典として有効なのは、その開催国が民主的・人道的国家である場合に限る。非民主的・非人道的国家に開催させれば完全に逆効果となって、かえって戦争の引き金になりかねない」

（引用前掲書）

実際には「なりかねない」どころでは無く「戦争になった」のだが、当時もナチスに開催させるべきでは無い、という意見もあった。なぜなら、ヒトラーはユダヤ人を敵視する姿勢を明確にしていたからだ。しかし、まさに私を「バカ扱い」あるいは『AERA』のように「中国嫌い」と決めつけたような連中が、「オリンピックは平和の祭典なんだから、それをやればドイツも変わる」などと能天気に信じ込み、まんまとヒトラーの術中に嵌《は》まってしまった。

アドルフ・ヒトラーは、1936年（昭和11）8月にドイツ・ベルリンで開かれた第11回夏季オリンピックをナチスのプロパガンダの場として利用した。ヒトラー臨席の下に行なわれた開会式ではナチスの党歌が流れ、国旗掲揚の際にハーケンクロイツの旗が掲げられると観客は起立してナチス式の敬礼をした（写真提供／毎日新聞社）

二〇〇八年の北京オリンピックの時も中国共産党はチベット人やウイグル人に対する差別政策をすでに実行していたから、私はこの歴史的法則を適用し「中国共産党は第2のナチス・ドイツになる」(引用前掲書)と警告したのだが、力およばず北京オリンピックは大成功に終わった。その結果が中国共産党のナチスにも匹敵するウイグル人弾圧、海洋支配への進出そして香港弾圧である。この結果は予測できたことなのだ。現在、私が二〇二二年の北京オリンピックをボイコットせよと主張しているのも同じ理由で、詳しくはYou Tubeチャンネルの『井沢元彦の逆説チャンネル』(無料)を見ていただきたい。それにしても当時、歴史的法則を無視して能天気に北京オリンピックに賛成した人々が今この事態をどう思っているか、ぜひとも聞いてみたいところだ。

■「演繹」から「帰納」への道を模索していた最晩年の鷗外が抱いた「良心の呵責」

話が少し逸《そ》れたので元に戻そう。人間には「絶対悪」も「絶対善」も無いという話である。かつて『逆説の日本史　第七巻　中世王権編』で私は、後醍醐《ごだいご》天皇という歴史上の人物を徹底的に批判した。要するにこの時代、日本が戦乱の巷になったのは後醍醐の私利私欲が根本原因だからである。その主張は今も変えるつもりは無い。では、後醍醐の言葉で評価できるものが無いかと言えば、そんなことは無い。その巻で述べたとおり、「朕《ちん》が新儀《しんぎ》は未来の先例なり（私の決めたことが未来の『前例』になるのだ）」という言葉がある。後醍醐の改革は全部失敗だったと言っていい。しかし、改革への強い意志はあった。それに対して公家たちつまり「官僚」は、「前例が無い」というお決まりのセリフで徹底的に抵抗したのだろう。それに後醍醐が反論したのがこの言葉である。何度も言うように、官僚は「前例の無い事態」には対応できない。それに対応するのは政治家の役割である。だから、コロナ禍のように「前例の無い事態」には政治家が官僚の抵抗を押し切って「未来の先例」を実行しなければいけない。だからこそこの後醍醐の言葉は、今の政治家にとっても教訓になる言葉なのである。

　では、森林太郎という人物には罪はあっても功は無いのか？　もちろんある、と声を上げるのが小説家森鷗外のファンだろう。確かに、森林太郎は「作家森鷗外」として数々の名作を残している。それはやはり高く評価しなければなるまい。ただ、「林太郎」と「鷗外」は社会的役割がまったく違うとは言っても、もともとは一個の人格なのだから「林太郎」が「鷗外」に影響を与えることもあるだろう。論理的にはその逆もあり得るわけだが、とくに前者について考察したのが『鷗外最大の悲劇』（新潮社刊）の著者坂内正《さかうちただし》である。これは、それまで分離した形で考察されていた「医師森林太郎」と「作家森鷗外」を密接に連関させて分析した労作である。ここで文学論に深く踏み込む余裕は無いので、重要な指摘を二つほど紹介しておこう。それは、鷗外の仕事には林太郎の脚気に対するこだわりが暗く影を落としており、とくに最晩年の「史伝」三部作、『澀江《しぶえ》抽齋《ちゅうさい》』『伊沢《いざわ》蘭軒《らんけん》』『北條《ほうじょう》霞亭《かてい》』は無論フィクションでは無く実在の、それも歴史上の有名人とは言えない人物について書いたものなのだが、そこで「マニア」と評されるほどの考証を行なったのは、「学殖博渉を誇る心の裏側に、自分の脚気（兵食）論に於ける自説の誤りの心の傷を癒すものがあったからである」（引用前掲書）と断じている。この考え方は大変ユニークで面白いので解説しよう。なぜ「考証マニア」と化すことが「心の傷を癒す」ことにつながるのか。

　それは、林太郎自身が決して受け入れようとはしなかった、脚気の原因が「特定栄養の欠乏症」であるという説が、論理学的に言えば「帰納《きのう》」に基づくものだからである。帰納とは、「個々の具体的な事例から一般に通用するような原理・法則などを導き出すこと」（『デジタル大辞泉』小学館刊）である。難しいことでは無い。「麦飯を食べた者は脚気にかからない」という事実から、

「麦飯には脚気を治す栄養素が含まれているに違いない」と論理展開することである。林太郎はこの論者を生涯の敵とした。この「帰納」の反対語が「演繹《えんえき》」である。「演繹」とは「一つの事柄から他の事柄へ押しひろめて述べること」（引用前掲書）である。これは、「病気は細菌の感染によって起こる」という前提から「脚気菌は必ず存在する（まだ発見されていないだけだ）」とする論理展開である。林太郎は生涯この論者であった。ところが「史伝」つまり歴史フィクションは、史実あるいは史料という「個々の観察された事例」から、私がまさにベルリンオリンピックからひき出したような「一般に通ずるような法則を導き出す」ものだ。また坂内は例のアンチベリベリンの都築甚之助を林太郎が何かと気にかけていた、と指摘している。ということは、鷗外も自分の誤りに気づいていたことになる。それを踏まえて、坂内は林太郎の心理を次のように分析する。

兵食（脚気）問題で彼のその演繹的立場は、事実により近く立つ帰納的立場からの主張によって崩されつつあるのである。もしこのことをいくらかでも自覚しているとしたら、資料に全面的に依拠して書くということは、彼の内部にあっては演繹から帰納への道をひそかに拓いていくということであった。それは脚気問題における帰納からの重圧を、文芸のなかで事実に即し帰納に帰ることで軽減補償してくれるものであった。

（『鷗外最大の悲劇』）

もう一つの重要な指摘は、三部作の最後の作品である『北條霞亭』で、霞亭の死因を従来の定説である脚気とせず、「委縮腎《いしゅくじん》（腎委縮）」の可能性もあると「診断」したことである。じつは、この鷗外最後の作品はあまり評判は良くない。坂内は自著で、練達の文芸評論家石川淳《いしかわじゅん》の「霞亭という人物に邂逅したのは鷗外晩年の悲劇」である、という評言を紹介している。「こんな作品書かなければ良かった」ということだが、では坂内がそれを「最大の悲劇」とするのはなぜか？　鷗外自身は、その完成に異常な執念を燃やしていた。死の直前のことでもあり体調の問題で執筆は一度中断を余儀無くされるのだが、鷗外は最晩年の力を振り絞り『霞亭生涯の末一年』というタイトルで再開し、書き終えて死んだ。なぜ、そこまでするのか？　坂内は鷗外に次のような意図があったからだとする。

林太郎には、他の軍医ならば容易に脚気と診断するであろう患者兵士たちを、厳しく細を立てて診断し、他病として分類してきた過去があった。（中略）だからこそこの『末一年』でも、又学あるものは妄《みだ》りに脚気脚気とは言わないとばかりに、「学医と称するに足る伊沢蘭軒も、多少書を読んでゐた南部伯民も脚気と断ずることを敢てしなかつた」と書いておいたのである。いまとなっては、彼にとってそれがなし得る唯一の釈明の道であった。後世に伝わるであろう兵食（脚気）問題における彼の誤りと責任に対する、これがなお僅かな矜持《きょうじ》を残した唯一可能な釈明であった。

（引用前掲書）

端的に言えば、脚気問題への良心の呵責《かしゃく》が『北條霞亭』を愚作にしたということで、もし坂内の言うとおりなら、『澀江抽齋』『伊沢蘭軒』に比べてこの作品の評価が低いのも当然ということになる。このあたりは読者の判断に任せよう。

じつは、私は鷗外の著作でもっとも「功」として評価すべきものは別にあると思っている。

■「明治」「大正」という元号に強い不満を抱いていた森林太郎「三つ目の顔」とは？

『鷗外最大の悲劇』の著者坂内正は、これまでの森鷗外についての文芸評論には批判的なようだ。たとえば『或《あ》る「小倉日記《こくらにっき》」伝《でん》』で芥川賞《あくたがわ》（直木賞《なおき》では無い）を受賞し文壇にデビューした推理小説家松本清張《まつもとせいちょう》は、鷗外文学の研究家でもあった。そもそも『小倉日記』とは、鷗外いや森林太郎が医官として九州小倉に赴任した際の日記であり、清張の受賞作はその日記を探し求める無名の研究家の生涯を描いた作品なのである。だから清張の鷗外論は、それなりに精密である。

しかし坂内は、『鷗外最大の悲劇』で清張を批判する。まず清張の「鷗外は抽齋《ちゆうさい》の師として蘭《らん》軒《けん》伝を書いたというにすぎない。両者の間には感情の交流は何もない。鷗外は伊沢《いざわ》蘭軒略伝という標本のような材料をひろげて、その上に勝手気ままな随筆、本人にとっては実に愉しい考証学的な枝葉を繁らせて行ったのである」（引用前掲書）という見解を紹介した上で、それは「脚気問題を全く視野に入れない者の論である（中略）。脚気（兵食）問題を視野に入れていえばこれは殆ど逆転している」と一刀両断している。そんな「愉しい」話ではまったく無い、ということだ。確かに、林太郎が「鷗外」として執筆している時にも脚気問題が頭を離れるということは無かっただろうから、坂内の見解のほうがより的確であろう。しかしそれを言うなら、林太郎のもう一つの「顔」を「視野に入れ」る必要があるのではないか。

林太郎は三つの顔を持っていた。陸軍軍医、小説家そしてもう一つは皇室の委嘱を受けた考証学者である。役職としては帝室博物館総長兼図書頭《ずしょのかみ》として、天皇の諡号《しごう》および元号の研究に没頭していたのである。そして脚気問題と同じぐらいの比重で晩年の林太郎の頭脳に影響を与えていたのは、「明治、大正と続いた元号を次は何にするか」という問題であったらしい。「らしい」というのは、林太郎がそのことについて明言した記録は確認できないからだが、少なくとも「明治」「大正」という元号について林太郎は強い不満を持っていたことは事実だ。なぜなら、これはきわめて不完全な元号だったからである。

鷗外は大正九年四月二十八日賀古鶴所《かこつるど》宛書簡で、「明治」と「大正」の元号について否定的な見解を開陳するようになる。

「明治は支那《しな》の大理《だいり》と云《い》ふ国の年号にあり（中略）大正は安南《あんなん》人の立てた越《えつ》といふ国の元号にあり又何も御幣《ごへい》をかつぐには及ばねど支那にては大いに正の字の年号を嫌候《きらひさうらふ》。『一而《ニシテ》止《ル》』と申候。正の字をつけ滅びた例を一々挙げて居候。不調べの至と存候」（原文に句読点なし、仮名遣い片カナ）

「不調べの至と存候」と鷗外が吐き棄《す》てるように書きつけてから病床に臥すまでの時間は決して長くない。

（『天皇の影法師《かげぼうし》』猪瀬直樹《いのせなおき》著　小学館刊）

要点はおわかりだろうか？　そもそも古代東アジアにおいて日本が独自の元号を立てたのは、「中華の国」つまり中国からの「独立宣言」であった。だからこそ「スメラミコト」は中国の臣下であることを示す「国王」では無く中国「皇帝」と対等である「天皇」を名乗り、元号も中国の元号をそのまま使わなかった。逆に朝鮮半島では公文書は中国の元号を用い、とくに重大な国内事件は「甲午《こうご》改革」などエトを使って記録した。日本も元号が無かったころは「壬申《じんしん》の乱」などと呼んだのと同じことである。しかしそれ以後、漢字（中国文字）を使っているものの、日本は「和銅《わどう》」など独自の元号を立ててきた。「独自」とは、言うまでも無く「中国やその周辺国家で使われたことの無い元号」でなければならない。

ところが、「明治」「大正」は中国本土での使用例は無かったものの、周辺国家には前例があった。大理はチベット系の民族が現在の中国雲南省に建国した国で、独立意識が強かったので独自の元号を立てた。ちなみにギリシャ彫刻などの材料によく使われる石のことを大理石というのは東アジアにおいてはここが原産地だったからだが、とにかく大理国の立てた元号の中に「明治」があった。そればかりでは無い、「大正」もベトナム系の越国での使用例がある。しかも、漢籍に精通しており当時日本随一の漢学者と言っても過言では無い林太郎は、「中国では正の字は元号にはあまり使われない」という事実も知っていた。「一而止」である。

なぜ、これが「御幣をかつぐには及ばねど（縁起をかつぐわけでは無いが）支那にては嫌候」なのかと言えば、「正」という字は「一」と「止」に分解できるからだ。これを漢文にすると「一而止」つまり「一（初め）ですぐに止まる」ということになってしまう。さすが林太郎だ。たとえば、織田信長《おだのぶなが》はかつて述べたように自分の花押《かおう》（サイン）のモチーフに中国の霊獣「麒麟《きりん》」を用いていた。すなわち「麒麟はきている」ということだ。また、美濃《みの》国の首府井口《いのくち》の名を岐阜《ぎふ》と改めたのは、周《しゅう》王朝の発祥地「岐山《ぎざん》」と孔子《こうし》の生誕地「曲阜《きょくふ》」を組み合わせてのことだ、というのが私の説だが、それだけ中国の故事に造詣が深い信長も「正の字は縁起が悪い」ことまでは知らなかったようだ。なぜなら、元号「元亀《げんき》」を支持する室町幕府第十五代将軍足利義昭《あしかがよしあき》に対して、信長は新元号に「天正《てんしょう》」を推した。そして義昭を追放し強引に「天正にした」からである。そして「天正」十年、信長は天下統一の大業を果たせず本能寺の変で横死した。林太郎は当然この事実も知っていただろう。だから、「不調べの至と存候（調査不足のきわみと言うべきだ）」と激怒し憤慨したのである。

■『帝謚考』に記されていた「天智暗殺説」を示唆する驚くべき記述

また、ここには明治以降に発生した新しい大問題もあった。そもそも天智《てんぢ》天皇の「天智」とか天武《てんむ》天皇の「天武」といった称号は和名で「謚《おくりな》」、漢語で「謚号」と呼ばれるが、生前にこの称号が用いられていたわけでは無い。あくまで死後に、今で言う学識経験者が生前の本人の業績などを勘案して選定し、公式に贈られるものであった。平たく言えば一般人の「戒名」のようなものであったのだが、武家政権の時代になり天皇の権威が衰えてくると、業績などを勘案することは行なわれなくなり単に「どこに住んでいたか」などを参考にして選定されるようになった。東《ひがし》山《やま》天皇の「東山」などがそうだが、こういう「お手軽」なものは「謚号」とは言わず「追号《ついごう》」と言った。もちろん元号と謚号・追号はまったく別物で、たとえば「孝明」天皇のときは、「嘉《か》永《えい》」「安政《あんせい》」「万延《まんえん》」「文久《ぶんきゅう》」「元治《げんじ》」「慶応《けいおう》」と六回も改元している。さすがに「明治」になって「旧来の陋習《ろうしゅう》」を改めることになり、元号は「天皇一代につき一つ」ということになった。注意すべきは「一世一元の制」である。ところが、ここで「追号も元号を用いる」ということになった。

林太郎が亡くなったのは大正年間であるが、この時点では天皇は「今上《きんじょう》陛下（現在の帝）」であって、「大正天皇」と呼ばれてはいなかったことだ。そう呼ばれたのは崩御し昭和天皇が即位してからである。念のためだが、この時点（大正15年＝昭和元年）でも昭和天皇はやはり「昭和天皇」では無く「今上陛下」であったことに、ご留意いただきたい。

肝心なことは「明治」以降元号が天皇の追号を兼ねることになり、その重みがそれ以前に比べてはるかに大きくなったということだ。まさに孝明天皇の時代のように、縁起が悪いことが起こったらすぐに改める、などというわけにはいかなくなったのである。それゆえ、陸軍を退官して数年後、その学識を買われ帝室博物館総長兼図書頭を拝命した林太郎は、武官ならぬ文官として文字どおり「最後の御奉公」として、まず歴代天皇の諡号の分析を開始した。天皇の諡号がどの漢籍が出典なのか、いちいち確定する作業である。これは大変な手間を必要としたはずだが、さすがと言うべきか林太郎はこれを短期間に成し遂げた。部下を助手として使っただろうが、根本的には林太郎がすべて「このあたりを調べよ」と指示したに違いない。そして次に『元号考』に取り掛かったのだが、これは未完に終わった。彼の寿命がそれまでもたなかったからだ。しかし、この経緯から見て林太郎が理想の「次の元号」を探し求めていたのはあきらかだ。結局、次の元号「昭和」は、林太郎の部下だった吉田増蔵《よしだますぞう》が提案した。猪瀬は林太郎が死の直前にわざわざ吉田を呼び出し「托事」をしたと日記にあることから、林太郎は新元号選定の大業を吉田に託したと推測している。この推測は当たっているに違いない。このあたりの詳しい考察は『天皇の影法師』を参照されたい。ちなみに吉田は、昭和十六年の大東亜《だいとうあ》戦争開戦の詔書も起草しているという。学識を高く評価されていたということだ。

しかし私は、林太郎の「文人」あるいは「学者」としての最大の功績は未完成の『元号考』では無く、それ以前に完成した『帝諡考《ていしこう》』にあると見ている。今から二十五年ぐらい昔のことである。私はすでに『週刊ポスト』誌上において、『逆説の日本史』の連載を始めていた。当時はまだ古代史の部分であり、私は歴史学界の通説とはまるで異なる「天智天皇暗殺説」を展開していた。天智天皇は、後の天武天皇つまり大海人皇子《おおあまのおうじ》に暗殺された、という説である。『扶桑略記《ふそうりやくき》』という文献がそれを示唆していたからオリジナルの新説というわけでは無かったが、当時、あるいは今でもいわゆる「トンデモ説」の扱いで、歴史学界では完全に無視されていた。その最大の理由は、『日本書紀《にほんしょき》』には天智は病死したと書かれてある」からである。いわゆる「史料絶対主義」というやつだ。しかし『日本書紀』とは、そもそも壬申の乱で天智天皇の息子「大友皇子《おおとものおうじ》」を倒して天下を取った天武天皇が、息子の舎人親王《とねりしんのう》を編集責任者にして編《あ》ませた歴史書だ。親の悪行つまり「天武天皇の犯罪」が書かれているわけが無い。これが人間世界の常識である。この常識は江戸時代の学者でさえわきまえていた。その証拠に、黄門《こうもん》こと水戸光圀《みとみつくに》は『日本書紀』では大海人皇子は即位前の大友皇子と戦ったことになっているが、天智の死後大友は即位して天皇になっていたはずである。その事実を『大逆罪』になることを恐れた天武天皇側は隠蔽したと考え、大友のことを「皇子」では無く「天皇」と呼んでいた。そういう常識も、繰り返すが当時の歴史学界には無かった。逆に私は様々な状況証拠から「天武が天智を暗殺したに違いない」と確信しており、小説『隠された帝』（祥伝社刊）も書いたのだが、小説はあくまでフィクションだ。何とか「天智暗殺説」の証拠が見つからないものかと目を皿のようにして探し回っていたのだが、何せ一千年以上昔の事件であり、文献的証拠はすべて抹殺されている。『扶桑略記』にしても「ほとぼりが冷めた」約四百年後の史書であり、「天智暗殺」はほのめかしてはいるものの、犯人までは指摘していない。これはダメだとあきらめかけた時、どういうきっかけだったか忘れてしまったのだが、この『帝謚考』の存在に気がついた。「天智」そして「天武」の謚号（謚号）はどのように分析されているか調べようと思ったのだ。先に述べたように、諡号はその天皇の事績を勘案して選定されるものだからだ。そして『鷗外全集』の第二十巻に掲載されている『帝謚考』の該当項目を見て仰天した。そこには次のように書かれてあったのだ。

天智紀　漢風謚
周書、世俘、維四月十三年乙未日、武王成辟四方通殷命有國、商王紂于商郊時甲子夕、商王紂取天智玉琰𤪌身厚以自焚、凡厥有庶告焚玉四千、五日武王乃俾於千人求之、四千庶則銷、天智玉五在火中不銷、凡天智玉武王則寶與同、注、天智玉之上天美者也、（以下略）
（『鷗外全集　第二十巻　帝謚考』岩波書店刊）

「天智」とは字面は良いが、じつは中国史上最大の暴君とされていた「殷《いん》の紂王《ちゅうおう》」が身につけていた宝石（ペンダント？）「天智玉」がその由来だという。つまり、「天智」という謚号は彼が「紂王」であったことを示している。そして中国史上その「紂王」を討ったのが「周《しゅう》の武王《ぶおう》」で、これが「天武」という謚号の由来だと「天武」の項には明記してある。
おわかりだろう。天武が天智を殺したと、この謚号は語っているのだ。

■諡号に隠された「一千年の暗号」を解き明かした森林太郎の優れた見識

私は「天智」とか「天武」といった古代天皇の諡号は、当時の良心的な「歴史家」が歴史の真相を伝えようとして用いた「暗号」だと思っている。

なぜ暗号なのか？　権力者は自分に都合のよいように歴史の改竄《かいざん》を命じるからだ。中国史には、そういう権力者と歴史家の抗争の例が多数残されている。しかし、日本にはそういう実例がまったく無い。少なくとも記録されていない。しかし、古今東西、権力者がそのようにすることは人類の常識である。日本だけそれが無かったとは考えられない。しかし記録が残されていないということは、歴史家は権力者の命令に唯々諾々と従ったのだろう。「古代編」で述べたように、『日本書紀』は大友「皇子」を滅ぼして天下を取った天武天皇が、息子の舎人親王に作らせた歴史書である。「天武の悪事」が記されているわけが無い。これを私は今から三十年近く前から主張しているのだが、少なくとも主張した当時は歴史学界の人々には相手にされなかった。彼らの言い分は、『日本書紀』は国家の事業として作られた「正史」であり、しかも同時代の人間によって編まれたものだから正しい、ということである。ひょっとしたら、今では「まさかそんなことがあったのか」と思われる人もいるかもしれないが、本当の話である。いや、その証拠に今でも「天武つまり大海人皇子が天智天皇を暗殺した」という説は歴史学界では奇説扱いである。

だが、すでに述べたように森林太郎の分析によれば「天智」という諡号は中国史上もっとも悪虐とされた殷の紂王を、そして「天武」という諡号はその紂王を討った周の武王を暗示している。ならば、この諡号の選定者の言いたいことは「天武が（直接）天智を殺した」ということだろう。

私はこの間の事情を次のように想像する。権力者は暗殺の事実を隠そうとして当時の歴史家に『日本書紀』という捏造された歴史を押しつけた。おそらく、ほとんどの歴史家は文字どおり「命惜しさ」に、その命令に従った。しかし、その中でたった一人だけ、歴史の真相を後世に伝えなければならぬと考えた真の歴史家がいた。しかし、今と違ってインターネットどころか自費出版すら無い。個人の日誌として残そうとしても、「ほとぼりが冷めるまでは」危なくて書けるものではない。そこで、絶対に後世に伝えられる「事項」の中に歴史の真相を隠す、というアイデアを考えた。問題はそれを何にするかだ。素人には絶対わからない形、つまり暗号にしないと必ず権力の手で抹殺されてしまう。そこで、諡号の中にそれを紛れ込ませることにしたのではないか。まさに天才的アイデアである。

たとえば私は、天武は天皇家出身といっても傍系、もっとわかりやすく言えば「新羅《しらぎ》系」だったと考えている。そこで、父天智の血を引く「百済《くだら》系」の持統《じとう》天皇は、まさにその血統を守るため天武と他の女の間に生まれた男子を排除し、天武と自分の間に生まれた男子に天皇を継がせようと尽力した。そうすれば「女系」ではあるが、「天智の血」は受け継がれるからだ。ちなみにこの後「天武の血」は称徳《しょうとく》天皇をもって絶え、天皇家に「天智の血（男系）」が復活することになるのだが、その復活第一号の光仁《こうにん》天皇は天武系の皇后との間に男子も生まれていたのに、皇后、皇太子ともに抹殺し百済系の女性が産んだ男子を跡継ぎにした。桓武《かんむ》天皇である。桓武天皇は「天武の都平城京《へいじょうきょう》」「奈良の大仏」を捨てて、平安京に遷都した。その平安京で明治以前は天皇家の菩提寺であった泉涌寺《せんにゅうじ》には歴代天皇の位牌が祀られているが、天智の後にいきなり光仁があり、途中天武から称徳までは省かれている。このことも、持統以後称徳までは「天智の女系」として認識され、それがようやく光仁で「天智の男系」が復活したため、そういう「祭祀」になったというのが私の考えである。もちろん歴史学界は認めない。理由は簡単で、そんなことは「正史」に書かれていないからだ。では、ここであらためて『帝諡考』を見てみよう。

持統紀　漢風諡

薛瑩漢紀、淵鑑類函帝王部帝功一明帝及臨萬幾、以身率禮、恭奉遺業、一以貫之、雖夏啓周成繼體持統、無以加焉、諡號雜誌

薛瑩漢紀　明帝萬幾に臨むに及び、身を以って禮を率し、遺業を恭奉し、一以て之を貫き、夏啓き周成ると雖も體（体）を繼（継）ぎ統を持し、以て加ふるなし

（『鷗外全集　第二十巻　帝諡考』岩波書店刊　傍線引用者）

おわかりだろうか。持統という言葉は中国においては「継体持統」という「四文字熟語」だったのである。つまり、この諡号の選定者は「後世の歴史家よ、この暗号に気づいてくれ。じつは継体天皇と持統天皇には共通点があるのだ」ということだろう。では、継体天皇とはどのような天皇なのか？　六世紀初めころの天皇(第26代)で実名はヲホドというのだが、じつは応神《おうじん》天皇五世の孫であった。本来なら絶対に天皇になれない人物である。しかし武烈《ぶれつ》天皇が暴虐な性格で自分の地位を脅かしそうな皇族はすべて抹殺してしまったため、群臣が協議して遠く越前《えちぜん》国に住んでいた彼を迎え入れることになったのだが、その時すでに高齢だった。そして皇后に仁賢《にんけん》天皇の

娘の手白香皇女《たしらかのひめみこ》を迎えたが、大和《やまと》に入り腰を落ち着けるまで、なんと二十年もかかった。そればかりでは無い。その跡を継いだとされる安閑《あんかん》天皇、宣化《せんか》天皇は継体が即位以前に別の女性との間に産ませた子であった。つまり、男系として彼らは「六世の孫」になってしまうから、ほとんど「御家断絶状態」だったのである。しかしその後、天皇の娘である手白香皇后が産んだ欽明《きんめい》天皇が即位した。つまり、女系の血で天皇家の血脈は一応守られたことになる。ちなみにこの時期、つまり継体が亡くなってから欽明が皇統を安定させるまで「継体・欽明朝の内乱」という大規模な内乱があったことは歴史学界も認めている。またこの時期に、地方勢力による古代最大の反乱「筑紫国 造《つくしのくにのみやつこ》 磐井《いわい》の乱」も起きている。内乱が起きる原因の一つは、中央権力の弱体化だ。この場合は天皇家の権威の失墜だろう。そもそも、継体という言葉は「継体の君」などという使用例を見てもわかるとおり「王者の位を受け継ぐ者」という意味だ。だから、これを諡号に選ぶのはおかしい。なぜなら、すべての天皇に当てはまる言葉であるからだ。それをよりによって「天皇五世の孫」に与えたのは、いったいどういうことか？　その最大の功績は、天皇の娘である皇后に男子を産ませたことだろう。その男子が即位して欽明天皇になった。つまり欽明天皇は「女系天皇」であり、その形で上手く「皇統をつないだ」ことになる。おわかりだろう。ここが私の解釈による「女系で正しい皇統をつないだ」持統天皇と共通している。だから諡号の選定者、つまり「暗号」で真実の歴史を伝えようとした反骨の歴史家は「継体持統」という「四文字熟語」を分割して二人の諡号とし、後世にメッセージとして送ったのだろう。

■いまだに『帝諡考』を無視し続ける歴史学界の不可思議

だが、一千年以上この「諡号暗号」に気づいた人間はいなかった。これに気づくためには日本の歴史に詳しいだけではなく、漢籍に精通した漢学者でなければならない。そして、もう一つ条件がある。正しいことは、たとえ天皇家にとって都合の悪いことでも直言できる勇気と見識の持ち主であることだ。たとえば「天智」という諡号、これは悪い意味である。「悪逆天皇」と呼んだのと同じことだが、それを隠さずに直言できなければいけない。「これは天皇家の権威を損なう恐れがあるから口にしない」ではダメなのである。そういう意味で言えば、ひょっとしたら『神皇正統記《じんのうしょうとうき》』の著者である北畠親房《きたばたけちかふさ》など博学な公家の中には気づいた人間がいたかもしれない。しかし、天皇家の「藩屏《はんぺい》」である彼らは知っていても口にしなかったろう。だが、ここで思い出していただきたい。森林太郎は「大正」が縁起の悪い元号であることを公言していた。新聞に書いたりはしなかったが、関係者は森がそう言っていることを知っていた。考えてみれば「畏《おそ》れ多い話」である。当時の「今上陛下」は亡くなれば「大正天皇」と呼ばれることは決まっていた。その天皇の追号を「縁起が悪い」などと口にすることは、民間人ならともかく「天皇の官吏」としては絶対に許されないと考える人々もいたはずだ。しかし林太郎があくまで態度を変えなかったのは、「正しいことは正しく、間違っていることは間違っている。大切なのはそれを指摘することだ」という勇気と見識を持っていたからだろう。この勇気と見識に私は敬服する。もちろん人間は神では無いから、脚気問題に関してはこの態度が完全に裏目に出た。しかし、歴史問題では林太郎は「一千年の暗号」を解き明かすという見事な特筆すべき業績を上げたのである。

もちろん、林太郎は今私が述べたような解釈まではしていない。しかし、ここまで「案内」してもらえば私にだって暗号の中身がわかる。逆にもし林太郎が「天智」が「天智玉」を意味することに気づきながら「天皇家に対して不敬だ」などと判断し、その原典を『帝謚考』から削除していたら、私はこのことに絶対に気づかなかっただろうし、おそらくこれからも気づく人間は出ないに違いない。

だが林太郎は「天皇の股肱《ここう》」であり、ある種の遠慮はあったようだ。今私が述べた解釈までは書くつもりは無く、史料はきちんと紹介しておくから後世の人間よ、これを手掛かりに歴史の真相を解き明かせ、という態度を取ったのだろう。もちろん、体力は落ちる一方なのに『元号考』まで仕上げなければいけないという時間の制約もあった。

そしてほぼ百年たって、今度は私井沢元彦が「林太郎のメッセージ」に気がついた。じつは、ほぼ同じ内容を一九九三年(平成5)に『週刊ポスト』誌上で『逆説の日本史』の一編として書いている(『逆説の日本史　第2巻　古代怨霊《おんりょう》編』に所収)。その時は、歴史学界も今後はこの『帝謚考』に注目するだろうと思った。歴史学者が大好きな「史料」でもあるからだ。しかし、私自身はこの「宝の山」にこれ以上踏み込むのはやめた。私の歴史的使命は、とりあえず日本史の全体像を書くことにある。いくら「宝の山」だからと言って、道草を食ってはいられない。

それから二十八年の歳月が過ぎた。驚くべし、歴史学界はこの『帝謚考』を完全に無視している。なぜなら、今でも「歴代天皇(神武《じんむ》〜元正《げんしょう》、一部除く)の謚号の選定者は淡海三船《おうみのみふね》である」というのが学界の定説だからだ。じつはこの三船は、天智の玄孫《やしゃご》だ。子孫がそんな謚号を選ぶはずが無い。これはドイツ人が「アドルフ・ヒトラーの子孫」と名乗るようなもので、孝を重視した昔の考え方から言ってもあり得ない話なのである。「暗殺された」ことを暗示したいのなら、他にいくらでも手がある。先祖を「殷の紂王」にする必要はまったく無い。それでも三船が選定者というのだから、『帝謚考』は参考史料にもされていないということだろう。

この『帝謚考』の持つ価値を世に知らしめたのは不肖私で、ネットなどの「歴史講座」を見ると、私の解釈が原典も示さず結構無断引用されているが、肝心の学界はまるで無視なのである。もったいないと思うのは私だけではあるまい。それにしても理由がわからない。「丸山ワクチンと同じ（その学界以外の人間が発見した）」なのがいけないのだろうか。私が歴史学者だったら、漢学者と「コラボ」しても共同研究で『帝謚考』を分析するだろう。ところが日本の歴史学者は、別の分野の専門家の言葉を全然聞こうとしない。宗教全般に関する問題、あるいは織田信長の異常行動、隔離されたはずの空間で孝明天皇だけが天然痘に罹患した問題など、それぞれ宗教学者、心理学者、感染症研究者など他の分野の専門家の意見を聞くべきだろう。そうすれば歴史研究にもきっとプラスがあるはずだ。たとえば私は林太郎が本来「帝諡考」と書くべきところを、なぜ「帝謚考」と書いたか。つまり正しい「諡」の字を使わず「謚」を使ったかについて、二十七年前には「皇室に対する遠慮でわざと字面《じづら》を変えたのだろう」と書いた。しかしよくよく考えてみると、忖度は一切無しに事実を書くのが林太郎の真骨頂である。この解釈はその性格と矛盾する。そこで改めて、東洋学者の加地伸行《かじのぶゆき》大阪大学名誉教授に教えを乞うたところ懇切丁寧に教えていただいたのだが、結論は私の考えとはまるで違っていた。だからこそ専門家に聞かねばならないのである。

■陸軍軍医、小説家、そして考証学者と多くの顔を持った「森林太郎」の奥深さ

森林太郎が、歴代天皇の諡号を研究した論考について「帝諡考」と書くべきところを、なぜ「帝謚考」と書いたか、つまり正しい「諡」の字を使わず「謚」の字を使ったかについて、明確な理由はわからない。ただ「皇室に対する遠慮でわざと字面を変えたのだろう」と私は推測した。ところが東洋学者の加地伸行大阪大学名誉教授に教えを乞うたところ、私の考えが根本から間違っていたことがわかった。まず、「なぜ正しい『諡』の字を使わず『謚』の字を使ったか」というところからして間違っていたのだ。確かに、昔は「諡号」では無く「謚号」と書くのが正式だったが、いつの時代からか「謚」は排除された。同音異義字で「不敬」な意味があったからだ。そこで「諡号」と書くのが正式ということになった。だが、加地名誉教授によると長い時間の経過の中で様々な漢字の発音が変わり、「謚」を使っても結果的に問題無い形になっていた。ならばもともと正字であった「謚」に戻すべきなのに、長い間の習慣の結果だろう、そのままになっていた。しかしそれに気がつき、戻した学者がいた。もちろん中国人(清国人)で、段玉裁《だんぎょくさい》(1735〜1815)という。

中国、清の経学者、文字学者。字は若膺（じゃくよう）、茂堂と号した。江蘇省金壇の人。乾隆25年（1760）の挙人で、四川省巫山県の知事にまでなった。官吏としての経歴は恵まれたものといえないが、最初の上京以後戴震に師事、役所の仕事を終えてから夜研究に専念する生活を送り、多くの業績をあげた。（中略）《説文解字注》は説文学の最高峰とされ、ほかにも

《古文尚書撰異》32巻など今日も利用される多くの著書があり、それらはみずから刻した《経韻楼叢書》に収められている。詩人の龔自珍（きょうじちん）は彼の外孫である。

（『世界大百科事典』平凡社刊　項目執筆者尾崎雄二郎）

ちなみに、『説文解字《せつもんかいじ》』とは「中国最古の漢字字書。もと15巻。後漢の許慎の著。漢字9353、異体字1163を540部に分けて収め、六書（りくしょ）の説によって、その形・音・義を解説したもの。説文」（『デジタル大辞泉』小学館刊）である。成立したのは、ちょうど西暦一〇〇年と伝えられる。それから約千七百年後に段玉裁はその注釈書の形で『説文解字注』を作り、実質的な「漢字字書」の決定版を作ったということだ。それによれば、謚号は「謚」号と書くのが正しいのである。林太郎はそれを知っていた。他の日本人学者はそれを知らなかったか、知ってはいてもこれまでずっと謚号と書いてきたし、公文書も古記録もすべてそうなっているから、今さら改めるにはおよばないという態度だったのだろう。林太郎だけがそのように表記した、それが「正しい」からである。おそらく林太郎は、段玉裁が官吏でありながら「役所の仕事を終えてから夜研究に専念する生活を送り、多くの業績をあげた」というところに共感を覚えていたのではないか。また最新のドイツ医学を学んできた林太郎には、漢学の分野でも最新の知識にこだわりがあったのではないか。最新といっても段玉裁が死んだのは日本年号では文化《ぶんか》一二年（1815）で杉田玄白《すぎたげんぱく》が『蘭学事始《らんがくことはじめ》』を仕上げた年であり、林太郎はそれから四十七年後の文久《ぶんきゅう》二年（1862）生まれだから、逆に漢学者を名乗るなら当然持つべき知識だと考えていたかもしれない。そして、それが正しい知識ならその内容を断固実行すべきで、これまでの慣例と違うなどと忖度すべきではない。再三言うようにその態度が脚気問題の場合はまったく裏目に出たが、それがよくも悪くも森林太郎なのである。

改めて思うことだが、森林太郎という「森林」はじつに奥が深い。脚気問題の解決を様々な手段で妨害した東大医学部卒の陸軍軍医としての顔がある。そして『高瀬舟《たかせぶね》』など数々の名作を生み出した小説家森鷗外としての顔もある。その上さらに、『帝謚考』で古代の反骨の歴史家が現代に送った暗号メッセージを解き明かした考証学者としての顔まである。つまり彼の伝記を書くためには、医学的知識、文学的解析力、漢学および日本史に関する詳細な知識がなければならない。こんなに予備知識が必要なのだから、まだ鷗外森林太郎の「伝記」は「書かれていない」と考えるべきではないだろうか。これからの課題である。

■帝国陸軍はなぜ白米中心の兵食にこだわり「飯盒炊爨」を続けたのか?

話は脚気問題に戻るのだが、読者の皆さんは「よく日本は日露戦争に勝てたものだ」と、改めて思いませんか? 陸軍兵士のかなりの部分は脚気でフラフラだったのだ。少なくともロシア兵にはそういう問題は無い。戦史に「日露戦争は脚気という国民病を克服できなかった日本の敗北に終わった」と書かれても不思議は無いほどの状態である。乃木希典《のぎまれすけ》軍の強さも脚気問題という障害があったことを知ると、まさに神がかりと言うべきだ。いまや国民文学とも言える司馬遼太郎の『坂の上の雲』でも脚気問題はほんの数行しか登場しないし、その他の文芸作品や映像作品でもこの問題はまったくと言っていいほど登場しない。考えてみればじつに不思議な話で、すでに紹介したように田山花袋がこの問題を小説として描いているし、脚気が国民病だったのは紛れも無い事実なのに、反戦映画の中にすらこの問題と正面に取り組んだものは無い。そんなものがあれば、私も多くのページを使ってこの問題を論ずる必要は無かった。しかし実際話はまるで逆で、そういう常識が無いからこそゼロから始めなければならなかったのである。いったいどうしてそうなってしまったのか。

この謎は、じつに大きな歴史上の解明すべき課題である。

これは、兵食つまり戦場における兵士、とくに陸軍兵士の糧食問題でもある。この点について森林太郎そして東大医学部の執拗な抵抗は確かにあったが、それでもさすがに大正年間になると「脚気はビタミンB_1欠乏症である」という医学常識が広まり、国民の常識ともなっている。だからこそ陸軍は消化器官からは吸収しにくいビタミンB_1を「飲み薬」として使えるようにと武田薬品工業（当時）に依頼し、その結果戦後になってからだが『アリナミン』という薬品ができた。そういうことをやっているのに、一方で陸軍は昭和になってからの「支那《しな》事変」や「大東亜戦争」でも相変わらず白米中心の兵食を支給していた。だからこそ、とくに一九四一年（昭和16）以降南方戦線に派遣された兵士は悲惨な状態に追い込まれた。アメリカ軍の攻撃を避けジャングルに潜まねばならなかったからだ。

ジャングルは湿度百パーセントだから、地表はスポンジのように水を含んでいる。そしてこの地面が文字通りスポンジであって、全然固くない。何しろ有史以前からの木の葉や朽木がつもりつもってふわふわしており、歩けば靴の型のままに地がへこみ、その周辺からすぐ水がにじみ出てきて靴型の水溜りになる。（中略）

私は、ジャングル戦最後の三カ月間、膝から下が乾いたことは全くなかった。軍靴は一カ月もたたぬ間に糸がくちて分解してしまう。全員が、足全体がひどい水虫のような皮膚病になった。

（『私の中の日本軍〈上〉』山本七平《やまもとしちへい》著　文藝春秋刊）

フィリピンのジャングルの話で、こんな場所では飯盒《はんごう》で飯を炊く、つまり飯盒炊爨《すいさん》などやりようがない。仮になんとかカマドを作っても、炊事の煙が上がれば敵のアメリカ軍に位置を知られ砲撃されてしまう。そうした煙が目立つことは、仁徳《にんとく》天皇の「民のかまどはにぎわいにけり」というエピソードで日本国民は誰もが知っていたといっても過言では無い。それに将校たちが一度は必ず読んだに違いない『甲陽軍鑑《こうようぐんかん》』にも、上杉謙信《うえすぎけんしん》が川中島《かわなかじま》において炊事の煙で武田信玄《たけだしんげん》の作戦を見破ったというエピソードが出てくる。確かに、ジャングルの中に四六時中隠れていなければならない事態は想定外だったかもしれないが、それにしても戦場における食料は炊事などせずに簡単に摂取できるものにするのが鉄則で、戦国時代ですらそうしたものは存在した。にもかかわらず、思い

日清戦争終結後、帝国陸軍は前線で各自炊飯できる「飯盒」を制式採用した。その後、1932年（昭和7）には「九二式飯盒」が登場。一度に8合（4食分）の炊飯が可能で、内部が二重構造になっており飯と汁を同時に作ることができた。写真は1944年（昭和19）3月、水溜まりの水を使って飯盒炊爨を行なうビルマ戦線の兵士（写真提供／毎日新聞社）

出していただきたい、陸軍はあの八甲田山《はっこうださん》の大量遭難事件の時すら、兵食は飯盒炊爨で賄《まかな》うつもりだった。飯盒炊爨には乾いた場所、大量の清潔な水、燃料そして時間が必要であり、しかも敵に発見されやすいというリスクがあるのに、八甲田から四十年以上後のこのジャングル戦でも陸軍が兵食として支給していたのは、基本的に白米だったのである。

白米は、この時点から約三百年も前の徳川家康《いえやす》が関ケ原《せきがはら》の戦いにおいて「生で食べてはならぬ」と注意したぐらいのもので、飯盒炊爨という手間とリスクをかけなければまともに食せない。それ以外に携行食糧が無いというならともかく、干し柿や干し芋といった伝統食品もあったし、パンもあった。そもそも日本に西洋式のパンを大々的に広めたのは幕末の伊豆韮山《いずにらやま》代官江川太郎左衛門英龍《えがわたろうざえもんひでたつ》で、彼がそれに着目したのは兵糧《ひょうろう》として活用するためであった。江川はこの功績で「パン祖」と奉られているが、日本独自の携行食糧である「乾パン」もこの流れの中から、陸軍によって作られたものである。正確にはパンというよりはビスケットで、欧米では兵糧として重宝されていた。気温が高くても腐敗せず長持ちし、極低温下で水が無くても簡単に食べられるからである。日本でも鳥羽伏見《とばふしみ》の合戦に負け大坂《おおざか》から逃げ帰ってきた徳川慶喜が、江戸に着くなりむしゃむしゃと食ったという記録がある。要するに日本人は古くから兵糧としてふさわしいものを持っていたのである。それなのになぜ手間とリスクがかかり、兵糧としてはもっとも適さない白米にこだわったのか、考えれば考えるほど不思議ではないか。

この答えを知るためには少し先回りになるが、時代を飛び越えて昭和のあたりまで分析の対象を広げなければならない。これからそれにおつき合い願いたいのだが、その前に一つご報告しておきたいことがある。私の愛読者ならば、歴史学界が偽書《ぎしょ》扱いしていた『甲陽軍鑑』について、

「この書はとくに山本勘助《やまもとかんすけ》について正確な情報を述べている、偽書では無い」と長年主張してきたことをご存じだろう。私がそう主張する根拠はまさにこの『逆説の日本史』シリーズで展開していた方法論で、歴史学者の先生方はこうした方法論を一切受け付けなかった。つまり無視である。しかし、国語学者酒井憲二《さかいけんじ》が同書の語彙《ごい》を分析し国語学的に真書であることを証明した研究には、さしもの頑迷固陋な歴史学者たちも白旗を掲げた。『甲陽軍鑑』が真書であることは現在事実として確定したわけだ。つまり、結果的には私の主張が正しかったことが証明されたのである。私は『逆説の日本史』の連載でもそのことに触れ、最終的には『逆説の日本史 第二十五巻 明治風雲編』に所収されているから、読者の皆さんもよくご存じのことと思う。

ところが先日、ムック『ユリイカ』(青土社刊)の二〇二〇年十二月号として刊行された「偽書の世界」に掲載されたあるエッセイのコピーが、私宛に送られてきた。表書きを見ると、「謹呈 井沢元彦先生 呉座勇一《ござゆういち》拝」とあった。例によって言葉は丁寧だが、私に「推理小説家に戻られてはいかがだろうか」などと私の歴史家としての仕事をすべて否定した男からのものであった。内容を見ると、「甲陽軍鑑は真書である」という私の年来の主張が裏付けられたことが、よほど気に入らないらしい。あれこれ揚げ足取りをして、挙げ句の果てには「まぐれ当たりである。軽はずみに真書と断定し、それがたまたま当たっていた。それだけの話である。いわば『逆張りの日本史』だ」(原文ママ)などと、私がライフワークとして心血を注いでいる『逆説の日本史』を侮辱してきた。

彼の手口はわかっている。罵詈雑言《ばりぞうごん》を浴びせ相手を怒らせ、反論してきたら「オレの反論も載せろ」と雑誌に要求し名前を売って原稿料を稼ぐという、品性下劣なやり方である。そういう人間にまともに反論する気は無い。これについても反論のつもりは無い。では、なぜその言葉を引用したかというと別のところで、「井沢は酒井説（『甲陽軍鑑真書説』）を酒井より前から主張していたと言っているが、その証拠があるのか」と言っているからだ。彼の文章を読めば、いかにも私が酒井説が認められた尻馬に乗って昔からそれを言っていたような嘘つきに見える。だから、『ユリイカ』の読者がそんなものに騙されないように、情報として提供しよう。これは私の年来の主張である。講演でも述べてきたし、様々な雑誌にも書いた。たとえば、酒井研究書が発刊された一九九五年（平成7）より七年前に刊行された『歴史街道』一九八八年（昭和63）十一月号にこの趣旨の論考を書いた（『歴史謎物語』廣済堂出版刊所収）。その他に『歴史読本』などにも寄稿しているはずである。

おかげでちょうどいい「枕」ができたと言うべきか、これから述べるのは高名な歴史学者の中にも学者としてまったく評価できない人物がいる、という話だからだ。

■「史上最低の歴史学者」藤原彰のデタラメの歴史を糾弾する！

日本でもっとも問題点のある、いや言葉を飾らずに言えば「最低の歴史学者」は、すでに故人になってしまったが藤原彰《ふじわらあきら》一橋《ひとつばし》大学名誉教授だろう。まず、その死を報じた朝日新聞の記事を紹介しよう。

藤原彰さん死去　戦争責任研究

日本の軍事史・戦争責任研究の開拓者で一橋大名誉教授の藤原彰（ふじわら・あきら）さん

が26日午後3時32分、急性心筋梗塞（こうそく）で死去した。80歳だった。葬儀は近親者だけで営む。（中略）

22年生まれ。陸軍士官学校をへて、中国各地を転戦。戦後、東京大学史学科に入学。当初は日本中世史を専攻したが、のちに昭和史に転向した。

アジア太平洋戦争で死亡したとされる日本軍の6割にあたる約１４０万人の死因が栄養失調による病気や飢えだったことを10年がかりの研究をもとに著書「餓死（うえじに）した英霊たち」（青木書店）にまとめた。ほかの主な著書に「昭和史」「日本帝国主義」「天皇制と軍隊」など。

（『朝日新聞』２００３年2月28日付朝刊）

改めてこの記事を読んでみて、もう十八年も経ったのか。それなら若い人が知らないのも無理は無いな、と思った。「知らない」というのは、少し前まで日本ではこうした「歴史学の大御所」が堂々と「デタラメの歴史」を語っていたという「歴史的事実」のことである。この訃報を読む限りはそんなことはまったくわからないだろうから、ここに具体的証拠を示そう。ご本人の著書の一節である。

六月二五日、三八度線全線にわたって韓国軍が攻撃を開始し、戦端が開かれた。二六日北朝鮮軍は反撃に転じ、韓国軍はたちまち潰走しはじめた。アメリカは直ちに韓国援助を声明し、早くも二七日には在日空軍を朝鮮に出動させ、一方第七艦隊を台湾海峡に出動させて中国の台

湾解放を妨げた。（中略）
急拠赴援した米軍も、韓国軍同様潰走し、日本を空白にして在日米軍を根こそぎ投入したが、八月末には釜山橋頭保を辛うじて維持する状態まで追いつめられた。しかし本国からの増援軍の到着によって、戦線の背後仁川に上陸、圧倒的な海軍、空軍の支援の下に北進して、北朝鮮を焦土としながら中国国境に迫った。一一月中国人民義勇軍が参加して戦局は再び逆転し、米軍は敗北して後退し、一九五一（昭和二六）年に入ると、おおむね三八度線で、戦線が膠着状態となった。

（『体系・日本歴史6　日本帝国主義』藤原彰著　日本評論社刊　傍点引用者）

冒頭の「六月二五日」とは、一九五〇年（昭和25）六月二十五日のことで、これは朝鮮戦争が勃発した日である。若い人にはこの記述のどこが問題かわからないかもしれないので、朝鮮戦争に関する歴史的事実を紹介しておこう。

朝鮮戦争

日本の敗戦後、北緯38度線によって南北に分断された朝鮮半島で、１９５０年6月25日、北朝鮮軍が38度線を突破して南下、以後、53年7月27日の休戦協定調印まで続いた戦争。北朝鮮では祖国解放戦争、韓国では韓国動乱などという。韓国軍を釜山（プサン）まで追い詰めた北朝鮮軍は、米軍主体の国連軍の仁川（インチョン）上陸で中国国境の新義州（シニジュ）まで敗走、その時点で中国の義勇軍が参戦、韓国軍・国連軍を退却させた。以来戦闘は38度線沿いに続けられ、休戦協定によって38度線と斜めに交わる軍事境界線（休戦ライン）が設定された。これが今日の南北の事実上の国境線となり、南北の分断を固定化した。

（『知恵蔵』ウェブ版　朝日新聞社　傍点引用者）

どこが違っているか、おわかりだろうか？

この件は『逆説の日本史　第二十三巻　明治揺籃編』でも取り上げたが、もっとも肝心な点は、この戦争、韓国と北朝鮮のどちらが先に仕掛けたか、である。他ならぬ朝日新聞社発行の用語集ですら認めているように、この戦争は北朝鮮の一方的な奇襲攻撃で始まった。それが歴史上の事実である。にもかかわらず藤原は、「韓国軍が攻撃を開始し、戦端が開かれた」つまり韓国の奇襲によって始まった、とまったく逆のことを書いているのだ。

その理由がおわかりだろうか？　これも団塊の世代ならおわかりだろうが、若い人には想像もつかないだろう。一言で言えば、「北朝鮮は正義の国で、金日成《キムイルソン》（当時の指導者）は神に等しい存在」だからである。若い人も北朝鮮国内ではいまだに指導者金正恩《ジョンウン》（日成の孫）がそういう存在だとされていることを知っているだろうが、当時は日本にもその「信者」が大勢いた。それもかつてのオウム真理教信者のように社会的に孤立していたのでは無く、学界、マスコミ界、教育界を支配していた。若い人には信じられないかもしれないが、これは歴史的事実である。

通常、奇襲攻撃を受けた側はどんなに強力な軍隊でも直ちに反撃などできない。「不意を突かれた」からである。織田信長軍に奇襲された今川義元《いまがわよしもと》軍、真珠湾《パールハーバー》で日本海軍の奇襲を受けたアメリカ軍のことを想起すれば、これは戦争の常識だということがわかるだろう。にもかかわらず、藤原は「二六日北朝鮮軍は反撃に転じ、韓国軍はたちまち潰走しはじめた」つまり「たった一日で北朝鮮軍は反攻に転じたばかりか韓国軍を撃退した」と書いているのだ。

確かに、人間は神では無い。間違いを犯すこともある。しかし、もう一度藤原の経歴を見ていただきたい。陸軍士官学校卒で「中国各地を転戦」した、実戦経験者にして職業軍人なのである。そんな人間が、もっとも初歩的な戦争の常識を間違えるはずが無い。では、なぜそんな常識に反することが起こったと主張するのか？　「金日成は神に等しい。天才的な軍人であり指導者」だからだ。これは共産主義に対する熱烈な信仰でもある。「共産主義は正しい」のだ。だから「（アメリカが）中国の台湾解放を妨げた」と書く。つまり「悪の資本主義国家アメリカによって、正義の国中国による台湾の解放つまり共産主義化が妨げられた」という表現になる。

もし、この時台湾が「解放」されていたら、今の中国の香港に対する弾圧どころでは無い大弾圧が行なわれていただろう。現在中国は、さすがに世界世論を気にして香港の民主派を逮捕投獄はしても殺すのは思いとどまっているが、文化大革命では同じ共産主義者でも路線が違うという理由で何千万人も殺した国である。この時代に共産化されていれば、台湾に民主主義を定着させた李登輝《りとうき》総統なども確実に殺されていただろう。それが藤原にとっての正義なのである。

■「目的が正しければ間違った情報を流しても許される」という傲慢な思い込み

ところで、なぜ藤原彰が「最低の歴史学者」なのか。今さらあえて説明する必要も無いと思うのだが、新しい読者もいるかもしれないので念のために確認しておこう。歴史学者の、最大にしてほとんど唯一の使命は「真実を伝える」ということだ。これは国民に対しての神聖な義務でもある。

もちろん、人間は神では無いので間違うことはある。誠心誠意真実を伝えるつもりであったのに、様々な理由によって間違った見解あるいは情報を伝えてしまうことはあるだろう。それは仕方が無い。だが問題は、そうした「誤報」を出したと認識した時点で直ちに反省し謝罪し、必要な行動が取れるかだ。藤原彰はそれとはほど遠い存在であることはおわかりだろう。「朝鮮戦争は韓国軍の奇襲によって始まった」と、藤原はデタラメの歴史を著書にも書き大学でも講義していた。繰り返すまでも無いが、単純な誤りでは無い。「ウソ」と知りつつ故意にやっていたことだ。つまり、国民や学生を騙していたのである。歴史学者として絶対にやってはいけないことだ。

では、なぜ彼らはそんなことをするのか？　歴史学者としての使命がまったくわかっていない愚か者なのか？　いや、そうではないだろう。藤原は陸軍士官学校そして東大を出たエリート中のエリートである。そんなエリートたちが、なぜ本来の使命を踏み外すのか？

不思議な話ではあるが、この問題についてはすでに「バカトップ」あるいは「エリートバカ」の問題として取り上げている。そして「なぜ真実を正しく伝えようとしないのか？」については、とくに藤原彰の場合はそうなった原因として「自分は職業軍人として中国侵略に加担してしまった。この罪は償わなければいけない」という贖罪《しよくざい》意識があるのだろう。それ自体は悪いことでは無い。人間、自分の行動を反省するのは当然のことだし、その結果「罪を償う」ために何らかの行動に出ることも当然あるだろう。問題はその行動の中身である。

歴史学者としての道を選ぶのならば、その使命であり神聖な義務でもある「真実の歴史の追究そして伝達」を絶対に蔑《ないがし》ろにしてはいけない。だが藤原は、それを平気で踏みにじっている。そしてここが一番肝心だが、にもかかわらず藤原には良心の呵責がまったく無い。もし少しでもそれがあれば、「かつて大学では朝鮮戦争の原因について韓国側の奇襲という誤った見解を発表しました。訂正してお詫《わ》びします」ということになるはずだ。お気づきだろうか、ここのところ従軍慰安婦問題で吉田清治《よしだせいじ》というペテン師の「自分が朝鮮人女性を強制連行して慰安婦にした」というデタラメの「証言」を真実として世界に発信し、それが虚偽とわかった後もなかなか訂正も謝罪もしなかった朝日新聞と同じである。

つまり、彼らにはまず「目的が正しければ間違った情報を流しても許される」というとんでもない思い込みがある。その目的とは「日本軍国主義の悪を追及する」ということなのだろうが、いかに目的が正しくても、学者そして報道機関の真実の使命を度外視した手段を取ってはいけない。そんなことをすれば、彼らが批判してやまない「日本軍国主義」が大本営発表というデタラメ情報で国民を操っていたのと同じことになる。彼らも「日本が聖戦に勝つという正しい目的のためには、国民に真実を伝えなくても許される」と思い込んでいた。藤原彰は、まさに戦前この「陣営」にいた人間である。東大卒の頭脳があるなら、なぜ自分がやっていることが戦前の軍部と同じだということに気がつかなかったのか。そして、大本営発表を正しいとする人間には「民は愚かだから真実を受け止め切れない」という傲慢《ごうまん》な思い込みがあることにも、なぜ気づかなかったのか。確かにこのあたりは朝日新聞もいまだに気がついていないが、しょせん職業軍人の家庭に育った藤原には本当の民主主義、つまり「情報は隠さず、できるだけ正確に民衆に伝えるのが正しい」という原則が理解できなかったのかもしれない。

しかし、それならそれで心理学の絶好の研究材料である。日本の敗戦によって、それまでどちらかというと右翼的なエリートであった人間が左翼に転向し、結果的に藤原のように戦前の日本軍部と同じ間違いを繰り返した人間は、とくに学者やマスコミの世界に大勢いると私は考えている。こうした人々の事例を心理学的に研究することは私には不可能だが、専門の心理学者にはぜひやっていただきたいことである。それが学問の発展、ひいては人類の進歩につながることであると考えるからだ。

ところで、このところ私は人間には「絶対悪」も「絶対善」も無いと述べている。自らの理論に固執し結果的に大勢の兵士を脚気によって死に至らしめた軍医森林太郎が、文学者森鷗外としては優れた作品をいくつも残し、考証学者としては大きな業績を上げたように、歴史学者藤原彰にも後世に伝えられるべき業績はまったく無いのだろうか?

そんなはずは無い。

■歴史学者藤原彰の「大東亜戦争」における「餓死者の実数」は信用できるか?

「歴史学者」藤原彰の著作の一つに、『餓死した英霊たち』(青木書店刊。後に筑摩書房で文庫化)がある。「餓死」は「がし」ではなく「うえじに」と読む。何とも刺激的なタイトルである。いわゆる「右翼」なら激怒し、「英霊に対し失礼だ」と叫ぶかもしれない。だが、これは第二次世界大戦においては冷厳なる歴史的事実である。そのことについて藤原は、次のように断言している。

この戦争で特徴的なことは、日本軍の戦没者の過半数が戦闘行動による死者、いわゆる名誉の戦死ではなく、餓死であったという事実である。「靖国の英霊」の実態は、華々しい戦闘の中での名誉の戦死ではなく、飢餓地獄の中での野垂れ死にだったのである。

（引用前掲書〈文庫版〉）

この見解に、基本的に私は同意する。基本的にというのは「過半数」という数字が正確なのかという危惧があるのと、藤原は「この戦争」を「第二次世界大戦（日本にとってはアジア太平洋戦争）」と呼んでいるが、その呼称には疑義があるからだ。たとえば「関ケ原の戦い」は、それ以外に呼びようが無い。徳川家康も石田三成《いしだみつなり》もこの戦いは「○○と呼称する」などとは言っていないからだ。しかし日中戦争、対英米戦争については「支那事変」ないし「大東亜戦争」と当時使われた呼称がある。「歴史を書く」ということは、まず当時の事実を正確に伝えることである。だからまず「日本にとっては支那事変ないし大東亜戦争」と書き、「それらを総称して後に第二次世界大戦と呼ばれた」などとすべきである。もし「大東亜戦争という言葉に込められた主義主張が気に食わない、だからアジア太平洋戦争と呼ぶ」などと考えるなら、それは歴史家として正しい態度では無い。

もちろん、支那事変というのは実態としては日中戦争であったことは紛れも無い。しかし、それを当時の軍部が「支那事変」つまり「あれは戦争では無い、ただのアクシデントだ」と強弁してごまかしていたことは事実である。だから「支那事変」を日中戦争と最初から言い換えてしまえば、これらの歴史的事実が消滅してしまう。「アジア太平洋戦争」という呼称も同じことだ。こういう考え方を貫くならば「ノモンハン事件」も日ソ戦争だということにもなるが、それをやればさらに軍部のごまかしを見逃すことになるではないか。もしも、歴史学界に「アジア太平洋戦争と呼べば民主的な学者だが、大東亜戦争と呼ぶのは右翼だ」などといった「空気」や「偏見」があるとしたら、それを直ちに改めるべきだろう。それが本当の「民主化」である。すでに述べたことだが、大切なことなのでもう一度繰り返そう。歴史家にとって「歴史上の事実」を正しく伝えることは神聖な義務でもある、と。

話を本題に戻そう。「餓死した英霊たち」が「支那事変、大東亜戦争」で多数いたというのは、紛れも無い事実である（ノモンハン事件は約4か月間だったので例外）。この著作で藤原が取り上げている兵士たちを餓死に追いやった悲惨な戦いは全部で七つ。「ガダルカナル島の戦い」「ポートモレスビー攻略戦」「ニューギニア」「インパール作戦」「（太平洋の）孤島の置きざり」「フィリピン戦」「中国戦線」で、これらの戦いについてはいずれ「大東亜戦争」編で詳しく分析するつもりだが、ここでは、「ガダルカナル島の戦い」と「インパール作戦」について通説的見解を紹介しておこう。

ガダルカナル島の戦い

太平洋戦争中、ソロモン諸島のガダルカナル島をめぐって戦われた日米両軍の攻防戦。1942年（昭和17）8月、アメリカ軍は日本軍が飛行場を建設中のガダルカナル島に上陸しこれを占領した。これに対し大本営は同島の奪回を命じ、10月末までに3次にわたる陸上兵力による攻撃が実施されたが、火力に勝るアメリカ軍の反撃によってそのいずれも失敗に終わり、翌年2月には、日本軍は同島からの撤退を余儀なくされる。（中略）制空、制海権はしだいにアメリカ軍の握るところとなり、日本軍は極度の補給難に陥って多数の餓死者を出した。同島をめぐる一大消耗戦で、日本軍は陸上兵力のみならず多数の艦艇と航空機を喪失したため、42年6月におけるミッドウェー海戦の敗北とも相まって、戦局の主導権は完全にアメリカ軍の側に移行した。

インパール作戦

太平洋戦争の末期、日本軍により実施された東インドのインパールに対する進攻作戦。（中略）1944年（昭和19）1月、大本営の認可するところとなった。同作戦を担当した第一五軍（司令官牟田口廉也〈むたぐちれんや〉中将）は、同年3月に行動を開始し、4月にはインパール付近の地点にまで進出したが、航空兵力の支援を受けたイギリス・インド軍の強力な反撃と補給の途絶とによって、しだいに守勢に回り、7月には退却命令が下され、飢えと病気により多数の将兵を失った悲惨な退却戦が開始される（死傷者数7万2000人）。日本軍の戦闘能力を過信し補給を無視して計画・実施されたこの作戦は、日本軍の作戦指導の硬直性を暴露し、その失敗によりビルマ防衛計画を崩壊に導いた。

（いずれも『日本大百科全書〈ニッポニカ〉』小学館刊　項目執筆者吉田裕　傍点引用者）

要するに、大東亜戦争（これを太平洋戦争と呼ぶと、インパール作戦は「領域外で含まれない」ことになってしまう。だから藤原はアジア太平洋戦争という言葉を使ったのだろうが、これが歴史家としては適切な態度では無いことは先に述べたとおり）で多数の餓死者が出たことは、紛れも無い歴史的事実なのである。問題は、その数が実際にはどれぐらいだったのか。なぜそんなに多数の餓死者を出したのか。これは歴史家として絶対に究明しなければならない重要な課題である。

この「餓死者の実数」について藤原は、「戦没者の過半数」（本文の記述によれば、２３０万人のうち１４０万人。計算すれば約61パーセント）という見解を表明している。これについては有力な反論がある。この文庫版の解説者の歴史学者一ノ瀬《いちのせ》俊也《としや》は、解説文で同じ歴史学者の秦《はた》郁彦《いくひこ》の「（餓死者は）全戦場では三七％（六二万）ぐらいが妥当」という見解を紹介している。

どちらを取るべきか、正直言って私はこの件についてはまだ自分の見解を持っていない。まだ研究不足である。しかし、今の段階で「どちらのほうを信じますか？」と言われれば、言うまでもなく「秦学説」だろう。人間界の常識として、すでに述べたように「韓国が北朝鮮を急襲したことから朝鮮戦争が始まった」などと歴史学者にあるまじき見解を述べ、あまつさえ訂正も謝罪もせず恬《てん》として恥じない「専門家」の言うことなど信じられないからだ。しかも藤原には、あきらかに「日本軍国主義の悪を追及するためには誇張も捏造も許される」という、本人は気がついていないかもしれないが傲慢な思い込みがある。それはすでに述べたように、「日本は負けている」

ガダルカナル島での日米戦は、双方が当時最大の戦力を投入した激戦であった。総兵力1万人以上の米海兵隊に対し日本軍も精鋭部隊を逐次投入して反攻を図ったが、制空海権を失い補給が途絶。兵士は写真のようにガリガリにやせ細り、結局2万人以上の戦死傷者（餓死者を含む）を出して撤退した（写真提供／AP/アフロ）

という真実を「国民は耐えられないから隠す」という傲慢な思い込みによって、大本営発表というデタラメ情報に切り替えた「軍国主義者」と根本的には同じ態度だ。そういう人間の主張が信じられないのも当然だろう。

■弟子は師匠の「欠点」を素直に認め「遺産」を後世に残すべき

では、私は藤原彰という人間の「業績」をすべて葬《ほうむ》るためにこの文章を書いているのか？　まったく違う。むしろ逆である。私は個人を貶めるために歴史を書いているのではない。歴史の真実を少しでもあきらかにしようというのが、私の当初からの念願である。そのためには、たとえ「あまり信用できない」人物の記述であっても使える部分は使いたいのである。藤原は職業軍人の家に生まれ、陸軍士官となり実際に中国戦線で戦ったという貴重な体験の持ち主である。歴史の真実の解明に「使える部分」は結構あるはずだ。現に藤原は、日本を破滅させた陸軍のエリートたちは自分のような普通の学校を出てから陸軍士官学校に進んだ人間と違って、陸軍幼年学校出身者が多いと指摘している。これは貴重な指摘で、まさに「日本軍国主義」あるいは陸軍の硬直性を考える上でも重大なヒントであろう。

ところが、残念ながら「数字」や他の部分に関しては信用できない。繰り返すが、あきらかに事実と反対であることがわかったはずなのに「韓国が北朝鮮を侵略した」と堂々と著書に書き、大学でも講義していた人物である。しかし善男善女の中には、ひょっとして「単純に間違っていた」のではないかと思う人がいるかもしれない。断じてそれは無い。次の文章を読んでいただきたい。

（朝鮮戦争開戦の）前日の二四日は、ソウルの将校クラブの開所式があり、韓国軍の幹部やアメリカの軍事顧問など約一〇〇人が集まり、深夜までパーティーが続いていました。翌日、非常招集を受けた韓国軍の将校の中には、二日酔いが多くいたともいわれています。

朝鮮戦争の開戦当初は、南北どちらが先に攻撃したかをめぐり論争が起きましたが、こうした客観的な状況を見れば、答えは明らかです。

北朝鮮人民軍の二五〇両の戦車に対し、韓国軍は貧弱なバズーカ砲で反撃するしかありませんでした。というのも、韓国軍には一両の戦車もなかったからです。

（『そうだったのか！　朝鮮半島』池上彰《いけがみあきら》著　ホーム社刊　傍点引用者）

傍点を施した部分は重要で、要するに当初は詳しい事情があきらかになっていなかったので「どちらが先に攻撃したか」で論争が起こったが、韓国側の「パーティーが続いていた」「戦車は一両も無かった」という「客観的な状況」が広く知られるようになり、「北朝鮮軍の韓国への奇襲によって朝鮮戦争は始まった」というべき歴史的事実は早々に確定した、ということである。ところが、自由主義国家群の中で唯一かなり最近まで「論争」が続いていた国家があった。言うまでも無いだろう、日本である。藤原のような「トンデモ学者」と、忘れてはならないがそれを支える朝日新聞のようなマスコミがいたからだ。だから、北朝鮮がずっと日本人を拉致《らち》していたという歴史的事実すらなかなか確定しなかった。「論争が続いていた」のである。

しかし、実際問題として藤原彰の「使える部分を残す」ためにはどうしたらいいのか？　藤原にも「弟子」がいるなら、これはもう弟子の役目だろう。日本におけるこういうポジションの人間の行動パターンとしては次の二つが、あくまで可能性としてだが、考えられる。

一つは、「井沢元彦は敵だ」と感情的になり、まるで「師匠の仇《かたき》を討つ」ように、あちこちで私の悪口を言いまくり『逆説の日本史』など学問的にはまったく価値が無い、と切り捨てる。その一方で、「師匠の恥」となる著書『体系・日本歴史6　日本帝国主義』などはあらゆる手段を使って「回収」し、経歴でも「無かったことにする」ことだ。

もちろん、こんなことをやっても意味が無いどころか逆効果である。そんなことをすれば、ますます「藤原学派（？）」は信用できないという評価が確定してしまうし、歴史上の事実をもみ消すことはとくに歴史学に携わる者としては絶対にやってはいけない「犯罪行為」に等しいものだからだ。

可能性としてもう一つのやり方は、「師匠には確かにそういう欠点があった」と素直に認め、その結果北朝鮮に関する歴史的事実が率直に認められない時代があったこと、そういう歴史があったことを明確に記述し、その上で師匠の仕事の中から「ここは信頼できる」という形で「使える部分」を抽出することだ。こういう作業の結果なら私も参考にできるし、何より「師匠の遺産」を後世まで残すことにつながるだろう。

前出の歴史学者一ノ瀬俊也が解説文の中で「藤原の門下生」として紹介している歴史学者吉田《よしだ》裕《ゆたか》は、藤原の『中国戦線従軍記　歴史家の体験した戦場』（岩波書店刊）の解説を書いている。そこで期待して読んでみた。だが、『餓死した英霊たち』に対して「アジア・太平洋戦争における戦病死（餓死）の実態を明らかにした先駆的研究」などという賛辞はあるのだが、「黒歴史」

に関する言及は無い。
問題は、なぜこうなってしまうかだ。これも、まさに日本的問題なのである。

■社民党のホームページに堂々と掲載され続けた「インチキ論文」

日本の「戦後」と呼ばれる時期、一九四五年（昭和20）から一九六四年（昭和39）の東京オリンピックを経て九〇年代から二〇〇一年つまり二十一世紀にいたるまで、なんと半世紀の長きにわたって日本の大学では事実にまったく反する「北朝鮮びいき」の教育、たとえば「朝鮮戦争は韓国が仕掛けた」とか「北朝鮮が日本人を拉致しているなどというのはデタラメだ」などと教えていた。政党ですらそうであった。

典型的なのが、当時の社会民主党系の社会科学研究所の研究員だった北川広和《きたがわひろかず》という男が社民党機関誌『月刊社会民主』一九九七年（平成9）七月号に書いた、「食糧援助拒否する日本政府」という論文だ。かいつまんで内容を紹介すると、北朝鮮が拉致しているなどと言うのは、（日本で初めて拉致問題を本格的に報道した）産経新聞やその他の反北朝鮮勢力の陰謀であって事実では無い。この陰謀の目的は、北朝鮮への援助をストップすることだ、という内容である。その時点で、朝日新聞など多くのマスコミは拉致に相変わらず否定的な見解を取っていたが、産経新聞や大阪朝日放送など一部のマスコミが拉致を事実として取り上げていた。この論文は今でもネットや国会図書館等で検索できると思うので、機会があればぜひご覧いただきたい。とくに若い人には「横田《よこた》めぐみさん問題」がどのマスコミでも報じられている現在と、その論文の主張を比べていただきたい。そうすれば、当時がいかに異常な時代だったかわかる。断わっておくが、この論文は言論空間の片隅でひっそりと発表されたものでは無い。むしろマスコミではこうした見方が主流で、だからこそ朝日新聞やTBSの看板報道番組『NEWS23』の筑紫哲也《ちくしてつや》キャスターも基本的には拉致に否定的な見解を取っていたのだ。「産経新聞や大阪朝日放送はデタラメを流すメディアであり、拉致とはデッチ上げでそもそも右翼や自民党の一部が企んだ陰謀だ」ということだ。

ところが、こうした勢力の「インチキ報道」が大崩壊した。二〇〇二年（平成14）九月十七日、当時の小泉純一郎《こいずみじゅんいちろう》首相が訪朝し、金正日《キムジョンイル》総書記に「確かに日本人を拉致していた」と認めさせたからである。この業績は日本外交史上最大のものの一つだが、ここで注意を喚起しておきたいのはそれにもかかわらず、社会民主党はこの北川論文をホームページに転載し公表し続けたことである。相手国の元首が「犯行を認めた」というのに、である。さすがに抗議が殺到して、次のようなことになった。

「**拉致、根拠ない**」
社民党は、北朝鮮による拉致事件を「根拠がない」と否定した論文を同党ホームページ（HP）上に掲載し続け批判を招いたことから、4日、削除する措置をとった。
社会科学研究所の北川広和氏による「食糧支援拒否する日本政府」と題した論文。横田めぐみさん拉致事件について「日本政府に北朝鮮への食糧支援をさせないことを狙いとして考え出された」としてでっち上げだとの見方を示しており、「月刊社会民主」97年7月号に載り、ホームページに転載された。

しかし、日朝首脳会談で拉致の事実が確認されたことで抗議メールが殺到。著者の同意の上で削除した。福島瑞穂《ふくしまみずほ》幹事長は「当時の状況下における個人論文で党の見解ではない。拉致問題を最優先課題としてキチッとやっていくことが必要だ」と釈明した。【浜名晋一】

（『毎日新聞』2002年10月5日付東京朝刊）

ちなみに、二〇二〇年まで首相だった安倍晋三《あべしんぞう》は、内閣官房副長官として小泉首相の北朝鮮訪問に随行し毅然とした対応をすべきなどアドバイスしたと言われている。もしそれが無く小泉首相が歴代の日本の首脳のように安易な妥協をしていれば、金正日総書記は拉致を事実だと認めなかったかもしれない。それまでずっととぼけていたのだから、可能性はある。逆に言えば、デタラメ報道をしていたマスコミや文化人にとっては「余計なことをしやがって！」であろう。後に「朝日新聞の主筆」が「安倍の葬式はウチで出す」と豪語したという噂が流れた。もちろん噂に過ぎず、朝日新聞側も否定しているが、俗に言う「火の無いところに煙は立たない」。若い人にはこういう「歴史」もあったことも知ってほしい。

人間は感情の動物で、組織もそういう人間の集合体であるからだ。「拉致はデッチ上げ」と主張していたということは、横田めぐみさんの家族も「嘘つき」と決めつけていたということだ。犯罪行為に等しい悪行である。自分のやっていたことが「犯罪」だと誰かが気づかせてくれるなら、本来ならその気づかせてくれた人に感謝するのが当然だろう。それが「人としての道」だと私は思うのだが、私の知る限り朝日新聞は「小泉純一郎さん、安倍晋三さんありがとう」と言ったことは一度も無いし、社会民主党は嘘にこだわるあまりホームページの論文を削除しなかった。

前出の毎日新聞の記事に出てくる福島瑞穂幹事長（当時。のち党首も歴任）は土井《どい》たか子前党首の愛弟子であり、当時の人間が土井たか子について知っている常識と言えば「拉致はデッチ上げ」の最有力の論者だったことだ。だからこそ北川論文も『月刊社会民主』に掲載されたのであり、福島がそうした党の論調を知らないはずが無い。それなのに「個人の見解」という弁明である。これでは自民党議員の「秘書がやったこと」を批判する資格は無いだろう。それにもし私が当時の社民党の広報責任者だったら、九月十七日の夜に慌てて問題の論文を削除しただろう。そういうものが党関係の何かに掲載されているということは、たとえその論文自体を知らなくても簡単に予測がつくことなのだ。もし「娘を奪われた横田さんを嘘つき呼ばわりした」ということに少しでも罪の意識あるいは良心の呵責を覚えるならば、直ちに徹底的な点検を命じただろう。だが、そうでは無かった。改めて記事の日付をご覧いただきたい。結局三週間も「嘘つき呼ばわり」の記事をそのままにしていたのだ。

おわかりだろう。結局「余計なことをしやがって！」なのである。

人間とはつくづく情け無いものだ。

2002年（平成14）9月17日、小泉純一郎（写真左）は日本の首相として初めて北朝鮮を訪問した。笑顔で握手する金正日総書記（同右）に対し小泉首相の表情は厳しかったが、これは同行していた安倍晋三官房副長官（同奥）から「決して笑わないでください」とのアドバイスを受けていたからだとされる（写真提供／時事/代表撮影）

■欧米には見られない「『師説』を弟子がなかなか批判しない」という悪しき「慣習」

言うまでも無く、これも一つの歴史だ。現代史の一つの姿である。そして藤原彰のような左翼学者は、その誤った歴史を作った張本人でもある。しかしすでに述べたように、私は藤原の業績をすべて否定しようというのでは無い。

だが、藤原の業績のまともな部分をちゃんと残したいのならば、一方でこうした悪行にも手を貸していたということはきちんと検証し追及しなければいけない。まだ私の『逆説の日本史』はそこまで到達していないが、いずれやることになるだろう。だが、ここでもう一度強調したいのは、そういうことは本来藤原の弟子がやるべきことではないだろうか。師匠のやったことだからと隠したり、言及しないなどというのは、歴史学者としては言語道断の態度である。それは歴史の隠蔽や捏造につながるからだ。

しかし、そういう行動に強い抵抗があるのは理解できる。なぜなら、日本には「師説《しせつ》」という言葉があるからだ。「師説」とは「先生の意見。先生の学説」（『デジタル大辞泉』小学館刊）ということだが、日本の学界には一般的に「師説から離れる」こと、つまり「師匠」の学説と違う説を唱えることには強い抵抗があるという。もっとも、私がこれを聞いたのは十数年前の話だから今は少し事情が変わっているかもしれないが、日本の学問の世界、とくに大学にそうした「歴史」があったことは紛れも無い事実である、と私は思う。それは「師匠」に対する絶対服従を示唆する言葉であり、それがあるからこそ『白い巨塔』（山崎豊子《やまさきとよこ》作）のような文芸作品も成立する。主人公の財前五郎《ざいぜんごろう》教授に医者の倫理を捨ててまで服従する医局員たちの姿は、決して絵空事では無いはずだ。
そこで歴史学者のみならず、すべての学者先生方に考えていただきたいのは、なぜ日本人はそういう行動を取るのかということである。これは欧米社会には基本的には無いことだ、と言えば私の愛読者はもうおわかりになるかもしれない。朱子学の影響である。先祖の決めたこと、親の決めたことやったことを子孫や子供は絶対に批判してはいけない。それが「祖法《そほう》を変えてはならない」という絶対的なルールを生み、日本は近代化に苦しみ、清国はとうとうそれを克服できずに滅んでしまった。だからこそ日本には「師匠の説を弟子がなかなか批判しない」という「慣習」があるのだという推論が成り立つのだが、この推論は半分しか正しくないかもしれない。というのは、他ならぬ儒教および朱子学の専門家が、本場の中国ですら「師匠への服従」は日本ほどひどくないと指摘しているからだ。たとえば我が国には、「三尺下がって師の影を踏まず」という言葉が古くから伝わっている。「師匠の影を踏むことすら不敬な行為であり、弟子たるものは慎むべきである」という意味だ。もしこれが朱子学の言葉なら、前記の「慣習」が生まれたのも朱子学のせいだと百パーセント言い切れるのだが、自らを「儒者」とする漢学者吉川幸次郎《よしかわこうじろう》は、この言葉の出典である『教誡律儀《きょうかいりつぎ》』あるいは『童子教《どうじきょう》』について次のように述べている。

「教誡律儀」というのは、たしかに中国の書ではあるが、儒家の書ではなく、仏家の書であった。八世紀の唐の僧、道宣《どうせん》の著であり、普通の中国人は読まぬ書物である。また「童子教」というのは、日本の書物であって、九世紀の天台の僧安然《あんねん》の著と伝えられて、足利時代、徳川時代の寺子屋の教科書であったという。そのために、日本ではこの言葉がひろく知られたのであろう。しかし中国人でこの言葉を知る人は、まずないであろうと、私はやはり考えるのである。
(『日本の心情』吉川幸次郎著　新潮社刊)

「日本の心情」とはまさに言い得て妙であり、中国人ですらそこまでは強制しなかったのに、日本人はなぜそこまで師を重んじるのか。本来、影は影に過ぎない。師匠の実体とは別物であるはずだ。「師説」も同じで、藤原彰個人と藤原彰学説とは本来別物であり区別して考えるべきだ。しかしそうならないから、「師説」を批判することなど考えられない、などということになってしまう。これはあくまで日本人の問題であると言えば、これまた私の愛読者はそうかと合点がいくだろう。そう、言霊である。日本人の心の奥底には言霊信仰があるから、個人の人格と言説が分離しない。個人の言説であってもそれは論文や著書の形でいったん発表されれば、客観的な公共財産であるはずだ。わかりやすく言えば、たとえ弟子であろうと師匠の言説を「これは可、これはダメ」などと分類することは、忘恩でも不敬行為でも無い。むしろ学者としてやるべき当然の義務でもある。

日本の歴史学者は、日本に固有の信仰があることから目を背けてきた。言霊信仰が典型的だが、それが現在も日本人の心の中に生きていて、現代事象にも様々な影響を与えていることは事実ではないか。この件については次章の特別編を見ていただきたい。

藤原彰は、確かに歴史学者としてとんでもない罪を犯した。しかしそれはそれとして、藤原学説の中で継承すべきものは、確かにある。師匠の批判は許されないとして、そうした罪からは目を背け価値あるものだけを残そうとしても、そんな姿勢ではすべてがデタラメではないかと疑われるだけのことである。私のように批判すべきは批判するのが藤原学説を後世に残すためにはもっとも的確なやり方である。

では、その継承すべきものとは何か。それは「陸軍兵士の餓死問題」である。ひょっとして読者の皆さんは、ここまでの記述が日露戦争というテーマから大きく外れてしまったと考えているかもしれないが、それは違う。これを「日本軍の補給軽視」と言い換えれば、日露どころか日清戦争から続いている重大な問題だと理解できるはずだ。

■小村寿太郎を操り「桂・ハリマン協定」を破棄させた「黒幕」とユダヤ資本の密約

前節で、日本の学問の世界の悪習とも言うべき「師説」という考え方、より正確に言えば「自分の師匠の学説」を「客観的な公共財産」と見ることができない傾向は、多くの人が誤解しているように儒教や朱子学に基づくものでは無く、むしろ日本独自の信仰である言霊に原因があるということを指摘した。その中で「三尺下がって師の影を踏まず」などという「師匠の絶対化」は、儒教や朱子学とは無関係であるという漢学者吉川幸次郎の見解を紹介したが、吉川は先に引用した『日本の心情』の中で中国の学問の世界における人間関係について具体的な証言もしているので、それも紹介しておこう。吉川は、清朝においては大官《たいかん》（高級官僚。科挙の合格者だから学問の徒でもある）に対して人々は大いに礼儀を尽くさねばならないが、学問をしている書生ならばこの限りでは無かったと、次のように述べている。

ただの書生、つまり学問をしているだけで、官途についていない人物、それは別である。またある意味では、一ばん自由であり、一ばん傲然としている。どんな大官の前に出ても、対等の態度で、ふかぶかと椅子に腰をおろしつつ、話してよろしい。おたがいに学問をしているものとして、対等だからである。

（引用前掲書）

ずいぶん前の話だが、私もこの本を読む前は近代以前の中国の学問の世界は日本以上に「白い巨塔」なのだろうと思い込んでいた。確かに、朱子学は何度も述べたようにあきらかに「窮屈な」学問なのだが、それがゆえに師弟関係（同志関係と言うべきか）がこれほど「民主的」だとは夢にも思わなかった。それを考えれば、「師説」などという言葉が幅を利かす日本の学界がいかに異常か、早く気がついてほしいものだ。ただし、念のためだが中国における「士」つまり科挙の合格者である高級官僚および学問を志す学者、書生の間では、ここに見られるような「学問の下の平等」はあるが、学問にかかわらない民（農工商）は「士」にまったくおよばない、とする差別もある。従って、明治の日本が達成した「四民平等《しみんびょうどう》」つまり士農工商をすべて平等とする社会には成り得ないことには注意すべきだろう。

さて話を戻そう。藤原彰学説で後世に継承すべきものは、先に紹介した藤原の著書『餓死した英霊たち』によって指摘されている「陸軍兵士の餓死問題」である。私はこれを「日本軍の補給軽視問題」の一環としてとらえるべきと思ってはいるが、日本軍の創立当初からあるこの問題を改めて振り返ってみよう。

古志正綱《こしまさつな》少佐のことを覚えておられるだろうか？　『逆説の日本史　第二十四巻　明治躍進編』

で紹介した、日清戦争における食糧の補給任務に失敗し責任を取る形で自決してしまった陸軍将校である。そこの部分で、藤原彰のような職業軍人では無いが学徒動員で陸軍将校として戦争に駆り出された評論家山本七平の言葉も紹介しておいた。「日露戦争時代から太平洋戦争が終るまで、一貫して、日本の軍人には補給という概念が皆無だったとしか思えない」(『私の中の日本軍』文藝春秋刊)である。改めて、今の時点でこの問題を考察してみると、日本軍とくに日本陸軍には従来から存在した補給軽視の傾向に加えて、脚気蔓延の原因でもあった白米至上主義とも言える「白米へのこだわり」が感じられる。すでに述べたように、白米は兵食としては非常に不便なものなので、大東亜戦争で多くの餓死者を出した有力な原因の一つだとも思う。この白米至上主義がなぜ生まれたかが、今後の検討課題である。

ところで、本章を終了するにあたって、補説しておきたい問題が二つある。

一つは、『病気の日本近代史　幕末からコロナ禍まで』(秦郁彦著　小学館刊)に教えられたことで、旅順《りよじゆん》要塞に籠城していたロシア兵は野菜の不足で壊血病《かいけつびよう》に悩まされており、「降伏の直前にステッセル司令官はロシア皇帝にあて『壊血病によって守備兵が壊滅的な打撃を受けております、あと二、三日しか要塞はもちません』と電報している」(引用前掲書)という事実があったことだ。つまり、旅順攻防戦は脚気(ビタミンB_1欠乏症)と壊血病(ビタミンC欠乏症)の戦いだったことになる。ひょっとしたら、バルチック艦隊の乗組員たちも壊血病に悩まされていたかもしれない。

もう一つは、日露戦争終了直後の日本がなぜ一度は成立した桂《かつら》・ハリマン協定を破棄し結果的にアメリカを満洲《まんしゆう》から締め出したのか、という大問題である。第三章でも述べたように、日本はアメリカに対して中国市場参入を歓迎すると思わせておいて、いざアメリカが参入しようとすると満洲から締め出すという、じつにアンフェアな態度を取った。日露戦争終結にあたっては、日本の思惑どおりアメリカがロシアとの仲裁に入ってくれたおかげで日本はこの戦争を勝利に終わらすことができたのに、そんな大恩あるアメリカになぜ手のひら返しのようなことをしたのか。

これは小村寿太郎の犯した致命的なミスであり、私はこれがアメリカを怒らせ最終的には日米戦争までつながったのではないか、と述べた。そして小村寿太郎の愚行の裏には、「十万の英霊」という尊い犠牲によって獲得した利権は何が何でも手放すべきではないという「怨霊《おんりょう》信仰」があったのではないか、と述べた。この考え方は基本的に変わっていない。後に日本がアメリカとの全面戦争に踏み切った背景にも、「十万の英霊」によって獲得した満洲は何が何でも手放さない、という思いがあった。しかし、南満洲鉄道（満鉄）の経営にアメリカの鉄道王エドワード・ハリマンそしてアメリカ人すべてを参加させなかったのは、もう一つ重大な理由があることに最近気がついた。それは小村寿太郎を操った黒幕の存在があったということだ。その黒幕とは、当時主要な公職についていなかった元老松方正義《げんろうまつかたまさよし》である。なぜそう考えたかを説明するには少し時間を遡《さかのぼ》らなければならない。

ロンドンに資金集めに来ていた高橋是清《たかはしこれきよ》の多額の戦時公債を、アメリカの銀行家ジェイコブ・シフが一手に引き受けてくれた時点である。確かに、当時ユダヤ人はロシア帝国の激しいユダヤ人弾圧（ポグロム）に深く悩まされていた。だからシフが公債を引き受けたのは当然のように見えるが、彼はそもそもアメリカ人である。なぜ日本にとってそんな都合のいい時にロンドンにいたのだろうか？　しかも、シフは自ら高橋に接近したようだ。我々は現在インターネットやその他のシステムのおかげで世界情勢を容易に把握することもできるし、ユダヤ人の歴史について学ぶこともできる。だが高橋はそんなことは知らなかっただろうし、シフにとっても日本人とは馴染《なじ》みのある民族では無い。いくら「ポグロム」を何とかしようと思っても、だから日本を援助すればいいというのは簡単に思いつくアイデアでは無い。つまりは両者を仲介した人間がいるのではないか、というのが私の推測である。

■フランスで学んだ松方が抱いていた「財政家としてはオレのほうが上だ」という自負

当時の日本の政治家の中でユダヤ民族にもっとも大きなコネクションを持っていたのは、松方正義だった。松方は「松方デフレ」の創始者としても有名だが、財政研究のためにフランスに滞在していた時、フランス人銀行家レオン・セイときわめて親しくなった。松方に「日本銀行を創設しなさい」と教えたのもセイなのだが、この人物はユダヤ人の資本家と緊密な関係にあった。松方もその引きでフランス・ロチルド家(ロスチャイルドは英語発音でフランス語ではロチルド)の総帥アルフォンス・ド・ロチルドに面会もしている。つまり、当時の日本の政界で最高レベルのユダヤ人へのコネクションを持っていたのが松方なのである。だから、松方はセイを通してアルフォンス・ド・ロチルドに「日本の戦時公債をユダヤ資本で引き受けていただきたい、それはポグロムに苦しむユダヤ民族を救うことになる」と訴えることができたはずで、ロチルド家はそれをアメリカのユダヤ資本に依頼したのではないだろうか。

こんなことを言うと、プロの歴史学者の先生方は「そんな史料は無い」と史料絶対主義を振りかざして否定してくるだろうが、よくよく考えていただきたい。アルフォンス・ド・ロチルドはユダヤ民族とは言え、国籍はフランスだ。フランスは日本の同盟相手イギリスのライバルであり、日本と戦争しているロシアは友好国だ。だから、もしこの件への関与が公になると国内での立場はまずくなる。これも前に述べたように「そもそもユダヤ人どもは国家の枠を潰《つぶ》そうとしている」というキリスト教徒の偏見があり、それがポグロム、最終的にはホロコーストにつながったのが当時のヨーロッパという風土である。当然アルフォンス・ド・ロチルドは「松方、我々が仲介したことは絶対に秘密だぞ」と言ったに違い無い。松方は生涯その約束を守ったのだろう。機密は何十年かを経て公表されることもあるが、この件についてはユダヤ人への偏見を助長する可能性がある。それゆえ松方も回顧録等で「真相」を語れなかったのではないか。

ところで、松方がフランスで学んだ国策の中で、「鉄道を建設する際は絶対に外国資本を入れてはならない」という教えがあった。『松方正義』(ミネルヴァ書房)の著者である室山義正《むろやまよしまさ》によれば、それは当時の「仏国議員兼博覧会事務局長カランツ」が教えたことで、その内容が松方の伝記に記録されている。

「政府は決して外国人に対し、鉄道経営の免許を与え、外国の資本を用いて、之を建設せしむべからず。先年我が仏国に

松方正義は参議兼大蔵卿として紙幣整理と増税による「松方財政(松方デフレ)」政策を進めてインフレを終息させることに成功した。その後、日本銀行を設立して金本位制を確立。1891年(明治24)と1896年(明治29)には、2度首相の座にも就いた(写真提供/毎日新聞社)

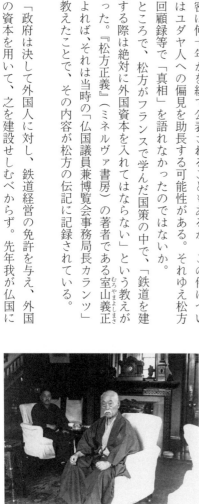

おいて鉄道経営を英国人に委し、大に其の損害を招いた悪経験のあったことは、現に余の諒知する所。当時我が仏国が損害を受けたことは、莫大であったので、呉々《くれぐれ》も忠言を呈して置く。（以下略）」

（引用前掲書）

そして松方は、日本が経営する鉄道には決して外国資本を参加させないという考えについて、自分の言葉で次のように述べている。

「日本が永遠独立の国権を維持する上に於て、最も緊要なる事項中の眼目である」

（引用同）

こうした考え方の政治家は、当時の日本には松方しかいなかった。現にエドワード・ハリマンの共同経営案に元老伊藤博文《いとうひろぶみ》も首相桂太郎も、もろ手を挙げて賛成したではないか。だから桂・ハリマン協定もすぐに成立したのである。一方、松方は日本の金本位制を確立したという功績がある。その時、ライバル伊藤博文は時期尚早であると反対の姿勢を取っていた。だが、松方は万難を排して見事に金本位制を実現した。「財政家としてはオレのほうが上だ」と松方は思ったのではないか。その松方から見れば、財政が得意では無い伊藤や桂が「ハリマンの口車に乗った」と見えたのだろう。

「自国が経営する鉄道に外国資本を参加させない」という原則は、国家の独立を保つために重要であることは間違い無い。だがこの場合は特別で、日本が日露戦争を完璧な勝利で終わることができたのはアメリカの仲裁のおかげであり、その「見返り」としてアメリカが中国市場に参入することを日本は歓迎する姿勢を取っていた。しかも、南満洲鉄道は日本の経営ではあっても日本の国内鉄道では無いのだから、ここは「高度の政治的判断」で桂・ハリマン協定の実施に踏み切るべきだった、と私は思う。しかし、松方はそれが許せなかった。だから密かに動いて小村寿太郎に桂・ハリマン協定を潰させ、その後も外交当局を陰から操って「アメリカ資本を満鉄に入れない」という態度を貫かせたのではないか。

小村寿太郎は、ひょっとしたらこの方針に反対だったかもしれない。ベテラン外交官として「そんなことをすればアメリカは激怒する」ことはわかっていたに違いないからだ。だが元老には逆らえないし、回顧録に不満を書くこともできない。そうすればこの問題の陰に松方がいたことがあきらかになり、日本の味方をしてくれたユダヤ人陣営に迷惑がかかる。このあたりは高橋是清にとっても同じ事情があったと私は考えている。かくして松方の関与は永遠の機密事項となってしまった。それにしても、政治のバランスというのはきわめて難しいものである。

つまり、日露戦争史の最後に起こった「桂・ハリマン協定の破棄」、これは小さなアクシデントどころか、歴史の方向性を決めた重大事件であったということだ。

第五章

特別編

「言霊という迷信」に振り回され続ける頑迷固陋な歴史学界とマスコミ

■日本人の「宗教」として存在する「言霊」という迷信

ここでは明治史では無く現代の日本で最近起きた事件の中から、『逆説の日本史』で取り上げるべきテーマのものを分析したい。

まずは、『週刊ポスト』で連載中の『「ビジネス新大陸」の歩き方』第六八一回(2019年12月6日号)で、筆者の大前研一《おおまえけんいち》氏が訴えていたことである。その回のタイトルは「さらば原発――夢も矜持もない電力業界に再稼働など任せられない」というものである。

「原発問題か。それは確かに日本民族の将来にとって重大だな」と思ったあなた。申し訳ないが確かに原発問題も重要だが、私が問題にしたいのはさらに重要なことなのである。なぜ「さらば原発」なのかと言えば、普通の国つまり日本以外の国家なら東京電力福島第一原発のような重大事故でもその原因を徹底的に分析することによって、より安全な再稼働への道を構築することができる。そのために絶対に必要なことは、起こって欲しくはないが可能性として起こりうる重大な事故を想定し対策を立てること、であろう。いわゆる危機管理であって、それができない限り再稼働してはならないということにもなる。これも人類の常識と言ってもいいことだろう。

欧米もアジア、アフリカ諸国も南半球の国々も、そして中国や北朝鮮でも当たり前のようにやっていることだ。大前氏も原発再稼働を目指すならばと、この危機管理を自民党の国会議員に提案した。こうすることも世界の常識、人類の常識だろう。しかし、その常識が通用しない国が世界にたった一つだけある。おわかりだろう、日本だ。ここは「さらば原発」からご本人の言葉を引用しよう。

ところが、彼らは「いざとなったら」という話ができない。たとえば「原発事故が起きた場合を想定して避難訓練などの予行演習をしなければならない」と提案したら、「そんなことを言ったら、お前は事故が起きると思っているのか、と地元の住民に突き上げられるから無理です」と拒否された。これはいわゆる「言霊《ことだま》」（言葉には霊的な力があり、発した言葉通りの結果が現われるとされる）の世界であり、その壁の前で自民党の国会議員は思考停止状態に陥っているのだ。

思考停止状態なのは国会議員だけでは無い。

私は、原子力規制委員会とは別に、再稼働の認可と関係のない識者による第三者委員会を作り、万一の重大事故に備えたルールを決めておかねばならないとも提言しているが、やはり仮定の話をしたらそうなるという〝言霊の壁〟に阻まれてにっちもさっちもいかない。

（前掲同記事）

原発の問題ではあるが、原発だけでは無いきわめて重大な問題だということがおわかりいただけたかと思う。国家の将来にかかわる重大な意思決定が「言霊の壁」に阻《はば》まれて実行できないというのである。原子力にかかわる人たちは、文系だけで無く理系の人も多い。それも日本の最高学府を出て海外留学経験もある人々だろう。それがこの体たらくだ。言霊という、科学的根拠のまったく無い迷信に振り回されている。だからこそ、日本民族の将来にかかわるきわめて重大な問題なのである。

もう三十年近く昔のことになるが、当時ミステリー作家だった私が初めて世に問うた歴史ノンフィクション作品が、この『言霊』(祥伝社刊)だった。一九九一年(平成《へいせい》3)二月のことである。日本人を呪縛し自由な発想を妨げるものは何かということを、長年にわたって研究した成果である。日本人がなぜ危機管理ができないのかということも、明確に言霊の影響だと指摘している。じつは日本社会の常識に反するとして出版すら困難だったこの作品に、真っ先に注目してくれたのが大前氏だった。氏の主催する勉強会にも講師として呼んでもらった。

それから長い年月がたち、私が『言霊』を書いた目的の一つだった「差別語狩り」はようやく影を潜めた。若い人たちには信じられないかもしれないが、自分が言霊という迷信にとらわれているのも自覚せず、それがゆえに「差別語を文芸作品やテレビや映画から追放すれば、差別も無くなる(言霊の世界では言葉と実体は同一のもの)」と信じる人々が、過去の名作や文化遺産とも言うべき作品を「差別を助長するから抹殺しろ」という運動を始めたのである。

文学や映像において「悪人」は当然「悪人の言葉」を使う。たとえば名優勝新太郎《かつしんたろう》の『座頭《ざとう》市《いち》』シリーズにおいて、悪人は彼のことを「どめくら」と罵《ののし》る。もちろん、こんな言葉を子供が使ったらすぐに叱《しか》るべきだし、一般的には使わせないのは当然である。しかし、悪人が「目の不自由な人」などと言うわけはないのだから、こうした言葉をすべて使わせないというのならば、ドラマなど一切できないことになる。ところが私がそういうことを言うと、彼ら「言葉狩り人」はそれは文学者の傲慢《ごうまん》で許されるべきではないなどと反論してきた。もう一度言うが、若い人には信じられないかもしれないが本当の話である。だからこそ日本近代文学史上に燦然《さんぜん》と輝く名作も、その映画化作品も「差別語が使われている」というたったそれだけの理由で、危うく永遠に葬り去られるところだった。

この点については、私が『言霊』で「差別語を追放すれば差別が無くなるというのは、言霊信仰に基づく迷信だ」と分析し、それを多くの人が知ることによって「差別語狩り」という悪習がようやく「鎮火」したと自負している。

しかし、その私も自民党の国会議員や原子力再稼働にかかわる関係者たちが、そこまで言霊という迷信に毒されているとは正直気がつかなかった。この『逆説の日本史』シリーズの愛読者なら、私が言霊を常に念頭に置いて日本の歴史を分析していることはよくご存じだろう。だから私も、一般社会でも「日本人は言霊という迷信を信じている」ということが少しは常識になっていると思い込んでいたのである。どうやらそうでは無かったらしい。大変残念なことであるし、歴史家としての自分の力不足を恥じなければならないだろう。しかし責任転嫁するわけではないが、こうなったことの最大の原因は頑迷固陋《がんめいころう》な日本の歴史学界にある。

「言霊という迷信」はあきらかに日本人の「宗教」として存在し、現代科学の第一線にいるはずの日本人ですら影響を受けている。これは冷厳な事実だ。だから、きちんとした科学の無い近代以前は、日本人はもっと強い影響を受けていたはずである。つまり、歴史教育の一環としてまず歴史教科書の冒頭に「日本には言霊という迷信がある」と明記すべきなのである。そうしてこそ、子供たちはそれを自覚し言霊の悪影響を知るから、当然その影響も受けなくなる。これが本当の意味の教育だろう。参考までに、言霊にはプラス面もある。和歌を発達させ「歌の前の平等」を築いた点である。これも日本文化つまり日本の歴史の重大な特色なのだから、「言霊軽視の歴史教育」など本来あり得ないし、あってはならないのである。

ところが、日本の歴史学者のほとんどは史料絶対主義であり、歴史に与える宗教の影響を徹底的に無視する。まるで無視することが科学的合理的に正しい態度だと思い込んでいるようだ。だから、彼らが監修した高校の歴史教科書では言霊の影響が徹底的に過小評価される。それゆえ、最高学府で理系の学問を身につけたはずのエリートたちが、言霊に振り回されて合理的な判断ができなくなるという、とんでもない事態になる。日本歴史学界は「宗教」を軽視する姿勢を直ちに改めるべきだろう。

■いきなり「脅迫文」を送りつけてきた朝日新聞の卑劣なやり口

そして日本人が言霊に振り回されるもう一つの原因は、大人に対する「教育機関」とも言うべきマスコミが、やはり「言霊信者」であることだ。

一九九五年（平成7）、私は小学館発行の『SAPIO』という雑誌で現代マスコミ評論をやっていた。と言うのは、今もそうだが日本人はジャーナリストも含めて言霊の影響下にあるので、政治や外交についてもきわめて異常な判断をすることが少なくない。そういうところを正していきたいというのが『SAPIO』連載の目的だった。

私の判断では、日本のマスコミでもっとも言霊に毒されているのが朝日新聞である。朝日新聞は発行部数第一位の座を読売新聞に奪われたが、それでも日本を代表する新聞は読売では無く朝日だと思っている人が少なくない。なぜそうなのかをお答えしよう。言霊に毒されている多くの日本人にとって、朝日の論調はじつに耳触りのいい好ましいものだからだ。
私だって戦争を欲するわけでは無い。しかし、日本の周りに戦争を仕掛けようとしているような危険な国があれば、当然「危険な国だから注意すべきだ」と書く。それが世界のジャーナリストの常識だ。しかし、日本の朝日新聞は北朝鮮を警戒すべきだという正当な論者を批判し、常に北朝鮮は良い国であるという印象を与えようと報道してきた。言霊の世界では、そうすれば実際に北朝鮮は「良い国」になるからである。だから、北朝鮮が「悪い国」である証拠の拉致《らち》問題の解明にもっとも消極的だったのも朝日新聞である。私はそうした姿勢を持つ朝日の一記事を、言霊に毒されたものだとして「空想的平和主義」と批判した。それに対して当時の朝日新聞はどんな態度を取ったか。反論でも無く無視でも無く、言論弾圧であった。私の言論に直接反論をするのでは無く、こんな筆者は追放しろと言わんばかりの抗議文、いや「脅迫文」を発行元の小学館に送りつけてきたのである。「朝日信者」には信じられないかもしれないが、本当の話だ。ここは公平を期するために、私では無く客観的な第三者である産経新聞の古森義久《こもりよしひさ》論説委員に事情を説明してもらおう。

抗議は井沢氏がそのSAPIOの連載でアメリカと北朝鮮が一九九四年十月に成立させた北朝鮮の核兵器開発停止に関する合意についての朝日新聞報道を批判したことに対してだった。この報道は当時の朝日新聞ワシントン特派員だった船橋洋一《ふなばしよういち》記者（後に朝日新聞主筆）がこの米朝合意を「外交大勝利」として礼賛した記事だった。井沢氏はその評価はまちがっているとして「空想的平和主義」などと批判したのだった。

この井沢氏の連載論文に対し朝日新聞側は読者広報室長と外報部長との連名の抗議書を送ってきた、その長文の抗議は井沢論文を「悪質なことばの凶器」と決めつけ、「おわびと訂正」を求めていた。ただし奇妙なことに抗議の相手はＳＡＰＩＯ発行元の小学館社長とＳＡＰＩＯ編集人とだけになっていた

（『朝日新聞は日本の「宝」である』古森義久著　ビジネス社刊）

要するに朝日新聞社は私には直接反論せず、私の言論を「凶器」と決めつけ、「凶器」を使ったのだから詫《わ》びを入れろと発行元の小学館を脅迫したのである。もう一度言うが、これはまったくの事実である。当時のＳＡＰＩＯにはその「脅迫文」が写真入りで掲載されている。

現役の朝日新聞記者諸君は、こうした行動をどのように考えるのだろう？　私は報道機関にあるまじき恥ずべき卑怯な行為であり、朝日新聞社は私と小学館に謝罪し、当事者である読者広報室長と外報部長にはジャーナリストにあるまじき卑劣な行為をしたとして何らかの懲戒処分を下すべきだと思うのだが、どうだろうか。私の言ってることはおかしいか？

事実を言えば、この二人はその後順調に出世し、めでたく幹部になられたようだ。そして私には何の謝罪も無い。ということは、今でも朝日新聞は私の言論を「悪質なことばの凶器」と認識しているということである。また、問題の記事を書いた船橋洋一記者はこの「脅迫文」には名前が無いが、当然同じ社の人間の行動として認識していたはずである。私が逆の立場なら、直ちに本人に「うちの社の人間が報道機関にあるまじき無礼をやったようだが私は関係無い。言論には言論で反論するというのはジャーナリストの基本だ」という書簡を送って立場をあきらかにする

だろう。しかし、そういう手紙も私の知る限りまったく来ていない。

そんな人間が出世して記者としての最高の地位である主筆になれるというのだから、朝日新聞という組織は古森氏の言うようにまさに「日本の宝」なのだろう。

■合理的な判断ができない「朝日真理教」という「言霊新聞」

補足しておくが、朝日新聞が私の言論を「悪質なことばの凶器」と決めつけてまで排除しようとするのは、「言霊新聞」であるがゆえに知識層に熱狂的な支持者を持つ朝日にとって、私の言霊批判はもっとも許すべからざる「罪」だからだろう。要するに朝日新聞社とは、その実体は「言霊信仰」を基本とする「朝日真理教」という「宗教団体」であり、私はその根本教義を批判したから「極悪人」にされてしまった、ということだ。ちょうどキリスト教の信者に対し「キリストの教えなんか迷信ですよ」と言い、激しく反発を食らうのと、同じようなことだと考えればわかりやすいだろう。

しかしキリスト教と言霊信仰の根本的な違いは、前者がきちんとした宗教であるのに対し、後者はあきらかに迷信だということだ。ところが、それが国民的常識になっていないから、こんなバカな事態が起こる。「バカな事態」というのはすでに述べたように、どんな国でも民族でも当たり前のようにやっている最低限の危機管理ができないということだが、言霊の影響は日本人の心の中に深く広がっているので、問題はそれだけでは無いということがわかるだろう。

たとえば、憲法改正問題だ。日本は法治国家であり、法治国家である以上国家は憲法を守る義務がある。また当然ながら日本は民主国家だから、国家は国民の生命と安全を守る責任がある。

そうした世界的常識から言えば、現在の日本国憲法が欠陥憲法であることは議論の余地など無い明白な事実だ。

なぜなら、日本国憲法を条文どおり遵守するなら北朝鮮のミサイル等に対して、他のすべての国々がやっているように防衛することはできない。それどころか憲法をまともに解釈すれば、自衛隊すら一刻も早く廃止すべきということになるだろう。自衛隊というのはまさに「言霊的ごまかし」であり、あれは軍隊以外の何ものでも無いからだ。日本国憲法第九条は、あきらかに軍隊を持つことを国家に対して禁じている。

しかし、この憲法を誠実に遵守すればするほど迎撃ミサイルどころか自衛隊も持てないから、逆に国民の安全を完全に守ることはできない。国家が憲法を誠実に遵守すればするほど、国民の安全を守るという責任が果たせなくなるわけだから、日本国憲法は欠陥憲法以外の何ものでも無い。たとえそれが「数百万の尊い犠牲」によって生まれたものであっても（すでに指摘したとおり、この考え方自体一つの宗教なのだが）、欠陥憲法であるという事実は合理的論理的に考えれば否定しようがない。

しかし、あなたも中年以上の日本人ならよくご存じのように、これまでの日本は「憲法改正論者＝極悪人」であった。なぜそうなるのか？　日本人はそのほとんどが言霊信者だからである。「平和を愛する諸国民の公正と信義に信頼」（日本国憲法前文）すると言っておけば、その言霊の作用によって平和と公正と信義は確保される、つまり「世界に悪い国など一つも無い」ことになるし、「平和も達成される」。だから言霊信者はこの憲法を一字一句変えないように守るべきだと考え、変えなければならないなどと主張する人間を「平和の敵」として排除しようとすることにもなる。

こうした言霊信者にとってもっとも都合が悪いのは、「世の中には、北朝鮮のような悪い国があるじゃないか。実際あの国は日本人を拉致していたし、日本に届くミサイルを開発して日本を恫喝《どうかつ》しているじゃないか」などという真実を指摘されることである。

そこでこのような場合は、「北朝鮮は労働者の天国だ」「日本人を拉致しているなどとはデマで右翼の陰謀だ」などという真実とは逆の情報を流す。それをもっとも組織的にやってきたのが朝日新聞で、朝日の愛読者であればあるほど、二〇〇二年(平成14)の小泉訪朝によって北朝鮮が「日本人を拉致していた」と認めたことは、意外だったはずである。じつは意外でも何でも無い。前々からそうした情報は脱北者等を通じて日本に流れていた。マスコミとは、そうした真実の情報を報道し国民に判断の材料を提供するのが使命だ。

しかし、言霊信仰に毒されている社会ではそれが常識にならない。言霊新聞は言霊読者に対して逆の情報を流す、そのほうが読者が安心し新聞も売れるからだ。読売新聞が発行部数では上回っても依然として朝日新聞のほうが「上」なのは、いや多くの人々が「上」だと信じ込んでいるのは、日本は言霊という迷信に毒されている社会であるからなのである。

だから、日本では本来第一級の教養を持っているはずの、哲学者、政治家、文学者だけで無く理系の学問の専門家や法律の専門家であるはずの弁護士あたりまで、欠陥憲法を変えてはならないと主張する。大変残念なことだが、「日本人の固有の信仰として言霊信仰という迷信がある」という真実を教えられずして、その上にいくら西洋の学問を積み上げても砂上の楼閣になってしまうのである。すでに紹介した例で言えば「原発事故を想定した訓練など絶対できない」ということになるし、本稿の例で言えば「欠陥憲法などというのは右翼の言い掛かりだ。憲法は決して変えてはならない」ということにもなる。人類の常識に基づいた普遍的合理的判断ができなくなってしまうのである。

■「実際には飛鳥時代も首都は固定されていた」という批判はなぜ的外れなのか

もちろん日本人を惑わしている迷信は、『万葉集《まんようしゅう》』で語られている言霊だけでは無い。『古事《こじ》記《き》』のメインテーマとも言うべきケガレ忌避《きひ》（ケガレを諸悪の根源と考え徹底的に排除する）も重大な概念だ。言霊信仰については先に述べたようにプラス面もあるのだが、ケガレ忌避信仰についてはほとんどプラス面は無い。日本人の清潔好き、掃除好きはサッカー応援後のスタジアムの後片付けをするなど世界的に好感が持たれており、こればかりはケガレ忌避信仰に「ケガレという『悪』を除去すれば幸せがもたらされる」という側面があるためのプラス面だ。だが、この件についてもそうした信仰がもたらすものだという自覚は、『逆説の日本史』シリーズの愛読者以外の日本人にはまったく無いと言っていいだろう。

たとえば、主に新幹線の中で販売されている雑誌『Ｗｅｄｇｅ（ウエッジ）』の二〇一九年（令《れい》和《わ》元）十二月号の巻頭特集は、『「新築」という呪縛　日本に中古は根付くのか』であった。このタイトルを見ただけで私の愛読者はニヤリとするだろう。説明不要ということだ。

この特集の中に含まれている論文『「好み」だけではなかった　日本人が〝新築好き〞になった理由』で、この問題の専門家砂原庸介《すなはらようすけ》神戸大学大学院法学科教授は、

「新築信仰」という言葉がある通り、日本の不動産市場では流通する8割以上が新築である。という事実を述べている。外国ではむしろ中古物件が主流であり、日本のように八割も新築であるという国は、きわめて珍しいそうだ。この特集はこれが日本人の好みというだけでは無く、「住宅取引の慣行、供給の在り方」など広い意味での「制度」がそれを支えてきたという社会学的、法律学的な見地からの分析であり、それはそれで非常に価値のあるものである。しかし、根本的になぜ「信仰」あるいは「呪縛」という言葉を使わざるを得ないほど日本人が新築好きなのかという説明はなされていない。

もちろん批判しているのでは無い。この特集の目的はそもそも先に述べたような「制度」の分析が目的なのだから。しかし、学問の目的としてはなぜそんな「信仰」あるいは「呪縛」があるのかということを解明すべき分野がある。歴史学であり文化人類学だろう。しかし文化人類学はともかく、日本の歴史学はすでに説明した言霊の問題と同じで、こうしたことに対する解明を学問の目的とはしていない。そもそも宗教というもの、あるいは宗教が歴史に与えた影響というものをまったく無視して歴史を分析しようとしているのだから、話にならない。

もう何度も繰り返してきたことだが、こうした日本歴史学界の欠陥を補うべく「素人」の私は『逆説の日本史』を書き始めた。そしてそれから約三十年が過ぎ、私は一つの「まとめ」を書いた。新書版の『日本史真髄』（小学館刊）である。この中で私は「言霊」や「怨霊《おんりょう》」への信仰が日本を動かしていることを改めて強調し、その最初のところにこの「ケガレ忌避信仰」を紹介しておいた。日本のいわゆる「飛鳥《あすか》時代」はじつは「首都移転時代」であり、それは天皇の死によって都がケガレてしまうという信仰があったからで、それが持統《じとう》天皇の自らの遺体を火葬に付す（仏教採用）という大英断によって「首都固定時代」への道が開かれた、と書いた。この考え方は今もまったく変わっていない。

ところが、これに対して「実際には飛鳥時代も首都の『使い回し』をして固定されていた時代があった。それは最近の考古学の発掘によって完璧に証明されている。井沢元彦は不勉強な素人で歴史の記述などやめるべきだ」という趣旨の批判があったことはご存じのとおりである。

じつは、この批判はまったく批判になっていない。というのは私が問題にしているのは「死のケガレは首都を放棄しなければならないほどのものだ」という信仰があった、という事実であって、考古学的発掘結果では無い。

わかりやすく説明しよう。たとえばキリスト教徒はイエスが瓶のなかの水をワインに変えた、という奇跡を信じている。ここで化学者がいくらそんなことは不可能だと科学的に証明したとしても、そういう「信仰があったという事実」は絶対に否定できない。そうした信仰があったからこそ『新約聖書』にそう書かれているのだ。

同じことである。たとえ飛鳥時代に首都施設を使い回していた（実際には首都は移転していなかった）ことがいくら考古学的に証明されたとしても、当時の記録である『日本書紀《にほんしょき》』には天皇一代ごとに首都を移転したと明記してあるのだから、実態はどうあれそうすべきであったという信仰が存在したということは、逆に完璧に証明されるのである。

私がそういうことをずっと言い続けた成果だと、自慢してもいいことなのだとも思うのだが、最近の高校の歴史教科書には次のような記述もある。

服忌の考え方は「大宝令《たいほうりょう》」の制定以来、朝廷や神社に存在してきた。1505(永正《えいしょう》2)年、歌人・学者として名高い公卿《くぎょう》三条西実隆《さんじょうにしさねたか》は、屋敷の下女《げじょ》が病気で助かる見込がないとみるや、寒風はなはだしい夜半に、屋敷の外に下女をすてさせた。家屋敷に死の穢《けが》れが生じるのを恐れたためである。

(『詳説日本史 改訂版 日本史B』〈2019年版〉「生類憐みの令と服忌令」山川出版社刊)

下女なら捨てられる(貴族ですらも死体は捨てられていた)が、天皇を捨てるわけにはいかない。だったら天皇が亡くなった後に首都を移転する(首都を捨てる)他は無いはずなのだが、残念ながら年表のほうは相変わらず「飛鳥時代」のままである。

この飛鳥時代の首都の状況を詳しく研究した『日本古代宮都構造の研究』(小澤毅《おざわつよし》著　青木書店刊)も、大変な労作であることは認めるが「首都移転問題」に関して、同時代に行なわれた持統天皇の火葬という「文化大革命」と関連づける発想は乏しいようだ。しかし、もしこれがエジプト考古学で、それまでピラミッドを建設しファラオの死体はミイラ化するのが当然であった古代エジプトが、仮にある時点でファラオを火葬にする葬礼に転じたとするならば、そこに注目しない研究者など一人もいないはずである。どうして日本の歴史学者は文化人類学や宗教学を無視するのだろうか。

そして最後にもう一度言うが、そうした宗教抜きの歴史教育をしているからこそ、すでに述べたように最先端の科学者や技術者も含む原発関係者が、言霊に邪魔されて最低限の危機管理すらできないなどというバカな事態が生じるのである。

正しい歴史を著述し日本人にその真の姿を知ってもらうことによって、こうしたことを無くしていくのが私の念願である。

あとがき

井沢元彦

この巻は大半が日露戦争に関する記述になっているが、今のところ日露戦争の概説書としてはもっとも完備したものだと自負している。

その理由は簡単で、通常の歴史書にはいわゆる「脚気《かっけ》問題」がほとんどと言っていいほど取り上げられていないからだ。一読していただければおわかりになるように、「脚気問題」を抜きにしてこの戦争は絶対に語れない。しかも、この問題はいわゆる「バカトップの弊害」問題でもあり、近代史全体にかかわる問題である。

さらに、大東亜《だいとうあ》戦争（第2次世界大戦）まで尾を引く軍隊の補給問題がある。これも、じつは豊臣秀吉《とよとみひでよし》の時代から外征に影響を与えている問題である。そうした時代を通した総合的な視野を持っていなければ、歴史の真相はわからない。

また、戦費調達の面においてもユダヤ金融資本との関係など、まだまだ研究の余地はあるものの総合的に取り扱っている。

日露戦争がマスコミに与えた強い影響についても、徹底分析している。

さらには、乃木希典《のぎまれすけ》大将の「名誉回復」の問題もある。国民作家司馬遼太郎《しばりょうたろう》が作品を通じて「乃木愚将論」を広く展開したために、一時はこれが国民の常識となってしまった。それは誤りだと指摘したのは、私が初めてではない。先達の業績は本文中にも記したが、ただ練達の作家司馬遼太郎をして判断を誤らせたのが陸軍参謀本部だったという分析は、今後もっと深められるべきだと自負している。

また、森鷗外《もりおうがい》（林太郎《りんたろう》）という人物の「森の深さ」もそうだが、この巻の内容は単に日露戦争の分析にとどまらず。きわめて深い日本史の問題を提起している。第五章の特別編と合わせて、そのあたりを深く味わっていただければ幸いである。

ところで、前巻に引き続き本巻でも奥付ページの著者近影にマスク姿を用いたのは、現時点で往来ではすべての人がマスクをして歩いているからだ。こんな時代はこれまでに無かった。これからも続くのかもしれないが、とりあえず現時点の歴史を記録するという意味で、あえてこの写真を使わせていただいた。

ちなみに、私も今世間で大流行しているYou Tubeチャンネル（『井沢元彦の逆説チャンネル』）を今年から正式にスタートしたことも記録として残しておく。後世の人々の参考に資するために。

二〇二一年六月二十五日記す

●初出／『週刊ポスト』（小学館発行）二〇二〇年一月二十四日号〜二〇二一年四月九日号に連載したものを再構成

●おことわり●
本文中に引用した文献の中に、現代では差別とされる表現がありますが、人権意識が低い当時の社会情勢を知るために、あえて原文のまま掲載いたしました。また、文中の敬称は略しました。——編集部井沢元彦（いざわ　もとひこ）　作家。1954年２月、愛知県名古屋市生まれ。早稲田大学法学部卒業。ＴＢＳ報道局記者時代の80年に、『猿丸幻視行』で第26回江戸川乱歩賞を受賞。現在は執筆活動に専念し、独自の歴史観で『逆説の日本史』を『週刊ポスト』にて好評連載中。『逆説の世界史』『日本史真髄』（ともに小学館）など著書多数。

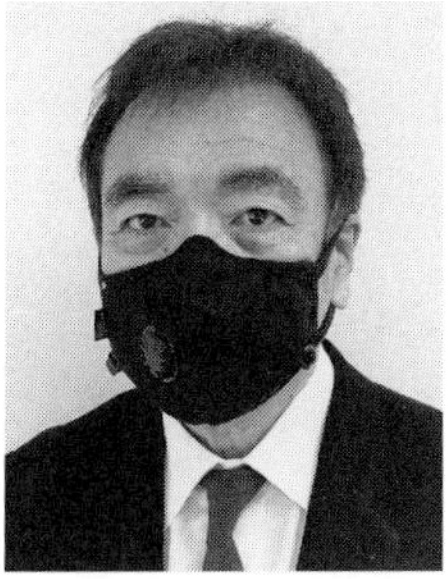

逆説の日本史　㉖明治激闘編
日露戦争と日比谷焼打の謎

2021年８月４日　初版第１刷発行

著　者　井沢元彦

発行者　鈴木崇司
発行所　株式会社　小学館
〒101-8001　東京都千代田区一ツ橋２－３－１
電話／編集　03（3230）5951
販売　03（5281）3555

編集担当　判治直人
印刷所　凸版印刷 株式会社
製本所　株式会社 若林製本工場

Printed in Japan

ISBN978-4-09-380119-5